KI신서 6125
와인 향을 따라 떠나는 파리문화기행
일생에 한번은 파리를 만나라

1판 1쇄 발행 2009년 5월 22일
개정판 1판 1쇄 인쇄 2015년 7월 21일
개정판 1판 1쇄 발행 2015년 7월 29일

지은이 민혜련 펴낸이 김영곤 펴낸곳 (주)북이십일 21세기북스
책임편집 정지은 양으녕 김찬성 디자인 디박스
사진 김다운 일러스트 오영은 외부staff 소풍 전희경
출판영업마케팅팀장 안형태 홍보팀장 김혜영
출판영업마케팅팀 이경희 민안기 김홍선 정병철 백세희 임규화
출판등록 2000년 5월 6일 제10-1965호
주소 (우 413-756) 경기도 파주시 회동길 201(문발동)
대표전화 031-955-2100 팩스 031-955-2151 이메일 book21@book21.co.kr
홈페이지 www.book21.com 블로그 b.book21.com
트위터 @21cbook 페이스북 facebook.com/21cbooks

ⓒ민혜련, 2015

ⓒ 2009 - Succession Pablo Picasso - SACK (Korea)
이 서적 내에 사용된 일부 작품은 SACK를 통해 Succession Picasso와 저작권 계약을 맺은 것입니다. 저작권법에 의하여 한국 내에서 보호를 받는 저작물이므로 무단 전재 및 복제를 금합니다.

값 15,000원 │ ISBN 978-89-509-6072-8 13810

이 책 내용의 일부 또는 전부를 재사용하려면 반드시 (주)북이십일의 동의를 얻어야 합니다.
잘못 만들어진 책은 구입하신 서점에서 교환해 드립니다.

Thanks to

부족한 사진을 전 세계에서 보내준 친구들, 그리고 나의 글에 많은 조언을 해주신 김성익 교수님께 진심으로 감사 드립니다.

보르도 사진들 : 광주 금수장 관광호텔 권홍식 이사님 | 독일과 스페인 사진 : 한독와인 김학균 사장님

파스퇴르 연구소 : Dan and Ann | 바롱 부주 : Jeremy Sabol, Nathalie C. Desverchère | 쟈크마르 앙드레 박물관 : Cathou Cathare

파리 포도원 : Fred, Michael | 르와르 슈농소 성 : Juan Manuel Sanchez, Arnaud | 알자스 : Giul.o Nepi, Christine Villeneuve

쿠르쉘 : Marcel Greard | 샹파뉴: Giulio Nepi, Erin Czarra | 프로방스: Cathrine Chanel, Irene | 퐁파도르 후작부인 : Mme. De Versailles

PROLOGUE

미라보 다리(Le pont Mirabeau)

– 기욤 아뽈리네르(1880~1918)

미라보 다리 아래 센 강은 흐른다 / 그리고 우리의 사랑
그 사랑을 나는 추억해야 하는가? / 기쁨은 언제나 고통 뒤에 오곤 했지

밤이여 오라, 종아 울려라 / 세월은 가고, 나는 그대로 있다.

손에 손을 맞잡고 마주본 채로 있자 / 그동안에도 우리들 팔로 만든 다리 아래로
영원한 시선, 지쳐버린 물결은 흘러간다.

밤이여 오라, 종아 울려라 / 세월은 가고, 나는 그대로 있다.

사랑도 저 흐르는 물처럼 간다. / 사랑은 간다.
삶은 얼마나 느리며, 희망은 또 얼마나 격렬한지

밤이여 오라, 종아 울려라 / 세월은 가고, 나는 그대로 있다.

해가 가고 달이 가고 / 지나간 시간도, 사랑도 돌아오지 않는데
미라보 다리 아래 센 강은 흐른다

밤이여 오라, 종아 울려라 / 세월은 가고, 나는 그대로 있다.

세월은 시간이 흐르는 강이다.

그리고 인간은 그 강에 얼굴을 비추어 보는 나르시스이다.

시간의 물결은 끝을 알 수 없는 곳으로 흘러가고, 미라보 다리 위에서 강을 바라보는 나는 그대로 있다. 남아 있는 것은 기억뿐 실체는 어디에도 없다. 나는 다만 이 도시에 존재했었다는 꿈을 꾸었던 것일까?

파리는 나를 마법의 성처럼 이끌었다. 어느 날 해리 포터가 벽을 지나 마법사들의 거리로 미끄러져 들어갔듯이, 시간이 갈수록 내공이 깊어질수록 조금씩 그 마법의 성은 내게 가까이 다가왔다. 현실에서는 이룰 수 없는 그 무언가로 내 자신을 채울 수 있을 것만 같은 막연한 설렘으로 가슴이 뛰었던 기억들……. 파리에 갈 때마다 그 설렘만큼은 오늘도 여전히 현실이다. 그래서 사랑과 닮은 파리는 중독성이 있는 도시다.

이 도시의 마력은 인간의 상상력에 아무런 억압을 가하지 않는다는 것이다. 그것이 예술적 상상력이건 성적 상상력(이 둘이 백지 한 장 차이라고 주장한다면 내가 너무 프로이트적일까? 하지만 모든 에너지는 같은 원천에서 나오는 것만은 틀림없는 듯하다)이건 인간의 정신이 무한대를 향해 열리도록 자유롭게 그냥 놓아둔다는 것이다. 이 점이 바로 지나간 세기 초에 온갖 예술가들이 이 도시로 몰려들었던 이유이리라.

예술과 문학은 정신의 불안정성에서 기인한다. 우주로 뚫린 틈새로 세상의 뒤안길이 언뜻언뜻 보이는 그 불안감은 정신을 긴장시키고, 그로부터 예술적 감성이 튀어나온다. 파리는 그런 인간의 경계선을 자극하는 도시다. 되는 것도 없지만 안 되는 것도 없는 이상한 경계선상의 세계, 마치 천국과 지옥의 사이에 있는 연옥과도 같은 곳.

하지만……. 이방인에게는 절대로 보여주지 않는, 마법의 벽을 뚫고 들어가야 비로소 눈에 들어오는 색채들…… 아방가르드(Avant Garde)한 실험정신으로 충만한가 하면 철저히 보수적이고, 예술적 섬세함으로 뛰어난 완성도를 보이는가 하면 어딘가 러프(Rough)한 촌스러움이 묻어나는 곳. 그래서 섣불리 '파리는 이렇다.' 라고 속단하려 들면 재빨리 얼굴을 감추고 마는 도시.

파리에 처음 도착했을 때의 느낌은 뭐랄까, 미니어처로 만들어진 놀이동산에 온 듯한 기분이었다. 하늘을 찌를 듯 높아가는 고층빌딩 숲에 살다 온 내게 5, 6층을 넘지 않는 스카이라인이 보여주는 하늘의 모습은 당연히 낯설었을 거다.

그리고 그 낯섦 뒤에 곧바로 찾아오는 생각. '무슨 센 강이 청계천만 하냐?', '길은 또 왜 이렇게 더럽냐?' 개똥과 담배꽁초가 아무데나 널려 있다. 게다가 길가 매점에서 포르노 잡지를 팔고, 그 옆으로는 아이 엄마가 한 손에는 아이 손을 잡고, 다른 한 손으론 담배를 피면서 지나간다. 맞은편에서는 연인으로 보이는 젊은이들이 부둥켜안고 낯 뜨거운 장면을 연출하고, 그런가 하면 슈퍼마켓에서 아이가 징징대면 누가 보건 말건 그 자리에서 뺨을 올려붙이는 엄마들이 다반사…….

이거 어떻게 해석해야 하는 시추에이션인지 공자님께서 부활하시면 펄펄 뛸 상황들이다. 하지만 알고 보면, 센 강은 장장 780킬로미터나 되는 긴 강이고, 여러 개의 지류와 만나 노르망디 르아브르(Le Havre) 근처의 하류로 내려가면 그 건너편이 보이지 않는 넓은 강으로 변한다. 낮에 시민들이 버린 담배꽁초는 밤새 살수차들이 티끌 하나 남기지 않고 말끔히 치운다. 다음 날 시민들이 담배꽁초 버리는 자유를 만끽하도록.

만일 상인이 길가의 포르노 잡지나 담배를 미성년자에게 판다면 절도범보다도 엄청난 대가를 치르는 곳이 프랑스이다. 게다가 아이들이 영어와 수학 시험은 빵점을 받아와도 인내심을 발휘하지만, 공중질서를 무시하는 것은 절대로 용서하지 않는 프랑스 엄마들이다. 남의 자유, 자신의 자유를 중요시 여기는 만큼 여럿이 함께 쓰는 영역을 누군가가 어지럽히면 법으로 철저히 단죄하는 곳 역시 프랑스이다.

혁명을 통해 스스로 구체제를 뒤집어엎은 파리는 "영원히 존재하는 것은 어디에도 없다."는 것을 선험적으로 알고 있는 것일까? 어떤 도덕적 가치도 이데올로기도 그저 다양한 여럿 중의 일부분일 뿐이다.

우리는 '다른 것'과 '틀린 것'을 구분하지 못하고 살아왔다. 나랑 '다르면' 그것은 '틀린 것'이라는 사고에 갇혀 살아왔다는 말이다. 그러다 보니 나와 다른 생각은 철저히 배제하거나, 고쳐주기 위해 많은 에너지와 시간을 소비한다. 게다가 사회의 대다수에 묻어가지 않으면 너무나 많은 불이익을 감수해야 한다.

그래서 파리에서 마주치는 낯선 장면들도 처음에는 '틀린 것'으로 비추어진다. 하지만 이런 시각으로는 절대 파리와 가까워질 수 없다. '다르다'는 것은 '틀린 것이 아니다.'라는 것을 깨닫는 순간, 도시의 마법은 풀리고 정지해 있던 인물들이 생기를 띠며 움직이기 시작한다. 선도 악도 결국은 인간 속에 내재된 하나의 얼굴임을 인식하는 순간 세상의 표정이 변한다.

그래서 파리는 와인과도 닮았다. 한 병의 와인을 놓고 "이것은 맛이 있어." "저것은 맛이 없어." 이렇게 속단하다 보면 와인은 얼음공주처럼 자신의 모습을 감추어버린다. '맛'이라는 하나의 현상으로 자신을 표현하고 있는 마법의 벽을 뚫고 들어가 보면 그 안에는 물과 공기, 대지, 그리고 인간이 어우러져 있다는 사실을 알게 된다.

포도 알맹이 속의 세계는 우주 전체이다. 대기 속의 햇빛과 이산화탄소, 그리고 땅속의 물과 미네랄, 게다가 바람과 돌들이 가져다주는 한 해의 역사가 고스란히 담겨 있다. 그저 인간은 그 역사를 기록할 뿐이다.

깨달음이란 하나의 세계를 깨고 나오는 것일 게다.

딱딱하게 굳은 정신으로는 세상의 내부를 볼 수가 없다.

하나의 문화를 이해한다는 것은 자신이 살던 한 세계를 깨고 또 다른 세계를 받아들이는 경이로움을 의미한다. 껍질을 깨지 못하면 세상의 뒷모습은 보이지 않는다.

"새는 알에서 깨어나려고 몸부림친다.
알은 곧 세계요, 새로 태어나려는 자는 한 세계를 파괴하지 않으면 안 된다. 그리고 새는 신을 향하여 날개를 펼친다.
그 신의 이름은 아프락사스(Abraxas)라고 한다."

– 헤르만 헤세의 《데미안》에서

CONTENTS

Story 1 매혹당할 확률 120%, 파리 이야기

파리 지성인들의 성지, 생제르맹 카페 거리 — 014
인간의 유토피아는 지금 이 순간 — 021
파리 여자들은 와인 때문에 날씬하다? — 025
파리지앵은 거지들도 색의 마술사 — 030
파리의 점심과 뉴욕의 점심은 다르다 — 036
공주같이 매력적이고 달콤한 디저트, 디저트 와인 — 040
파리에는 루이비통이 없다 — 051
일본과 사랑에 빠진 나라 — 056
베르사유, 그 럭셔리의 모태 — 059
마치 왕족이 된 듯한 궁전 같은 카페 드 라페(Café de La Paix) — 068
파리에도 신촌이 있다 — 075
나이가 들어간다는 것은 자기 원래의 문화로 돌아오는 것 — 080
파리에도 강남스타일과 강북스타일이 있다 — 083
파리지앵은 형이하학을 논하지 않는다 — 090
파리지앵은 영어를 알아도 안한다? — 097
디오니소스의 도시 — 103
파리에는 나이가 없다 — 110
동거가 좋은지 독신이 좋은지는 맛을 보면 안다 — 113
사람에게도 와인에도 인격이 있다 — 118
향기의 나라 — 125
샤넬, 파리지앵에게 자유를 선물하다 — 130
파리는 로드샵의 천국이다 — 138
파리에서 대중교통 이용하기 — 144
파리에서 3일간 머무를 기회가 온다면 — 149

Story 2 와인빛 파리를 산책하다

명품 포도나무를 만드는 프랑스인들 — 160
명품 뒤에 숨겨진 보석, 파스퇴르 연구소 — 166
파리의 로마인 이야기 — 170
에펠탑과 만국박람회 — 176
파리시가 운영하고 있는 포도원 — 181
퐁파두르 후작 부인의 와인 리스트 — 185
와인과 요리의 궁합에는 이유가 있다 — 192
파리지앵이 와인을 즐기는 방법 — 198
어느 날, 하늘에서 별이 떨어지다 — 203
카사노바의 샴페인 — 208
프랑스 르네상스의 중심지, 왕들의 정원 — 212
중세적인 도시, 교황의 별장 — 217
미스트랄의 언덕 프로방스 — 221
마지막 수업 — 227
소믈리에의 탄생 — 230
파리 속의 첨단 도시들 — 236
세 명의 이탈리아 왕비 — 242
파리를 구한 독일인의 사랑 — 248
파리의 에스파뇰, 피카소 — 252
파리의 심판 — 257
피갈에 가면 오퍼스 원이 생각난다 — 261
빛의 향연이 펼쳐지는 인상파의 고향, 노르망디 — 267
나폴레옹은 코냑을 좋아했을까? — 274

Special Page
파리 여행 전 반드시 알아야 할 것들

★맛있는 파리
파리의 웬만한 레스토랑은 다 있다 — 282
파리에서 꼭 가봐야 할 유서 깊은 레스토랑 — 284
파리의 럭셔리 레스토랑 — 285
절대 미각의 당신이 꼭 가봐야 할 파리의 레스토랑 — 287

★화려한 파리
Hot Paris, 마레 지구 — 288
파리의 파사주 — 293
파리 각 지역의 트렌디한 멀티숍 — 295
쇼핑 천국 파리 — 297
빈티지숍들 — 302
파리의 시장들 — 304
파리 찜하기 - 로드숍들이 많은 곳 — 309

epilogue — 318

Story 1
매혹당할 확률 120%, 파리 이야기

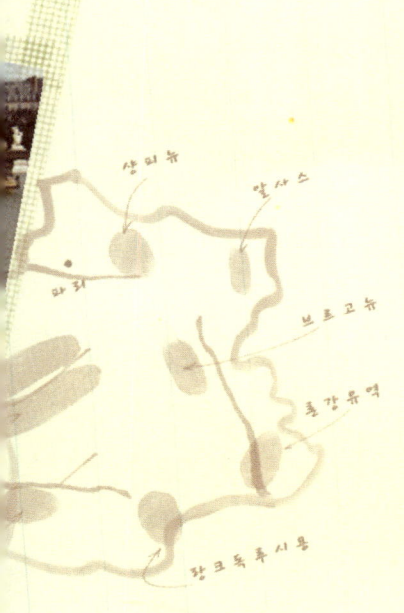

파리지성인들의 성지,
생제르맹 카페거리

    파리에서 예술이나 문학을 전공한 사람치고 생제르맹(Saint-Germain des Prés) 거리의 카페를 기웃거리지 않은 사람이 있을까? 이 거리는 마치 파리를 사랑하는 모든 지성들의 성지 같은 곳이다. 요즈음 젊은이들이 뉴욕의 소호를 기웃거리듯이, 지난 세기의 문화를 화려하게 꽃피웠던 거리다. 이 거리에서 문인들, 철학가들, 예술가들이 자욱한 담배연기 속에 인생을 논하며 세상을 향해 자신의 내면을 표현했다.

    오래된 이 거리의 골목골목에는 몇 세기를 거치며 유명한 인물들이 살았던 집들도 많다. 그 중, 17세기 초 프랑스 부르봉 왕조를 열었던 앙리

4세의 전처인 마르그리트 드 발루아가 죽을 때까지 살았던 저택(Palais de la Reine Margot)이 있다. 그녀는 우리에게 이자벨 아자니 주연의 〈여왕 마고〉로 잘 알려져 있는 비운의 인물로, 이탈리아 피렌체 가문에서 프랑스 왕에게 시집온 카트린 드 메디치의 딸이다. 프랑스는 여자의 왕위 계승권이 없는 나라다. 때문에 오빠 셋이 모두 젊은 나이에 왕위를 계승해 요절하며 후사를 남기지 못했어도, 마르그리트 드 발루아는 왕위 계승권이 없었다. 결국 그녀를 마지막으로 발루아 왕조는 끝나고, 왕위 계승 서열 1위였던 이혼한 남편이 왕위를 계승하여 부르봉 왕조를 열게 된다. 그래도 예의상 이혼 후에도 계속 왕비의 칭호를 유지할 수 있었다. 프랑스인들은 왕위를 받지 못한 그녀를 '여왕 마고'라고 부른다. 그 옆으로는 19세기의 여류작가 조르주 상드가 살던 집도 있고, 〈다빈치 코드〉 때문에 유명해진 생쉴피스(Saint Sulpice) 성당도 가까운 거리에 있다.

파리 최초의 카페가 생긴 곳도 이 거리인데, 오데옹 전철역 근처의 랑시엔 코메니(l'Ancienne Comédie) 길에 있는 '르 프로코프(Le Procope)'가 그곳이다. 1686년에 시칠리아에서 건너온 이민자 프란체스코 프로코피오가 문을 열어, 지금까지 영업을 하고 있는 역사 깊은 레스토랑이다.

프랑스혁명 당시 공화주의자였던 당통, 로베스피에르 등이 이곳에 모여 정치적 신념을 토론했고, 볼테르, 벤저민 프랭클린 등 당대의 역사를 움직였던 인물들도 이곳에서 어울렸다. 그 시절 급진 공화주의자들의 이념은 자유, 평등, 평화였고, 그 이념에 따라 남녀 성의 평등을 주장하였다. 그래서 앙시앙 레짐(Ancien Regim)의 유물이라고 여긴 남녀의 화장실 표지를 시토아엥(Citoyen, 남자 시민)과 시토아이엔(Citoyenne, 여자 시민)으로 고쳤다. 이 전통은 지금까지도 그대로 남아 있다. 게다가 입구에 나폴레옹의 모자가 걸려 있는 것도 특징이다.

　　19세기 이후에는 파리로 오는 전 세계의 미술가, 문학가들, 음악가들이 모두 이 거리로 모여들었다. 이곳은 우리나라의 옛 명동 같다고 할까. 마네, 모네, 들라크루아, 발자크, 조르주 상드, 셸리 등도 이곳에 모여 문학과 그 시대를 논하곤 했다.

　　20세기에도 생제르맹 거리는 계속해서 문학과 예술과 동일시되었다. 사뮈엘 베케트나 이오네스코, 지드, 오스카 와일드 등 수많은 작가들이 자신의 문학을 완성했고 피카소가 〈게르니카(Guernica)〉를 완성한 것도 이 거리 근처의 아틀리에였다. 20세기 중반에 파리에 거주하던 헤밍웨이, 헨리 밀러 등의 미국 문인들 또한 이 거리의 카페 단골 멤버로 초현실주의 예술가, 철학자들과 교류하였다. 실존주의의 대명사였던 사르트르가 보부아르와 함께 젊은 시절을 보낸 것도 이 거리였다. 전쟁으로 자신이 믿었던 질서정연한 현실의 세계가 한순간에 혼돈과 폐허 속으로 사라져버린 시대를 경험했던 사람들에게 '실존' 문제는 밥 먹는 것보다도 절실했을지 모른다. 실존주의와 함께 그동안 세계를 유지하고 있던 겉모습과 질서는 포스트모더니즘이란 새로운 시각으로 재편되기 시작한다.

　　그 이후 문학도 철학도 음악도 그동안 우리가 두던 미의 가치와는 다른 모습으로 표출되며 자본을 따라 뉴욕으로 떠난다. 그런데 한 세기가 지나며 뉴욕의 소호로 가서 자리 잡던 모든 예술들이 이제 서서히 유럽으로

돌아오고 있단다. 영국으로 그리고 머지않아 다시 프랑스로 돌아올 것 같다. 왜냐하면 원래 있었던 곳이니 말이다. 사람들은 지나간 것을 그리워한다. 그래서 역사는 돌고 돈다.

　이곳에서 가장 유명한 카페는 카페 드 플로르(Le Café de Flore), 카페 레 되마고(Le Café Les Deux Magots), 라 브라스리 리프(La Brasserie Lipp)다. 놀라운 것은 이 카페들이 옛날의 추억만 이용해 관광객을 끌어모으는 것이 아니라, 한창 문인들이 모여들었던 1930년대에 만들어진 카페 자체의 문학상을 아직도 유지하며 신인 문학도들에게 상과 상금을 수여한다는 점이다. 1933년 어느 날 카페 레 되마고의 테라스에 앉아 토른을 즐기던 13명의 문인들이 100프랑씩 내서 '되마고 문학상'을 만들었다. 이 집 주인은 그 다음날 신문을 보고서 이런 사실을 알고 본인도 출자를 했다. 이 약속은 아직도 지속되고 있고, 현재 7,500유로의 상금으로 발전했다. 2년 후 리프에서도 상을 만들었고, 근래에 와서도 몇몇 카페들이 문학상을 수여하고 있다.

파리는 카페의 도시다. 유명한 지역에만 있는 것이 아니고, 동네 골목 모퉁이마다 허름한 카페들이 있어, 하루 일과가 끝난 후 동네 친구들과 한잔하며 한두 시간씩 이야기꽃을 피우다 집으로 돌아간다. 우리나라 포장마차 같은 정겨운 풍경이다. 그것도 앉아서 부어라 마셔라 하는 것이 아니고 카운터에 서서 맥주나 와인 한 잔 시켜놓고 자욱한 담배연기 속에서 세상 돌아가는 이야기를 한다. 한 잔의 하우스 와인을 '엉 발롱(Un Ballon)'이라 하고, 300cc 정도 되는 긴 잔에 주는 생맥주를 '윈느 프레시옹(Une Pression)'이라 하는데, 대개 안주 없이 커피나 음료수처럼 마신다.

밖에 테라스가 있고 안쪽으로 테이블과 카운터가 있는 구조인데, 테라스 쪽으로 나올수록 서비스료가 많이 붙는다. 종업원이 움직이는 거리만큼 서비스료가 올라가는 것이다. 좀 야박한 것 같으면서도 생각할수록 합리적이다. 그래서 매일 드나드는 소시민들은 값이 싸기도 하지만 카페 주인이나 바텐더와 대화를 나누기 위해 카운터 쪽에 자리를 잡는다.

이런 카페에서는 보졸레 누보(Beaujolais Nouveau)같이 숙성되지 않은 하우스 와인을 주로 판다. 그래서 보졸레 누보를 프랑스에서는 '카페 와인'이라고도 한다. 얼마 전까지만 해도 해마다 보졸레 누보 철이 되면 우리가 더 들떠서 파티도 하고 난리였다. 프랑스의 고도 마케팅에 놀아난 것이다. 프랑스에서 햇 포도주가 출시되었다고 지구 반 바퀴를 돌아 우리가 난리법석을 떨 이유가 없는데 말이다. 한국에서 벼를 추수해서 막걸리 담갔는데, 미국 사람들이 춤출 이유가 없는 것과 같다.

대부분의 와인은 그해에 포도를 수확해서 발효가 끝나면, 아무리 싸구려 와인도 몇 개월의 숙성 기간을 거쳐 병에 담는다. 떫고 거친 맛들이 안정화되길 기다리는 것이다. 그러나 보졸레를 담그는 '가메'라는 포도는 껍질이 얇고 씨도 작아 거친 맛이 덜하다. 그래서 보통의 레드와인들은 알맹이를 터뜨려 걸쭉하게 머스트(Must)로 만들어 발효하는 데 비해 보졸레는 송이째 가볍게 발효시킨다.

이런 방식으로 양조를 하면 과일의 신선한 향이 유지되어 삭히지 않아도 마실 만한 와인이 되는 것이다. 즉 김장김치처럼 묵히지 않고 겉절이처럼 금방 먹을 수 있으나, 오래 보관할 수는 없다. 일종의 포도 막걸리라고 보면 되겠다.

그러나 보졸레 지방에서 누보 같은 와인만 생산하는 것은 아니다. 꽤 좋은 와인들도 생산된다. 일반 보졸레도 있지만, 뒤에 빌라주(Village)가 붙으면 좀 더 토양이나 기후가 우수한 지역에서 생산된 것이고, 크뤼(Cru)가 붙으면 프랑스 전역으로 따지면 최우수급은 아니지만, 그래도 보졸레 지역에선 남 못지않은 자부심을 가진 명품이다.

파리의 유서 깊은 카페들

20세기 초 파리로 몰려들던 예술가들과 작가들이 드나들던 추억을 그대로 간직한 리브 고슈(센 강 좌안)의 카페들. 그냥 카페라고만 할 수 없는, 서구의 문화를 이끌어간 창조적인 정신들이 한 시대를 풍미했던 매력적인 장소들이다.

생제르맹 지역(Saint-Germain des Prés)

이름만 들어도 설레는 20세기 초의 상징주의, 초현실주의 예술가들, 20세기 중반 실존주의자들이 드나들던 카페들이 모여 있다.

브라스리 리푸(Brasserie Lipp)
주소 : 151 Bd. Saint Germain, 75006 Paris | 전화 : 01 45 48 53 91 | 웹사이트 : www.brasserie-lipp.fr

레 되마고(Les Deux Magots)
주소 : 6 Place Saint Germain des Prés, 75006 Paris | 전화 : 01 45 48 55 25

카페 드 플로르(Café de Flore)
주소 : 172 Bd. Saint Germain, 75006 Paris | 전화 : 01 45 48 55 26 | 웹사이트 : www.cafe-de-flore.com

몽파르나스 지역(Montparnasse)

몽파르나스가에 쭉 붙어 있는 유서 깊은 추억의 카페 레스토랑들.

라 쿠폴(La Coupole)
주소 : 102 Bd. du Montparnasse, 75014 Paris | 전화 : 01 43 20 14 20 | 팩스 : 01 43 35 46 14 | 지하철 : Vavin

라 로통드(La Rotonde)
주소 : 105 Bd. Montparnasse, 75006 Paris | 지하철 : Vavin | 웹사이트 : www.rotondemontparnasse.com

르 돔(Le Dôme)
주소 : 108 Bd. Montparnasse, 75014 Paris | 전화 : 01 43 35 25 81 | 팩스 : 01 42 79 01 19 | 지하철 : Vavin

인간의 유토피아는 지금 이 순간

　와인은 단순히 '술'이라고만 표현할 수 없는 묘한 매력이 있다. 이 세상의 모든 기호식품에는 애호가가 있지만, 와인만큼 이념을 초월해서 열광적인 신도들을 거느린 음료는 없는 것 같다. 이는 와인이, 취하기 위해 마시는 '알코올'이라는 의미를 뛰어넘어 하나의 문화 코드를 형성하여 인간으로 하여금 마음을 열게 하기 때문이 아닌가 싶다.

　내가 최초로 와인의 매력을 경험한 것은 프랑스 유학 시절이었다. 박사 준비 과정이던 DEA 두 과목 중, 19세기 모더니즘의 소논문이 영 풀리지 않아 2년째 질질 끌면서 슬럼프에 빠져 있을 때였다. 그 과목 지도교수였던 피에르 바르블리스는 육십을 바라보는 노신사로 멋진 외모만큼이나 냉철한 지성으로 프랑스 학계에서 유명한 분이었다. 그의 명성에 걸맞은 차가움과 거침없는 카리스마는 모든 문과 학생들에게, 두려움과 동시에 흠모를 일으켰다. 게다가 19세기 유토피아에 관한 그의 연구논문들로 미루어 보아 공산주의자일지도 모른다는 소문도 돌고 있었다.

또다시 한 해를 넘기며 지지부진할 수는 없다는 생각에(박사 논문 지도교수도 아닌지라 잘 알지도 못하는) 그분께 용기를 내어 전화를 드렸다. 부들부들 떨면서……. 바르블리스 교수님은 나의 떨림을 아시는지 모르시는지 명쾌한 목소리로 간단하게 약속 날짜를 정해주셨다. 학기가 끝나 강의가 거의 없으니 대학이 있는 캉(Caen)에서부터 20킬로미터 정도 떨어진 바닷가 쿠르쇨(Courseulles-sur-Mer)로 오라는 조건으로. 그분이 와인을 무척 좋아한다는 소문을 예전부터 알고 있었던지라, 눈에 들어오지도 않던 문학 책은 집어치우고 그때부터 조그만 와인 책자를 한 권 사서 읽기 시작했다.

취하기 위해 마시던 와인의 세계가 다른 의미로 열리는 순간이었다. 이때부터 나의 운명은 이미 결정되었던 것인지도 모른다. 깊이는 없었지만, 와인에 관한 대략적인 지식을 며칠 동안 마구 퍼 넣었던 것 같다. 이때 집어넣은 지식으로 내가 외식산업에 종사한 이후에도 꽤 많은 시간을 버텼던 걸 보면.

교수님을 만나기 하루 전날, 캉 시내의 작은 와인 가게에 들렀다. 샤토(Château)* ○○, 이름은 지금 기억이 나지 않지만 78년산 포므롤(Pomerol)을 선택했다. 가게 주인이 그 샤토의 78년산이 빈티지(Vintage)**가 최고이며(그때가 1986년이었다), 자기가 직접 보르도의 카브(Cave)***에 가서 개인적으로 선택한 와인이라고 했다. 넉넉지 않은 유학생의 주머니 사정에 500프랑 이상을 지불했으니 거의 뇌물 수준이었다. 그러고는 다음날 오후 20킬로미터를

달려 내 젊은 날 숭배의 대상이
던 노교수님의 작업실을 찾았다.

지금도 가끔씩 석양이 지
던 대서양의 그 바닷가가 생각난
다. 노을빛이 어우러지던 발코니
와 대조되던 짙은 보르도의 와인
잔, 그리고 그 인상을 한 장의 그
림처럼 내 가슴에 고정시켜준 노
교수님의 차가운 옆모습과 하늘
을 나는 갈매기 떼들.

그때의 주제가 샤토브리
앙의 유토피아에 관한 내용이었던 것 같다. 까다로운 교수님이 담배를 입
에 물고 잔을 기울이며 동양의 먼 나라에서 온 나에게 와인에 관한 이야기
를 하고 있었다. 유토피아를 그리던 샤토브리앙은 사실 미식가였고 와인
애호가였다는 이야기도 빼놓지 않았다. 그러고는 인간의 유토피아는 외부
에서 오는 것이 아니라 지금 이 순간처럼 자연과 그 산물인 멋진 와인과 감
성이 통하는 사람과의 대화, 이런 것 속에서 찾아야 한다는 말씀도. 그런데
오늘날 명성 높은 포므롤과 생테밀리용(Saint-Emilion)이 자리한 보르도의 리
브르네(Libournais) 지방은 샤토브리앙이 활동했던 19세기에는 그다지 유명하

* 샤토 : 영어의 'Castle'로 원래는 성(城)이라는 뜻인데, 와인 용어에서는 양조장을 갖춘 대형 포도원을 뜻한다

** 빈티지 : 와인에 있어서의 빈티지란 위스키나 코냑, 칼바도스(Calvados) 등의 나이(Age)와는 그 의미가 다르다. 위스키나 코냑, 칼바도스 등은 술을 만들어 오크통 안에서 얼마만큼 숙성되었는지의 기간을 말하지만, 와인은 포도가 밭에서 수확된 바로 그 연도를 말하는 것이다. 즉 라벨에 1995라고 쓰여 있으면 이 와인은 1995년도에 밭에서 포도를 따서 그해 가을에 담근 술이 아직까지 시장에 있다는 의미다.

*** 카브 : 와인을 저장하고 숙성시키는 지하 창고로, 프랑스의 와인 산지에는 13~14도로 서늘하고 습도가 60~70% 정도 되는 천연 동굴이 많아 이런 이름이 붙었다.

지 않았기 때문에 그가 자신의 식탁에서 포므롤을 즐겨 마셨는지는 알 수 없다고 웃으시며.

이때 내가 경험한 와인의 세계는 경이로움 그 자체였다. 녹색의 병에 담긴 붉은 액체의 위력은 정말 대단했다. 인간의 모든 벽을 허물어버린다는 느낌 그 자체였다. 그날 이후 그 한 병의 와인은 무의식 속에 남아 내 인생을 조금씩 바꾸어가는 괴력을 발휘하고 있었던 것 같다.

나는 그 교수님의 지성에 압도되어 감히 학자가 되겠다는 교만함을 몇 년 후에는 포기해버렸다. 지금은 프랑스 요리와 와인이 내 인생의 주메뉴가 되어 있다. 그리고 살아오며 인간관계에서 와인이 가진 위력을 수도 없이 경험하였다.

그분은 지금 머리가 하얀 할아버지가 되어 아직도 내가 프랑스에 가면 작은 포도원에서 직접 산, 라벨도 안 붙은 와인 병을 꺼내놓는다. "혜련, 옛날에 네가 사온 78년산 포므롤은 정말 좋았어." 그러시며.

파리 여자들은 와인때문에 날씬하다?

　파리 시내를 다니다 보면, 여성들이 참 날씬하다는 사실에 놀라게 된다. 여성들뿐 아니라 남자들도 살찐 사람들이 별로 없다. 물론 비만한 사람도 가끔 눈에 뜨이지만, 그 비율은 우리나라처럼 아주 작다.

　미국 대도시에서 너무도 자주 마주치는 그 거대한 엉덩이가 거의 보이지 않는다는 얘기다. 미국의 첫인상은 "예쁜 여자들은 모두 할리우드에만 있구나."라는 거였다. 온통 햄버거로 자신의 세포들을 사육시킨 것처럼 부푼 거대한 풍보들이 부끄러움 없이 육체를 반쯤 내놓은 채 거리를 활보하고 있으니 말이다. 그런데 한국과는 달리, 그런 육체도 햇빛 받을 권리를 인정해주는 사회가 부러웠던 기억이 난다.

　　그런데 같은 서양인이면서도 식생활이 화려하기로 이름난 프랑스에는 이런 미국 엉덩이들이 없는 것이 참 이상했다. 오죽하면 거위의 목에 억지로 모이를 집어넣어 간에 지방이 끼게 해서 잡아먹을까!* 그런 요리에 비해 파리 여자들은 얄미울 정도로 날씬하다(지방에 가도 마찬가지다). 게다가 프랑스 북부에 위치한 파리는 지중해식 채소나 올리브는 잘 쓰지 않는다. 낙농의 천국인 노르망디에 근접해 있어 치즈, 버터, 크림이 주로 요리에 쓰이고 스테이크와는 튀긴 감자를 한 접시씩 즐긴다. 그래서 프렌치 프라이드 아닌가. 고기도 생선도 버터에, 그것도 아주 커다란 덩어리를 녹여 구운 뒤 농후한 크림소스를 얹어 먹는다. 그것도 모자라 식후에는 지방이 40~50퍼센트나 들어간 치즈를 종류별로 먹고, 몸서리치게 단 디저트를 한 접시 날름 해치운다. 다이어트 한다는 여자들도 디저트 거르는 건 거의 못 보았다.

　　1991년 미국 CBS에서 〈프렌치 패러독스(French Paradox)〉라는 방송을 해서 센세이션을 일으킨 적이 있다. 자국인의 비만에 골머리를 앓던 미국이 같은 식생활권이면서도 날씬한 파리 여성들에 대한 질투와 호기심으로 그 이유를 캐기 시작한 것이다.

　　지금이야 양이 많이 줄었다 치더라도, 프랑스인들은 점심시간에도

* 푸아그라(Foie Gras) : 깔때기를 거위 목에 넣고 억지로 기름진 모이를 먹여 비대한 지방간에 이르게 한 후, 거위를 잡아 간을 사용하는 프랑스의 유명한 전통요리이다.

한두 잔의 와인은 기본이다. 느긋한 저녁시간이야 말할 것도 없고, 점심때 학교나 회사의 구내식당에서도 약간의 웃돈만 지불하면 작은 병의 와인을 마실 수 있다. 최근, 음주로 인한 사고가 증가 추세를 보이자 고속도로 휴게실이나 주유소 매점에서 알코올 판매 금지 법안을 준비 중이지만, 불과 일이 년 전만 해도 고속도로에서도 와인을 마실 수 있었다! 그만큼 가벼운 음주운전에 관대하고 일상생활화되어 있는 곳이 프랑스이다. 그래서 관공서건, 은행이건, 교실이건 프랑스의 오후는 와인으로 나른하다.

같은 문화권인 스페인이나 이탈리아도 마찬가지다.(여기 여성들도 쭉쭉빵빵이다!) 이렇듯 엄청난 식생활에도 불구하고 날씬한 바디라인을 갖고 있다니 패러독스가 아닐 수 없었다. 식생활 패턴을 비교하며 추적하고 또 추적하던 미국인들은 그 정점에 와인이 있다는 것을 발견했다! 그래서 와인 성분에 대한 연구가 이루어졌고, 고대에 '생명의 물(Aqua Vitae)'이라 일컬어지던 와인은 또다시 수면 위로 떠오르게 되었다. 한동안 우리나라의 건강쟁이들에게도 커다란 감명을 주어 레드와인 사재기 열풍이 불었다.

와인은 포도로 만든다. 포도의 주성분은 당분과 수분이지만, 그 외에 타닌, 안토시아닌, 카테킨 등의 색소성분과 레스베라트롤, 케르세틴 등의 비색소성 성분들이 함유되어 있다. 이 성분들을 합쳐 폴리페놀(Polyphenol)*이라고 한다. 우리가 흔히 듣는 오염물질인 페놀(Phenol)도 분자의 출발점은 같지만 폴리(Poly, '여러 개의' 라는 뜻)가 되면 전혀 다른 물질이 되어 우리 몸에 이로운 영향을 준다. 산소(O) 원자 두 개가 모이면 우리가 숨 쉬는 산소(O_2)가 되고 세 개가 모이면 오존(O_3)이 되는 것과 마찬가지다.

폴리페놀은 식물 내에서 자신을 보호하기 위해 생성되는 일종의 화

---

* 페놀과 폴리페놀 : 둘 다 모두 같은 벤젠고리(C_6H_6)에서 나왔지만 그 성질은 전혀 다르다. 벤젠고리의 수소(H) 하나가 수산기(OH)로 치환되면 페놀이 되고, 수소가 두 개 이상 치환되면 폴리페놀이 된다.

학물질이다. 땅속에 박혀 움직일 수 없는 식물이 끊임없이 공격하는 외부 환경이나 박테리아 등으로부터 자신을 방어하기 위해 스스로 만들어내는 '전투물질'이니 당연히 많은 작용이 있을 수밖에 없다. 인체 내에서 항산화 작용으로 노화도 방지하고, 혈관을 막는 저질의 콜레스테롤을 정화하여 동맥경화나 심장병도 예방하는 것으로 알려져 있다.

폴리페놀 성분은 녹차나 감, 오디, 복분자 등 다른 과일에도 들어 있는데, 이 성분들이 알코올과 만나 간에서 흡수될 때 그 효과가 증폭된다고 한다. 포도에는 알맹이가 아닌 껍질과 씨에 주로 들어 있는데, 포도 알맹이를 통째로 삭혀서 담근 레드와인에는 당연히 이 모든 성분들이 녹아 나와 있는 것이다. 이런 폴리페놀이 풍부한 레드와인을 매 끼니마다 한두 잔씩 장기간 음용해왔으니 프랑스인들이 날씬한 것은 당연하다고 하겠다. 중국인들

이 기름진 음식을 많이 먹는데도 날씬한 이유가 차를 마시기 때문이라는 것과 같은 이유이다.

나는 어려 보인다는 이야기를 자주 듣는다. 이제는 눈 밑에 주름도 보이고 새치도 보이지만 얼마 전까지는 20대라는 이야기를 들었다.(잘났다!) 혼자서 여러 역할을 하다 보니 사실 피부 관리실이나 미장원 가는 것도 시간이 아깝다. 게다가 피부가 얇아 남의 손에는 절대 피부를 맡기지 않는다. 잠도 부족하다. 그런데도 아직 "그 나이처럼 안 보이세요."라는 말을 듣는 이유는 와인과 함께한 25년의 결과가 아닐까 하는 생각이 요즈음 들기 시작했다. '아, 이것이 임상실험의 결과구나!' 하는 생각 말이다.

현재 세계화의 열풍으로 미국식 패스트푸드가 프랑스의 철통 같던 문화적 자부심을 무너뜨리며 젊은이들 식생활에 조금씩 파고들고 있다는 것은 안타까운 일이다. 날씬하던 프랑스가 뒤늦게 비만 아동들 단속에 나섰으니 말이다.

파리지앵은 거지꼴도 색의 마술사

이런 제목을 쓰다 보니 친불파이다 못해 사대주의의 첨단을 걷는 느낌이 든다. 그런데 이것이 내가 지금도 파리 시내를 다니며 갖는 인상임을 고백하지 않을 수 없다. 사실 처음 파리에 간 사람들은 패션에 대한 감흥을 별로 느끼지 못한다. '왜 파리가 패션의 도시란 거야?'라고 생각하기 십상이다. 한국에서 완벽하게 화장하고 최신 유행의 스타일로 차려입은 여성들에게 익숙해진 때문이다.

그런데 조금 시간이 지나면 파리만의 독특한 패션이 문득 눈에 들어오기 시작한다. 즉 "파리에는 유행이 없다."라는 독특함이다. 카페에 앉아 지나가는 사람들을 보고 있노라면 한 사람도 비슷한 스타일의 옷을 입은 사람이 없다는 것을 깨닫게 된다. 어디서 사 입었는지 지난 세기의 모든 스타일의 옷이 돌아다닌다. 그것도 전혀 촌스럽다거나 어색하지 않게, 입고 있는 사람과 온전히 한 몸이 되어 있다. 게다가 색에 대한 놀라운 감각까지. 이는 파리만이 줄 수 있는 색감이다. 어쩌면 이 도시가 주는 배경에 덕을 보고 있는지도 모른다. 하지만 꼭 그것만이 아닌, 오래 학습되어 유전자에 각인된 감각이라고 할까.

시간이 거쳐간 석조건물들에서 묻어 나오는 잿빛과 완벽하게 조화를 이루는 톤다운된 색감의 옷들이 다른 도시에서는 느낄 수 없는 독특한 분위기를 만들어낸다. 이 도시에서는 같은 비비드 칼라(Vivid Color)도 톤다운되게 느껴진다. 어두운 돌 색과 대비되는 반사효과 때문이리라.

우중충한 도시의 뒷골목에서 마주치는 구질구질한 노숙자들의 옷매무새가 가끔 나를 놀라게 하는 때도 있다. 다 떨어진 회색 오버코트에 핑크색 머플러를 하고, 함께 다니는 커다란 개(파리의 노숙자들은 커다란 개와 많이 다닌다. 자기 먹을 것도 없을 텐데 그 개는 어떻게 먹여 살리는지 의아했다. 게다가 살집도 좋은 개들)의 목에도 핑크색 리본을 달고 있다든가 하는. 어떨 때는 누더기를 기운 헝겊 조각이 너무 조화로워 놀랐던 기억도 있다. 갈색 옷에 하늘색 천을 덧대다니, 어디서 배운 감각인 거야? 그리고 재미있는 것은 한국에서는 대형 마트에서조차 비싼 와인을 손

에 들고 취해 있다는 사실이다.

　　한국에서 와인이 비싼 이유는 한국에 도달하기까지 우리가 지불하는 세금과 운반비, 유통 마진 때문에 그렇다. 프랑스에는 물보다 싼 와인들도 많다. 콜라병 같은 1.5리터들이 페트병이나 유리병에 담긴 싸구려 와인들은 보통 좋은 와인을 만들고 난 찌꺼기를 눌러 짜서 만든 와인들이거나, 때로는 설탕으로 가당을 해서 발효시킨 와인들이다.

　　조상 대대로 마셔와서 피 대신 혈관에 와인이 흐르고 있는 프랑스인들이니 거지들도 끼니때는 와인을 마셔야 하는 것이 당연하다. 프랑스 유학 초기에 내가 처음 마셔본 것이 바로 페트병에 담긴 와인이었다. 와인 맛을 모르던 때라 유학 생활의 외로움을 달래며 친구들과 함께 마시기엔 양이 많아 더없이 편한 와인이었다. 그런데 어느 날 파리에서 지하철을 타려고 걸어가는데, 한 무리의 노숙자들이 지하철의 환기구 위에서 한 상 벌이고 있었다. 파리의 음산한 겨울을 이기기 위해 노숙자들은 따뜻한 열풍이 나오는 지하철 환기구 위에 신문지를 깔고 노숙하는 경우가 많다. 그들이 신나게 마시고 있는 와인이 바로 내가 마시는 그 페트병 와인이 아닌가! 그때부터 조금 질을 높였다.

한국에는 와인이 너무 어렵게 들어온 경향이 있다. 고급 문화라는 인식과 소믈리에들이 직업인으로서 각종 예법을 갖추어 시음하고 서빙하는 의식이 뒤범벅되어 바쁘게 도입된 탓이다. 와인 조금 한다는 사람들이 여기저기서 짜깁기한 자료들이 난무했던 것도 하나의 이유다.

그러나 와인을 생산하는 유럽 국가에서 와인은 상류 문화이기 이전에 식생활이다. 고관대작들도 마시지만 가난한 서민들도 매일 마셔야 하는 식품이다. 우리나라의 된장찌개와 마찬가지로 보면 된다. 한 끼도 거를 수 없는 식사의 일부분인 것이다. 다만, 고관대작들은 최상급 한우를 넣어 찌개를 끓여 먹고, 가난한 서민들은 고기를 넣지 않고 끓인다는 차이지 된장찌개를 거의 매일 먹는다는 문화적 동질감엔 차이가 없다.

프랑스의 와인 생산량은 대략 피라미드형이라고 보면 된다. 와인의 등급은 법적으로 4개로 나뉘는데, 가장 낮은 등급이 뱅드타블(Vin de Table), 즉 테이블 와인으로 전 국민이 일상에서 매일 마시는 와인이다. 원산지 표시가 없고 프랑스 영토 내에서 생산된 포도라면 품종이나 지역을 가리지 않고 어느 것이라도 섞어 만들면 된다. 그다음 등급은 뱅드페이로(Vin de Pays) 지방 와인 등급이다. 정해진 지방 내에서 생산된 포도를 두루두루 섞어 만

든다. 물론 원산지 표기는 안 되어 있다. 이 두 종류의 와인이 물처럼 유통되는 와인들이다.

    그 위 등급인 VDQS는 AOC로 올라가기 위해 대기하고 있는 와인인데, 프랑스 내에서도 생산량이 작아 먼 우리나라까지 실려올 확률은 거의 없다. 한국에 가장 많이 소개되는 와인은 AOC 등급이다. 원산지 표시가 된 와인들로, 정부에서 품종이나 재배지 등을 엄격하게 규제해서 나온 와인들이다. 그러나 이 AOC 와인들도 품질이 천차만별이어서 어떤 것은 창의력을 가지고 최선을 다해 만든 뱅드페이만 못한 것들도 있다.

    바로 이 뱅드타블이나 뱅드페이가 프랑스 서민들의 경제를 지배한다. 저장 창고에 수집하며 마시는 와인은 아니지만, 힘든 하루 일과를 끝내고 동네 카페에서 동료들과 한잔하는 와인, 나이 먹은 독거노인이 한손에는 바게트를 다른 한손의 장바구니 안에 넣어 다니는 일상의 와인들이다.

프랑스 와인의 등급에 관하여

1 | 뱅드타블(Vin de Table) : 프랑스 와인 중 최하위 등급으로 일상적으로 물보다 싸게 마시는 와인이다. 프랑스 영토에서 생산된 포도이면 지역 구분 없이 혼합해도 상관없다. 총생산량의 40퍼센트를 차지한다.

2 | 뱅드페이(Vins de Pays) : 뱅드타블보다 한 단계 위의 등급으로 특정 지역과 품종이 정해진다. 원산지가 표시되기는 하지만 AOC처럼 품종이나 제조에 엄격한 제한을 받지 않고 선택의 폭이 넓으며, 생산량도 규제되지 않는다.

3 | V.D.Q.S(Vin Délimite Qualité Supérieur) : AOC로 올라가려는 준비 단계로, 생산량이 적어 우리나라에는 수입되지 않는다. 생산 지역, 포도 품종, 알코올 함유량, 수확량, 재배 및 양조 방법, 와인 품질 분석, 테스팅 등으로 AOC 못지않게 정부의 관리를 받는다.

4 | A.O.C(Appellation d'Origine Controlée) : 원산지 표기 등급으로 포도 품종, 재배 방법, 생산량, 알코올 농도, 와인 제조법 등을 정부가 규제하고 와인 분석 및 테스팅으로 결정한다. 원산지를 표기할 때 그 지역이 좁혀져 들어갈수록 고급 와인이다. AOC 와인들 안에서도 보르도와 부르고뉴의 역사와 전통을 자랑하는 고급 와인들은 그랑 크뤼로 묶어 명품으로 분류되어 있다.

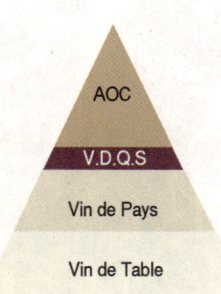

파리의 점심과
뉴욕의 점심은 다르다

Story 1 매혹당할 확률 120%, 파리이야기

"당신이 먹은 것이 무엇인지 말해주면, 당신이 누구인지 말해줄게요." 1825년 《미각의 생리학(Physiologie du Goût)》을 쓴 법학자이자 심리학자인 브리야 사바랭의 말이다. 살기 위해 먹을 뿐 아니라 먹기 위해 사는 것이 인간이므로 그 사람이 어떤 식생활을 하는지를 알면 어떤 삶을 추구하며 사는지를 알 수 있다는 것이다. 1대가 잘살면 옷을 잘 입고, 2대가 잘살면 좋은 집에 살고, 3대가 잘살면 음식을 잘 먹는다고 했다. 여기에 비유하자면 프랑스는 3대가 잘살아온 옛날 부자 같다. 그만큼 음식문화가 일상 곳곳에 배어 있으니 말이다.

식탐이 강조되는 구르망(Gourmand)이나 좀 더 탐미적인 면이 강조되는 구르메(Gourmet)는 조금 뉘앙스가 다르지만 모두 '식도락가'를 의미한다. 이 단어들만큼 프랑스적인 단어는 없는 것 같다.

파리의 점심은 뉴욕과는 많이 다르다. 맨해튼의 말끔한 신사 숙녀들은 걸어가면서 또는 계단에 앉아서 샌드위치나 햄버거로 대충 끼니를 때운다. 파리도 지금은 뉴욕만큼이나 바쁜 도시가 되어가고 있지만, 얼마 전까지는 2~3시간씩 점심식사를 했다. 내가 유학하던 1980년대에는 은행이나 관공서가 아예 12시부터 오후 3시까지 문을 닫았다. 수퍼나 약국도 예외는 아니어서 오전에 두세 시간, 오후에 두세 시간 영업하고 도대체 언제 벌어서 먹고 바캉스 가고 하는지 의문이었다. 그러던 프랑스에, 요즘은 세계화의 추세에 맞추어 점심시간에도 문을 여는 은행이나 관공서가 생겨나고 있다.

한국은 아침을 든든히 먹는 데 비해 프랑스의 아침식사는 배고프다. 오죽하면 아침식사란 단어가 '프티 데죄네(Petit Déjeuner)', 즉 '작은 점심'일까? 점심을 먹기 위해 아주 조금 먹는다는 이야기다. 진한 커피를 국그릇만 한 볼에 가득 따르고 여기에 우유를 넣은 카페오레와 과일 주스, 크루아상,

팽오쇼콜라(파이 안에 초콜릿을 넣은 빵)나 바게트, 버터, 잼을 먹는다. 사람에 따라 시리얼이나 과일을 먹기도 하지만, 기본은 빵과 커피가 전부다. 아예 진한 커피 한 잔으로 때우는 사람도 많다. 그래서 프랑스에 처음 간 사람들은 호텔 아침식사를 보고는 '얘들이 장난하나?'라고 생각한다. 외국 관광객들을 단체로 받는 비즈니스호텔이 아닌 일반 시내 호텔들은 미국식 아침식사는 제공되지 않고 순프랑스식으로 나오기 때문이다. 우리나라에서 흔히 보던 특급호텔의 아침 뷔페를 상상했다간 낭패 보기 십상이다. 그런데 아침이 이렇게 후진 이유를 얼마 지나지 않아 알게 되었다.

점심때 뭘 그리 많이 먹는지. 저녁식사용인 수프 빼고는 전채요리와 메인 디저트가 다 나온다. 물론 작은 카페나 레스토랑에서 달걀이나 참치가 들어간 수북한 샐러드 한 접시나 바게트 안에 토마토와 치즈를 넣은 샌드위치로 간단히 때우는 사람들도 있지만, 길거리의 레스토랑들은 제대로 된 정찬을 즐기는 사람들로 북적댄다. 이때, 스테이크랑 와인도 빠지지 않는다. 파리지앵은 아침은 최소한으로, 점심식사는 길고 확실하게 먹는 것이다.

저녁은 차가운 전채요리, 뜨거운 전채요리, 수프, 메인, 샐러드, 치즈, 디저트를 코스로 먹는데, 일반 가정에서는 전채와 메인, 치즈, 디저트로

약식화하기도 한다. 와인은 기본적으로 한 병을 두 사람이 마시면 아주 기분 좋게 취한다. 보통 생선과는 화이트와인, 육류와는 레드와인을 마신다. 아주 격식을 차리는 식사는 메인에 생선요리가 나온 후에 다시 육류요리가 나오며 이 사이에 셔벗이 서빙된다. 우리는 셔벗을 아이스크림이랑 비슷하게 취급하지만 원래는 생선요리와 육류요리 사이에 입가심을 하기 위해 아삭아삭 씹어 먹는 얼음조각이었다. 생선과 육류가 모두 서빙되는 정찬에서는 화이트와인과 레드와인이 모두 서빙된다. 디저트는 아주 달콤한 와인과 함께 마신다.

공주같이 매력적이고
달콤한 디저트, 디저트 와인

Story1 매혹당할 확률 120%, 파리이야기

'파티시에(Pâtissier)'라는 단어가 이젠 낯설지 않다. 파티시에는 케이크 조리사를 지칭하는 프랑스어다. 케이크(프랑스어로는 가토(Gâteau)다)하우스를 파티스리(Pâtisserie)라고 하고, 빵집은 불랑제리(Boulangerie)라고 해서 달리 취급한다. 우리나라에서는 같은 빵 종류로 취급하는 데 비해, 밀가루를 사용한다는 것 외에는 전혀 다른 품목이다. 떡과 밥 차이라고 보면 되겠다. 파티스리는 디저트용 케이크나 과자를 만들어 파는 상점이고, 불랑제리는 메인 요리와 함께 밥처럼 먹는 바게트나 곡식으로 만든 다양한 빵 종류를 만들어 파는 곳이다.

그런데 프랑스에 처음 가서 의아했던 것이 내가 좋아하는 소보루나 단팥빵은 어딜 가도 보이질 않았다는 거다. 빵과 케이크의 본고장에 왔는데 얘들은 없다니, 그럼 국적이 어디란 말인가? 그러고 보니 돈가스처럼 일본일 거란 생각이 들었다. 중국 본토에 가면 자장면이 없는 것과 마찬가지로 말이다. 케이크 이름 외우기도 만만치 않다. 오페라(Opéra), 밀페이유(Mille feuilles), 에클레르(Éclair), 플로랑탱(Florentin), 포레 누아(Fôret Noir), 를리지외(Religieux)……. 쪼끄만 것들이 이름도 예쁜 게 무슨 인격이 있는 것 같아 나는 파리를 드나든 지 25년이 되어가도 아직 케이크 이름은 다 못 외울 정도이다.

프랑스의 디저트는 소스라치게 달다. 공주같이 매력적인 이름을 지닌 디저트들은 단것을 싫어하는 나마저 유혹한다. 프랑스 요리에서 디저트가 이렇게 중요한 이유는 전통 프랑스 요리는 17, 18세기에 집대성되면서 짠맛과 단맛이 완벽하게 분리되어 있기

때문이다. 즉 애피타이저와 메인, 치즈까지는 소금으로 간한 요리이고, 마지막 코스인 디저트는 설탕으로 간한 요리이다. 요즘은 글로벌 어쩌고 해서 많은 것들이 서로 퓨전이 되고 있는 시대지만, 아직도 전통요리는 이 룰을 지킨다. 그래서 프랑스 본토에서 요리를 먹으면 한국에서보다 더 짜게 느껴진다. 설탕이 전혀 들어가지 않고 소금으로만 간을 하다 보니 짠맛이 더 강조되기 때문이다. 그래서 식사가 끝난 후에 뭔가 달콤한 것이 먹고 싶어진다.

　　　　디저트가 발달되다 보니 이와 함께 곁들여 마시는 단맛의 스위트 와인도 발달되었다. 스위트 와인은 설탕을 탄 것이 아니라 자연 조건을 이용하여 포도의 당도를 높여 만든 것이다. 자연이 만들어준 산물이기에 더 귀하고, 가격도 비싸질 수밖에 없다. 포도의 당도를 높이는 방법은 여러 가지가 있어서, 각 나라마다 지역마다 기후나 환경조건에 따라 자기네 전통방식에 따른다.

이 중 포도의 수확 시기를 최대한 늦춰서 포드나무의 생장이 멈춘 가을 햇볕에 포도의 수분이 증발하도록 하는 방법이 있는데, 바로 레이블에 'Late Harvest'라고 표기된 것들이다. 이렇게 수확 시기를 최대한 늦출수록 가격은 비싸진다. 왜냐하면 포도 안의 수분이 더 많이 증발하므로 생산량은 줄어들고, 당도는 더 높아지기 때문이다. 거의 겨울이 오는 시점까지 수확을 늦춘 스위트 와인은 그 양이 반으로 줄어든다. 게다가 언제 변할지 모르는 자연 환경에 대한 위험(Risk)까지 부담해야 하니 비쌀 수밖에 없다. 'High Risk, High Profit'의 원리이다.

이 중 '귀부 와인'은 포도를 나무에서 말려가며 보트리티스 시네리아(Botrytis Cinérea)라는 곰팡이가 끼도록 해 곰팡이 특유의 향이 나는 특이한 방식으로 만든 와인이다. 그래서 아주 귀하게 부패한다는 의미에서 '귀부 와인'이다. 원래 이 곰팡이는 '잿빛 곰팡이병'이라 하여 과일들을 부패시키는 요인이다. 그러나 모든 식품의 발효와 부패가 종이 한 장 차이듯이 이 곰팡이도 특별한 기후조건에서는 부패가 아닌 향기를 더하는 이로운 곰팡이가 된다.

보르도 남쪽의 소테른 지역의 작은 강 시롱이나 독일 라인 강의 몇몇 지역은 오전에는 강쪽에서부터의 기류를 타고 포도원이 습한 아침 안개에 잠겨 있다가, 오후에는 뜨거운 태양이 습기를 말려버리는 천혜의 기후 조건을 갖추고 있다. 습기로 인해 포도에 회색 보트리티스 시네리아 곰팡이가 끼다가, 오후의 더운 햇볕에 수분이 증발하며 곰팡이도 살균되어 더 이상 부패로 진행되지 않는 일이 반복되면서 포도는 건포도화되어 가며 곰팡이 특유의 향이 배어드는 것이다.

수확 시기가 늦어지는 정도가 아니라 겨울이 깊어질 때까지 포도밭에서 수확을 하지 않고 기다리는 방법도 있다. 영어로는 아이스와인(Ice Wine), 즉 포도를 겨울까지 수확하지 않고 두었다가 기온이 내려가 포도가 언 뒤 수확하여 제조한 와인이다. 쪼글쪼글 농익은 포도 알맹이 안의 수분은 영하 7도 이하가 되면 전부 얼어붙는다. 이때 수확하여 압착하면 얼음이 된 수분은 제거되며, 극도로 농축된 과즙을 얻을 수 있다. 이를 발효하면 아주 감미로운 와인이 된다.

이 아이스바인(eiswein)은 원래 독일의 특산물이다. 리슬링 품종으로 가장 많이 만든다. 18세기, 추수 시기를 놓친 어느 농부가 포도를 포기할 수 없어, 얼어붙은 포도로 와인을 담근 데서 유래되었다. 현재는 북반구와 남반구의 높은 위도상에 위치하는 미국과 캐나다 북부, 호주, 뉴질랜드 등에서도 아이스와인이란 이름으로 생산한다.

그렇다면 포도를 건포도화시켜 일부러 냉동고에 꽁꽁 얼려 아이스와인을 만들면 어떻게 될까? 아이스와인이 되긴 된다. 그러나 여기에는 자연의 진행과정이 빠져 있기 때문에 자연 건조와 냉기가 주는 손맛이 빠져 있다. 즉 싸고 쉽게 즐기는 스위트 와인이 된다. 천연 아이스와인은 와인의 성격상 극도로 농축되어 생산량이 줄어드는 데다 기후에 전적으로 의존하다 보니 낮은 가격으로는 생산되기 어려운 구조이다. 그러므로 2만~3만 원대의 중저가 아이스와인은 과학의 힘으로 대량생산된 와인인 경우가 많다고 보면 된다.

이 외에 포도를 수확해서 통풍이 잘되는 방에 짚방석이나 대나무 발을 깐 뒤 그 위에 포도송이를 널거나 매달아서 건조시키는 방법도 있다. 몇 개월간 반건조시키면 수분이 증발해 당도가 높아지며 풍미가 증가하는데,

이때 주스를 짜서 오크통에서 발효시킨다. 통을 완전히 채우지 않고 몇 년간 숙성시키면 숙성 과정 동안의 산소 접촉을 통해 독특한 견과류와 캐러멜 향이 밴 황금빛의 달콤한 와인이 된다. 이탈리아의 파시토(Passito)와 프랑스의 뱅드파이유(Vin de Paille) 등이 이렇게 만든 와인이다.

  조금 가격이 저렴한 스위트 와인들은 발효 진행 중 포도의 당분이 모두 알코올로 변화되기 전에 발효를 중단하기 위해 높은 도수의 브랜디를 넣어 만들기도 한다. 알코올 도수가 15도 이상이 되면 효모가 죽어버리기 때문에 더 이상 발효를 진행하지 못한다. 그러므로 발효되지 않은 당분이 와인에 남아 달콤한 맛을 내게 된다. 남프랑스, 이탈리아 시칠리, 스페인, 포루투갈 등 지중해 지역에서는 주로 이런 방식으로 스위트 와인을 만든다.

  단맛이 거의 없는 드라이(Dry) 와인이나 약간 있는 듯 마는 듯한 세미드라이(Semi-Dry) 와인은 식사 중에 마시는 와인이고, 당도가 높은 세미스위트(Semi-Sweet) 와인이나 스위트(Sweet) 와인은 디저트와 함께 마시는 와인이다. 이런 단맛의 정도는 샴페인을 제외하고는 라벨에 명기되어 있지 않다. 라벨에 쓰인 지역에 따라, 와인의 이름에 따라 맛의 정도를 가늠해야 한다.

예를 들어 프랑스의 보르도라면 일단 드라이한 레드와인이나 화이트와인이 생산되는 지역이며, 보르도 안에서도 메독이라고 좁혀 들어간 지역이 명시된 것은 드라이한 레드와인, 소테른(Sauternes)이라고 명시되면 스위트한 화이트와인이다.

이렇듯이 프랑스는 원산지를 어떤 범위로 어떻게 표시하는가에 따라 그 지역에서 재배하는 품종과 와인의 스타일이 정해져 있다. 처음에는 조금 복잡한 듯 보이나 익숙해지면 오히려 브랜드마다의 등급을 일일이 알아야 하는 미국이나 호주 와인들보다 편한 점도 있다는 것을 알게 된다. 영어와 프랑스어의 차이인 것 같다. 처음엔 동사 변화도 복잡하고 남성, 여성

도 있지만 예외가 적어 편안해지는 프랑스어와, 한없이 예외와 이디엄(관용구)이 튀어나오는 영어의 차이.

세트 메뉴에서 미국식은 디저트와 함께 커피를 마시기도 하지만, 프랑스나 이탈리아인들은 반드시 디저트를 끝내고 나서야 커피를 마신다. 전혀 다른 성질의 맛이기 때문이다. 그렇다고 끼니마다 디저트 와인을 곁들여 마시는 것은 아니고, 손님이 오거나 파티를 할 경우에 주로 꺼내놓는다. 섞는 것을 싫어해서, 커피는 커피 자체로 즐기는 게 이들의 습성이다. 그래서 가정에서 식탁의 마무리는 디저트이고, 커피는 따로 응접실 소파로 옮겨서 마시는 경우가 많다.

자리를 옮겨 진한 에스프레소와 함께 꼬불쳐 두었던 좋은 브랜디를 꺼내놓는다. 코냑(Cognac)이나 아르마냑(Armagnac), 칼바도스(Calvados) 같은 브랜디는 바로 에스프레소와 함께 그윽한 향을 즐기며 마시는 알코올이다. 이때 남자들은 느긋하게 시가를 한 대 피우기도 한다.

프랑스나 이탈리아의 커피는 무조건 진한 에스프레소다. 멀건 아메리칸 커피는 어딜 가도 없다. 드립 커피는 가정에서 아침식사로 크루아상과 함께 카페오레로 마시는 정도다. 필터로 진하게 내린 커피를 국그릇만 한 볼에 반쯤 붓고, 뜨겁게 데운 우유를 넣으면 그것이 아침용 카페오레다. 이탈리아어로 하면 카페라테가 되겠다. 그것도 한 번 내릴 때 내가 열 번은

마실 양을 넣고 내려서 놀라곤 한다.

    카페에 가서 "커피 한잔 주세요."라고 주문하면 무조건 작은 잔에 커피기름이 잘잘 흐르는 새카만 에스프레소가 쥐똥만큼 나오니 주의할 것. 조금이라도 한국의 커피와 비슷한 걸 마시고 싶다면 카페크렘(Café Crème)이나 카페롱(Café Long)과 함께 우유를 주문한다. 카페크렘은 카페오레와는 조금 다르다. 필터가 아닌 에스프레소 기계로 압력을 가해 커피를 내린 후 거기서 나오는 증기로 우유를 뜨겁게 데워 커피에 붓는다. 이탈리아식 카푸치노와 공정은 비슷한데 거품을 많이 내진 않는다.

    미국식의 프리마 등은 슈퍼에도 없으니 기대하지 않는 것이 좋다. 그런데 요즘은 샹젤리제나 라틴가에 스타벅스가 생겼다. 맥도날드나 버거킹이 파리 시내에 많이 늘어 씁쓸했는데, 결국 커피도 글로벌한 맛을 갖게 되었다. 프랑스도 거대 자본주의의 힘에는 어쩔 수 없나 보다.

파리 최고의 파티시에들의 숍

프랑스인들의 디저트 사랑은 와인만큼이나 제과나 초콜릿에서도 예술의 경지다. 모든 분야가 그렇듯 이 분야도 전통과 명예를 자랑하는 장인들이 있다. 많은 파티시에나 셰프들이 자신이 이름을 따서 숍의 이름을 낸다. 그만큼 자신있고 당당하다는 의미이다.

요즘 파리의 젊은이들 사이에선 미국적인 컵케이크가 유행하기도 한다. 간편 디저트의 물결이 프랑스에도 다다르나 보다. 하지만 현대화의 물결에 아주 최대한 천천히 몸을 맡기면서 전통에 조금씩 가미하는 지혜만큼은 배우고 싶다.

피에르 에르메(Pierre Hermé)

프랑스에는 많은 훌륭한 제과점이 있지만, 빼놓을 수 없는 곳이 바로 피에르 에르메다. 명성 있는 파티시에인 피에르 에르메는 파리보다 도쿄에 먼저 자신의 이름을 딴 오트 쿠튀르(손맛이 나는 고급제과) 숍을 열었지만 파리에서도 잘 알려져 있다. 특히 그의 '이스파한' (마카롱)을 꼭 맛보길.

웹사이트 : www.pierreherme.fr | 주소 : 72, Rue Bonaparte, 75006 Paris / 4 Rud Cambon, 75001 Paris / Vaugirard 거리에도 있다. | 전화 : 01 43 54 47 77

라 뒤레(La Durée)

1862년, 마들렌 성당과 콩코르드 광장을 잇는 로열가에 라 뒤레 가둔이 빵집을 연 것이 시초였다. 이 상점은 불이 난 후에 리모델링하여 제과점으로 거듭난다. 현재 홀더 가문이 인수한 후 파리뿐 아니라 프랭탕 백화점, 런던, 모나코, 스위스, 도쿄 등 세계적인 고감도 제과점으로 사업영역을 넓히고 있으며, 2008년 9월에는 원래 있던 샹젤리제의 클래식한 제과점 옆에 새로 신세대 개념의 바 라 뒤레를 오픈하였다. 피에르 에르메가 이 집의 수석 파티시에였다.

웹사이트 : www.laduree.fr
① Ladurée Royale | 주소 : 16 Rue Royale, 75008 Paris | 전화 : 01 42 60 21 79 | 팩스 : 01 49 27 01 95
② Ladurée Champs Elysées / Bar Ladurée | 주소 : 75 Avenue des Champs Elysées, 75008 Paris | 전화 : 01 40 75 08 75 | 팩스 : 01 40 75 06 75
③ Ladurée Bonaparte | 주소 : 21 Rue Bonaparte, 75006 Paris | 전화 : 01 44 07 64 87 | 팩스 : 01 44 07 64 93

파티스리 스토레(Pâtisserie Stohrer)

폴란드의 마리 레슈친스카 공주가 루이 15세와 결혼할 때, 폴란드 왕 스타니스라스는 자신의 파티시에인 스토레를 함께 보냈다. 그런데 스토레의 아름다운 디저트로도 왕비는 퐁파두르 후작 부인에게 마음을 빼앗긴 루이 15세를 잡을 수 없었나 보다. 스토레는 1725년에 파티스리 스토레의 문을 열었다. 그가 창작한 바바(Baba) 시리즈와 클리지외(Religieux)를 맛보자. 영국 엘리자베스 2세 여왕이 들렀을 정도로 유서 깊은 곳이다.

웹사이트 : www.stohrer.fr | 주소 : 51 Rue Montorgueil, 75002 Paris | 전화 : 01 42 33 38 20 |

라 프티트 마르키즈(La Petite Marquise)

미셸 페네(Michel Fenet)가 경영하는 파리의 전형적인 파티스리로 16구의 전통적인 고급 주택가에 있다. 프랑스 중부 앙주(Anjou) 지역의 푸른색 초콜릿으로 유명한 기업형 체인점과 혼동하지 말 것.

주소 : 3 Place Victor Hugo, 75016 Paris | 전화 : 01 45 00 77 36

파티스리 말리투른(Pâtisserie Malitourne)

프랑스 최고의 파티시에. 바르셀로나 세계 대회 최고상, 프랑크푸르트 올림피아드 일등상의 티에리 뮐로(Thierry Mulhaupt)가 젊은 날 트레이닝했던 제과점이다. 그는 장식미술대학을 다니며 이곳과 투르다르장(Tours d'Argent), 달로이요(Dalloyqau) 등에서도 일했다. 지금은 스트라스부르그에서 자신의 제과점을 하고 있다.

주소 : 30 Rue de Chaillot, 75016 Paris | 전화 : 01 47 20 52 26

파티스리 스토멜(Patisserie stoeckel)

2008년 프랑스 최고 제빵사인 세바스티앙 스토켈(Sébastien Stoeckel)이 운영하는 숍.

주소 : 56 Avenue Kleber, 75016 Paris | 전화 : 01 47 27 39 91

아르노 델몽텔(Arnaud Delmontel)

2007년에 바게트 최고상을 수상한 아르노 델몽텔이 운영한다.

웹사이트 : www.arnaud-delmontel.com | 주소 : 39 Rue des Martyrs, 75009 Paris | 전화 : 01 48 78 29 33

파리에는
루이비통이 없다

서울 거리를 걷다 보면 하루에도 수십 개의 루이비통 모노그램을 만난다. 그중에도 3분마다 하나씩 마주친다 하여 '3분백'이란 별명이 붙은 스피디는 이제 시장에서도 볼 수 있는 국민가방이다. 이태원에 이어 이젠 중국에서부터 흘러 들어온 짝퉁들로 이 모노그램은 어느덧 생활 속의 한 풍경이 된 것 같다. 시골 할머니들도 들고 계시니 태극기보다 더 정겹다. 루이비통 총매출의 60퍼센트 정도가 아시아 시장에서 일어나는데, 그중 으뜸이 일본, 그 다음이 한국이라고 한다. 짝퉁만큼 진품도 많이 돌아다닌다는 의미다.

언젠가 파리 샤를 드골 공항에서 여행가방과 캐리어까지 온통 루이비통으로 도배를 한 여성을 보았다. 원, 퀸메리호를 타고 큐나드 세계일주에 나서는 줄 알았다. 행색을 보니 물론 진짜였을 수도 있겠지만, 이코노믹에 앉아 오다니……. '짝퉁 아냐?' 속물근성이 슬며시 머리를 들며 심술 맞게도 이런 생각이 들었다. 나도 일종의 편견에 사로잡혀 있는 것이다. 그런데 혼자서 속을 모두 보여주고 난 것처럼 비행 내내 슬그머니 화가 났다. 루이비통이 150년의 역사와 장인 정신을 담은 작품이라는 것은 인정하지만, 프랑스인들의 마케팅력에 놀아나는 것 같은 기분이 들어서다. 프랑스인들이 자국 문화를 포장하여 파는 상술은 뭐라 표현하기 어렵다. 일본 저리 가라다. 둘이 코드가 맞는 이유가 있다. 섬세하고 세련됐다는 공통점이 있는 것이다.

루이비통을 예로 들자면 한 사람에게 한 개밖에 팔지 않는다느니 하면서 세상 사람들이 더욱 가지고 싶도록 부추기는 기상천외한 마케팅 전략을 내놓았다. 그런데 정작 파리에서는 루이비통을 보기 어렵다. 파리지앵들은 뒤에서 '루이 뷜게르(Louis Vulgaire, '천박한 루이'라는 의미)'니 어쩌니 하며

자신들과는 상관없는 물건이라 여긴다.

    왜냐하면 외국인들은 루이비통이나 구찌 등을 만들어낸 창업가들의 이미지를 떠올리며 예술품 수집하듯 줄서서 사지만, 프랑스인들의 눈에는 자국 대기업의 이미지가 더 강한 것이다. 즉 프랑스인들에게는 삼성 가방, 삼성 향수, 현대 구두 등의 이미지가 먼저 전달된다는 말이다. 창업자들의 이미지를 그대로 살려 예술품 이미지를 최대한 부각시키는 것이 바로 이들의 고도 전술이다.

    분명 파리에도 명품만을 소비하는 최상류 층이 있다. 귀족 사회 및 자본주의 사회의 역사가 깊은 만큼 그 층도 두텁다. 그러나 이런 부류는 그 실체를 잘 드러내지 않을 뿐 아니라 훨씬 보수적인 서클을 이룬다. 한국에는 최상류 주변에 그 그룹을 좇아가려 발버둥치는 그룹이 포진해 있다.

물건을 소비함으로써 사회 계층 간에 적어도 표면적인 이동이 가능한 사회이기 때문이다. 오렌지가 못 되면 귤이라도 되어보려는 것이다.

그러나 프랑스는 계층 간의 구분이 물과 기름처럼 선명한 경계를 이룬다. 즉 물건을 소비한다고 그 주변을 맴돌 수 있는 사회가 아닌 데다, 소비를 통해 신분상승을 할 생각도 전혀 없는 사회라는 얘기다. 즉 자기 멋에 살지 다른 계층을 넘보지 않는다. 한 달 월급 200만 원을 받는 사람이 20개월 할부로 가방을 사서 들고 지하철로 출퇴근하면서 상류사회에 속한 듯한 착각을 하는 일은 있을 수 없다.

명품의 세계는 와인도 마찬가지다. 프랑스 중산층 친구들이 로마네 콩티(Romanée Conti)나 샤토 페드루스(Château Petrus) 들먹이는 걸 본 적이 없다. 어쩌다 이야기가 나와도 엄지손가락을 들어올리며 "오우, 그거 엄청난 와인이야."라고 한마디 하고는 별말 없다. 한국의 프랑스 대사관에 남편이 외교관으로 나와 있는 친구C를 예로 들어보자. 웬만큼 와인 한다는 사람들은 너무 흔한 것으로 치고 무시하는 샤토 탈보(Château Talbot)를 그 친구가 한 번도 못 마셔봤다는 얘길 듣고 놀란 적이 있다. 파리에서 태어난 프랑스인에, 남편이 외교관인 그녀가 샤토 탈보를 못 마셔봤다니…… 참 기분이 묘했다.

프랑스인들에게 최고급 그랑 크뤼(Grand Cru)는 루이비통이나 샤넬과도 같다. 소비자 층이 따로 있다. 그들에게는 와인이란 자기 집의 작은 와인 창고에 채울 농부들의 생산물인 것이다. 주말에는 자동차로 가까운 와인 생산지를 돌며 식사 때마다 식구들이 마실 와인을 박스째 사오기도 한다. 간혹 라벨도 붙지 않거나 시장에는 출시되지 않는 소규모 농가의 와인들도 즐긴다. 지중해 지방에서는 올리브 추수철이 되면 집집마다 병이나 주전자를 들고 처음 나온 좋은 올리브유를 사러 농장에 간다. 올리브유 잘 내는 전통

있는 집 대문 앞에는 줄을 설 정도다. 월동 준비하는 우리네 김장이나 다를 바 없다.

명품 창조자들은 투자하고 나서 기다릴 줄 안다. 최고의 재료, 섬세한 디테일, 그 작업에 대한 진정한 사랑…… 그리고 이런 사람들을 인정할 줄 아는 사회. 느림의 철학과 오래된 것을 사랑할 줄 아는 심미안이 오늘날의 프랑스를 만들었다. 또 하나를 덧붙이자면 세월의 흐름을 받아  들이며 변화시킬 줄 아는 유연성. 돈을 좇다 보면 절대로 유연성을 키울 수 없다. 와인도 오랜 시간 기다려야 하는 작업이다. 일단 포도나무를 심으면 5년 이후에나 수입이 생긴다. 좋은 와인을 생산하려면 이보다 나무의 수령이 더 많아야 하며, 숙성 기간까지 해서 몇 십 년을 투자하며 기다려야 하는 작업이다. 한국 같은 급조 자본주의 사회에서는 도저히 흉내 내기 어려운 사업인 것이다.

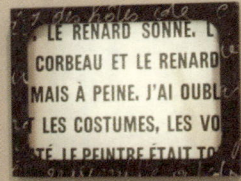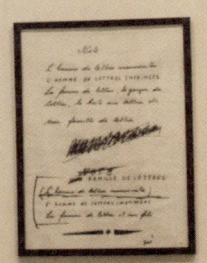

일본과 사랑에 빠진 나라

  프랑스의 일본 사랑은 각별하다. 일본인을 영국과 많이 비교하지만, 이는 섬나라의 기질적인 면에서 그렇고, 문화를 포장하는 능력이나 상술 등은 프랑스와 코드가 맞다. 별거 아닌 것을 예술적으로 포장할 줄 아는 디테일한 면이 그것이다. 19세기 후반부터 프랑스의 문화·예술 분야는 전시대의 사실적이고 세밀한 표현 기법들에서 진부함을 느껴 모더니즘으로 커다란 변화의 물결을 타고 있었다. 이 변화의 물꼬를 튼 것이 바로 문호를 활짝 열어젖히기 시작한 일본의 영향이었다. 처음 마주하는 동양의 신비에 온 유럽이 몸살을 앓을 정도였다. 게다가 그렇게 작고 예쁘고 완성도가 뛰어난 물건을 만들다니!

까다로운 파리가 게이샤 앞에 무릎을 꿇었다. 이는 잠시 동안의 한눈팔기에서 끝난 것이 아니라, 파리에서 출발해 전 유럽의 문화 예술 전반에 걸쳐 20세기 초반까지 막대한 영향을 주었다. 인상주의와 아르누보는 일본 전통미술의 채색적이고 장식적인 면에 매혹되었고, 보들레르 같은 문인도 일본에 심취했다. 이는 자포니즘(Japonisme)이라는 하나의 거대한 물결이 되어 파리의 리볼리(Rivoli)가는 일본 상품의 집산지가 되었고, 이때부터 일본인들은 본격적으로 파리에 진출하게 되었다. 마네, 로트레크, 모네, 드가, 르누아르, 고흐, 고갱 등이 자신의 작품 속에 일본적인 색채를 담았고, 푸치니는 〈나비부인〉에 기모노를 입은 일본 여성을 무대에 올렸다.

이런 파리가 얼마 전 또 한 번 자포니즘에 크게 불을 질렀다. 루이비통의 수석 디자이너인 마크 제이콥스는 2000년대 초부터 세계적으로 유명한 포스트모더니즘 작가들과 함께 작업하기 시작했는데, 2003년 재팬팝(Japan Pop)의 선두주자인 무라카미 다카시에게 모노그램 디자인을 의뢰했다. 그런데 예상외로 일본 오타쿠들의 애니메이션이나 망가(manga), 만화적 세계를 담은 이 라인이 히트를 친 것이다. 그것도 전통과 고급스러움이라는 장엄한 이미지를 지닌 루이비통과! 일본의 아기자기한 맛과 '럭셔리는 디테일'이라는 프랑스적인 예술감각이 맞아떨어진 것이다.

파리의 일본 사랑이 얼마나 각별한지는 프랑스 현대미술을 대표하는 뮤지엄의 이름이 팔레 드 도쿄(Palais de Tokyo)인 것만 봐도 알 수 있다. 가장 부르주아적인 16구의 트로카데로 근처에 있는 이 뮤지엄은 1937년 파리 국제박람회 때 일본관으로 건축한 것을 2002년 파리현대미술관으로 개조하여 오픈한 것이다. 일본 건축가인 준코 사카무라가 설계하여 당시에 건축 부문 그랑프리를 수상한 작품이다. 그 주변 길의 이름도 도쿄 광장(Place de Tokyo)이다(얼마 전 몽파르나스 근처에 서울광장(Place de Seoul)이 생겨 그나마 자존심이 조금 회복되었다).

일본의 파리 사랑도 이에 못지않다. 전 세계에서 프랑스의 명품을 가장 많이 소비해줌으로써 보답하고 있다. 두 번째로 명품을 소비해주는 한국은 짝사랑인가? 게다가 지진이 많은 섬나라 일본은 언제나 불안하여 외국에 땅을 많이 매입하는 것으로 유명하다. 그래서 파리를 사랑하는 일본이 여차하면 뜨려고 샹젤리제 땅을 왕창 샀다는 소문이 있을 정도다.

와인에 대한 일본의 프랑스 사랑도 만만치 않다. 일본의 와인 문화는 한국보다 10년은 앞서 있다. 관세가 적어 값도 싸고, 동네 슈퍼에까지 와인이 들어와 있을 정도로 대중적인 술이 되었다. 패션 명품과 마찬가지로 프랑스 그랑 크뤼의 많은 양이 일본에서 소비된다. 1995년에는 일본 소믈리에인 신야 타사키가 세계 최고 소믈리에 대회에서 금메달을 받았다. 그리고 해마다 세계 소믈리에 대회에서 우승한 사람의 이름을 새겨서 한정판으로 내놓는 샤토 라기올(Château Laguiole)* 그랑 크뤼의 스크루 시리즈에 동양인으로서는 최초로 이름을 새겼다.

* 샤토 라기올 : 프랑스 남부의 와인 산지 랑그도크(Languedoc) 바로 위에 위치한 미디 피레네(Midi-Pyrénée) 지역의 고원 마을로 중세부터 이 지역은 수제 칼의 명산지였다. 명검에 대한 여러 가지 전설이 있을 정도로 프랑스 칼의 상징이다. 1980년대 후반 프랑스 최고 소믈리에인 기 비알리가 이 지역에서 코르크스크루를 생산하기 시작하면서, 프로라면 누구나 한 개 정도는 가지고 싶어 하는 명품이 되었다.

베르사유, 그 럭셔리의 모태

파리 구시가지를 싸고 있는 순환도로를 돌다가 고속도로 루앙(Rouen) 방면으로 A13고속도로를 30분 정도 달리다 보면 베르사유 샤토(Versaille-Château) IC가 나온다. 꿈의 궁전, 베르사유가 있는 작은 도시다. 봄, 여름철에는 관광객들로 인산인해를 이루어 궁전이고 뭐고 빨리 빠져나오고 싶은 마음밖에 들지 않으니 가을이나 겨울에 방문하는 게 좋다.

이곳은 원래 루이 14세의 선왕인 루이 13세 시대 왕실의 사냥터였다. 베르사유 숲에서 자주 사냥을 즐기던 루이 13세는 이곳에 작은 수렵용 숙소를 짓도록 했다. 그러자 수행원들을 대상으로 한 선술집과 상점이 들어서고, 자연스럽게 작은 시가지가 형성되었다. 민가가 이주하자 작은 도시로 발전한 것이다.

 파리를 싫어했던 루이 14세는 이곳에 자주 들렀다. 사냥을 즐긴 후 작은 숙소에서 후궁과 묵곤 하던 왕은 어느 날 중대한 결심을 한다. 다섯 살이라는 어린 나이에 왕좌에 오른 루이 14세는 어머니와 리슐리외, 마자랭 등의 섭정하에 10대를 보냈다. 힘없던 시절 주변 권력에 휘둘렸던 기억으로, 성인이 된 루이 14세는 아무도 침범할 수 없는 중앙집권의 기틀을 다지겠다는 결심을 한 것이다.

 왕권의 상징으로 1661년부터 베르사유 궁을 건설하기 시작한다. 건축은 르보, 정원은 르노트르가 맡았다. 베르사유는 므래땅과 늪지대로 이루어져 물을 끌어들이는 것이 가장 큰 어려움이었다. 센 강의 물을 10여 킬로미터나 수로로 연결하고 그것도 모자라 그 지역의 빗물을 모으는 저수지를 만들었다. 이런 급수 시설로 베르사유는 도시로 발전할 수 있었다. 현재 베르사유 궁전 안의 수로는 센 강에서 흘러온 물이다. 루이 14세는 베르사유를 너무도 사랑하여 자신이 직접 《베르사유의 정원을 보여주는 방법(Manière de Montrer les Jardins de Versailles)》이라는 소책자를 쓰기도 하였다.

    1678년 베르사유로 거처를 옮긴 루이 14세는 왕권 강화를 위한 전략을 구상한다. 바로 지방 귀족 세력의 견제였다. 그는 귀족들끼리 '왕의 총애'라는 달콤한 당근을 놓고 서로 경쟁하도록 부추긴다. 귀족이란 동서고금을 막론하고 자신의 영지를 통치하며 왕과 대립하는 세력이다.

    루이 14세는 전국에 영지가 있는 귀족들 중 선택된 자만을 명단에 올려 화려한 파티와 사냥 등에 초대하기 시작하였다. 그리고 전략적으로 치밀한 초대제도와 신분에 따른 좌석제도(높을수록 왕 가까이 앉을 수 있었다)를 만들고, 궁중의 특이한 매너와 규칙을 정했다. 귀족들은 이 명단에 자기 이름이 빠질세라 베르사유로 모여들었다. 왕에게 조금이라도 더 가까이 다가가기 위해 줄을 대고, 뇌물과 권모술수가 만발했다. 아침 문안을 위해 왕의 처소 앞에서 서성이는 것도 마다하지 않았다. 결국 궁정의 사치스런 생활과 아름다운 여인들에게 중독된 귀족들은 자신의 영지를 국가에 헌납하고, 베르사유에서 연금을 받으며 살게 된다. 오직 루이 14세만 바라보고 그의 총애를 잃을까 전전긍긍하며 그의 옆을 떠나지 못하는 애완견이 되어버린 것이다.

    루이 14세의 시나리오는 적중하였다. "짐은 곧 국가다."라는 왕권신수설을 바탕으로 강력한 중앙집권제의 프랑스를 만든 루이 14세로 인해, 유럽의 모든 문화, 예술의 축이 프랑스로 옮겨지기 시작하였다. 피렌체를 중심으로 화려한 르네상스와 바로크를 열었던 이탈리아는 근세의 기틀을 잡지 못한 채 프랑스에 주도권을 넘겨주었다.

사치와 향락의 베르사유는 100년 후 프랑스혁명을 부른 원인이 되기도 하였지만, 이 시대가 현대 프랑스의 요리, 패션, 예술, 라이프스타일 전반에 걸쳐 틀을 잡은 시기라는 것은 부정할 수 없다. 그리고 이 시대의 궁정 문화나 예절 등이 현대 프랑스인들의 일상생활에 에티켓이나 화술 등으로 많이 남아 있다. 특히 프랑스인들의 어법에는 미사여구나 사물을 돌려서 멋지게 표현하는 것들이 많은데, 이런 것도 모두 이 시대 궁정 생활의 흔적이 언어에 유입된 것들이다.

　　　　　　　　왕궁의 화려한 테이블은 꽃으로 장식되고, 프랑스 요리는 궁중 요리로 집대성되었다. 여인들의 패션과 헤어스타일은 다음 날이면 유럽 전역으로 퍼져나갔다. 유럽의 모든 왕실은 프랑스어를 사용하고, 프랑스 요리를 먹으며, 프랑스 여자들처럼 입기 위해 안달이었다. 지금도 계속되고 있는 유행의 도시 파리의 신화는 바로 베르사유로부터 시작된 것이다.

　　이 도시의 아름다운 귀부인들은 그 시대 유럽의 연예계 스타와도 같았다. 루이 15세의 애첩이었던 퐁파두르 후작 부인이나 루이 16세의 왕비였던 마리 앙투아네트 등은 현시대에 태어나도 손색없는 진정한 트렌드 세터(Trend Setter)의 역할을 하였다. 이 여인들이 입은 드레스와 먹는 음식, 만나는 사람들 자체가 전 유럽인들의 주목과 모방의 대상이었다. 유럽의 온 귀족들이 이들과 친분 있는 사람들과 만나고자 열망했다.

　　하지만 현대와 다른 점은 베르사유의 여인들은 예술과 문화를 사랑하고 깊은 지식을 지녔다는 것이다. 나름대로의 식견으로 아낌없이 예술가들을 후원했고, 그녀들의 살롱에는 많은 화가와 조각가들이 드나들었다. 이런 프랑스의 전통은 혁명 후에도 계속되었다. 귀족은 몰락했지만 돈 많은 부르주아 귀부인들은 여전히 살롱을 운영했고 세련된 에티켓과 화법,

패션, 예술에 대한 후원 등은 계속되었다.

그러나 루이 14세의 시대가 화려했던 것만은 아니다. 영웅적 권력을 유지하기 위해 종교전쟁, 왕위계승전쟁 등에 과도하게 국력을 소비해 국민들 대다수는 기근에 시달렸다. 그래서 이 시대에 일종의 보약 내지는 특식으로 먹던 요리가 바로 코코뱅(Coq au Vin)이라는 닭요리였다. 수탉을 잡아 조각을 내서 커다란 솥에 넣은 후 레드와인을 붓고 허브와 각종 야채를 넣어 푹 고아서 만든 요리인데 우리나라의 닭도리탕과 비슷하다. 소작에 시달리며 농사지어 세금으로 다 빼앗기고 나면 빵이나 감자 외에 먹을 만한 것이 없었던 서민들에게 좋은 단백질 공급원이었을 것이다.

게다가 석회암이 많아 물도 안 좋은 데다, 전쟁으로 인해 각종 병원균이 창궐하던 시기에 와인은 전염병을 예방하는 방법이기도 했다. 별다른 의술도 약도 없던 시절, 웬만큼 아픈 병에는 와인을 끓여서 먹거나, 허브나 꿀을 타서 먹는 것으로 처방을 대신하는 것이 다반사였다. 그래서 이 시기 와인은 기호품이기보다는 찌꺼기 저급 와인일지언정 생필품으로서의 의미가 더 강했다.

루이 14세가 태어난 다음 해인 1639년에 태어나 루이 14세와 같은 해인 1715년에 세상을 뜬 동 페리뇽, 우연의 일치일까? 신이 강력한 프랑스를 위해 두 사람을 선물한 것은 아니었을까 하는 생각이 들 정도이다. 한 사람은 왕이고 한 사람은 평범한 수도사였지만, 후세 사람들에게는 같은 무게로 다가오니 말이다. 이 시대에 발견된 샴페인은 다음 세대와 궁정에서 유행처럼 즐기게 되지만, 루이 14세는 자신도 모르게 샴페인을 즐겼다.

　　루이 14세는 진한 와인을 좋아하지 않아 샹파뉴 지역의 피노 누아로 만든 심심한 레드와인이나 화이트와인을 즐겼는데, 샹파뉴에서 베르사유까지 옮겨와 보관하는 중에 온도가 올라가면 와인에 약한 기포가 생기곤 하였다. 위대한 태양왕은 이미 샴페인이 와인 중의 귀족으로 다음 세대에 히트하리라는 것을 예견하고 있었던 것일까?

도심 속의 작은 성
자크마르 앙드레 박물관

베르사유나 퐁텐느블로 같은 교외의 고성에 갈 시간이 없다면 짧은 시간에 그 분위기를 만끽할 수 있는 박물관이 있다. 바로 파리 중심부의 오스망 거리에 있는 자크마르 앙드레 박물관(Musée Jacquemart André)이다. 파리 시내의 자동차 소리가 한순간 멈추어 선 듯, 오스망 거리의 가로수 길 옆에 있는 듯 없는 듯 서 있는 매력적인 장소이다.

개선문에서 멀지 않은 곳에 위치한 이 박물관은 19세기의 은행가 집안의 상속자인 에두아르 앙드레와 그의 부인인 넬리 자크마르가 지은 대저택이다. 당대에 전통적인 건축으로 유명하던 앙리 파랑이 6년에 걸쳐 고전주의 건축을 재현하였다. 완벽한 대칭성과 정면의 조각들, 루이 15세와 루이 16세 시대의 로코코 양식의 살롱과 가구들, 아름다운 샹들리에와 계단…… 도심 속의 작은 성이다.

예술품 수집에 일생을 바친 남편이 죽자, 부인은 1913년 왕립 프랑스 학사원에 이 건물을 유증하고 박물관으로 문을 열었다. 개인 박물관들은 잡동사니가 늘어져 있는 곳이 많은데 이곳은 절제된 수집품들이 잘 정리되어 있어 관람하기가 좋다. 이탈리아 르네상스와 18세기 프랑스와 플랑드르 화가들(렘브란트와 반에이크의 작품도 약간 있다)의 작품 등 파리에 있는 사립 박물관으로는 가장 많은 예술품을 소장하고 있다.

1층에는 레스토랑을 운영하고 있는데, 과거의 화려했던 이 저택의 식당을 개조한 것이다. 17세기 베니스 로코코의 거장인 티에폴로의 프레스코화 아래에서 식사를 하다니 얼마나 멋진 일인지! 사실 메뉴는 그다지 특별한 것이 없고 낮에만 운영한다. 식사를 하지 않더라도 테라스에서 케이크와 차 한 잔을 마시며 과거의 영화를 상상해보는 것만으로도 럭셔리하다!

웹사이트 : www.musee-jacquemart-andre.com | 주소 : 158 Bd. Haussmann, 75008 Paris | 전화 : 01 45 62 11 59

마치 왕족이 된 듯한 궁전 같은
카페 드 라페(Café de La Paix)

　파리 북쪽 지역의 중심가에 우뚝 서 있는 오페라하우스 정문 계단에서 만나자는 약속을 해보지 않은 유학생이 있을까? 핸드폰도 삐삐도 없던 그 시절에는 전화로 약속을 하고 집을 나오면 약속 장소에서 만나는 것만이 유일한 방법이었다. 누구 한 사람 늦으면 삼십 분이고 한 시간이고 하염없이 기다리는 수밖에 없었다. 그래서인지 계단은 항상 만나는 사람들로 붐볐다. 지금도 마찬가지이지만, 한 가지 변한 것은 하염없이 기다리는 사람은 없다는 것이다. 모두들 귀에 핸드폰을 대거나 손가락을 움직여 상대방의 위치를 확인한다. 한 장소에서 오버랩되는 시간의 층들이 느껴진다.

오페라하우스는 나폴레옹 3세의 제2제정하에 샤를 가르니에가 설계한 건물이다. 당시 대대적인 공모를 통해 200여 명 가까이 되는 경쟁자들을 물리치고 선택된 작품으로 이 시대를 대표하는 신고전주의 건축물이다. 보나파르트 나폴레옹의 조카인 루이 나폴레옹(나폴레옹 3세)은 오페라하우스를 비롯하여 현재의 파리 모습을 완성한 주인공이다. 보나파르트 나폴레옹의 정신을 열렬히 존경하였던 그는 프랑스를 강력히 통치했고 문화 정책에 심혈을 기울였다. 그의 오른팔이었던 오스망 남작은 근대적 파리의 틀을 다지기 위해 도로를 정비하고, 많은 건물을 세웠다. 중세의 틀을 벗지 못했던 파리의 작은 마차 길들을 넓히고 방사선으로 정비한 것도 모두 그의 추진력이었다.

오페라하우스 뒤쪽으로 길게 뻗어 개선문이 있는 샤를 드골 에투알 광장까지 연결되는 긴 도로가 그의 이름을 따서 만든 오스망 거리(Boulevard Haussmann)다. 백화점 쇼핑에 익숙한 한국인들은 이곳의 프랭탕 백화점과 갤러리 라파이예트를 좋아한다. 하지만 한국의 백화점들에 비해 건물은 으리으리 고풍스럽지만 물건들은 좀 실망스럽다. 파리는 로드숍이 더 발달되어 있기 때문이다. 같은 브랜드라도 프레타포르테(Prêt à Porter, 기성복)들은 프랑스 메이드가 아닌 경우가 많고, 가방 등은 디자인도 한정되어 있다. 프랭탕 백화점의 옥상에 올라가면 힘들이지 않고 파리 시내를 감상할 수 있다. 꼭 서울역 옛날 건물의 지붕처럼 생긴 거대한 돔(Dome)이 바로 코앞에 보인다. 신기하다.

파리는 건물마다 주차장이 있는 것이 아니라 구역마다 지하에 공용 주차장을 운영하고 있다. 한국의 백화점들처럼 주차장이 잘 구비되어, 들어가는 입구마다 유니폼을 입은 미남 미녀들이 90도 각도로 인사하며 친절히

안내해주길 기대한다면 오산이다. 그럴 수밖에 없는 것이 몇 백 년 된 건물을 내부만 현대식으로 개조하여 쓰고 있으므로 공학이 아무리 발달해도 지하를 파는 것은 기술적으로 불가능하기 때문이다. 오래된 도시의 껍질을 남기고 개조해서 쓰려니 파리 구시가지 위에는 주유소도 없다. 미관상 불가능하기 때문이다.

그래서 주유소들은 모두 지하 주차장 안에 들어가 있다. 고풍스런 건물들과는 달리 지하 주차장은 을씨년스럽기 짝이 없다. 마치 차들의 공동묘지같이 으스스하다. 한두 사람 겨우 탈 수 있는 엘리베이터는 꼭 지하 갱도로 내려가는 탄차 같은 느낌이 든다. 출차시 요금 계산도 정산 기계에서 미리 하거나 카드로 자동 계산하기 때문에 그 넓은 주차장에 관리하는 사람도 거의 없다. 중간에 몸집 큰 흑인이라도 만나면 괜히 오그라든다. 게다가 차를 둔 장소를 제대로 기억하고 있지 않을 경우에는 거의 패닉 상태가

되어버린다. 그래서 나는 파리 시내에서 혼자 움직일 경우에는 대중교통을 이용하곤 한다.

 오페라하우스 옆으로 랑벵 매장이 명당자리에 있고, 조금 위로 올라가면 요즘 한국의 젊은 층이 좋아하는 자라(Zara) 매장도 있다. 2주에 한 번씩 새로운 디자인을 출시하여 전 세계 패션 업계에 돌풍을 몰고온 스페인 의류회사다. 시즌 단위가 아니고 2주 단위라니! 상품이 자주 바뀌고 값이 착한 데다 디자인이 정형화되어 있지 않으니 고객이 끊이지 않는다. 아주 베이직한 것부터 아무도 소화해낼 것 같지 않은 파티복까지 모든 스타일이 다 있는 곳, 내가 패션을 업으로 하고 있다면 꼭 벤치마킹해보고 싶은 브랜드이다.

 이 근처에는 면세점도 많아 프랑스어나 영어를 못해도 별 문제 없는 곳이 바로 오페라 거리다. 파리에서 쇼핑을 하고 싶다면 1월이나 6월을 선택하자. 전국이 세일 물결이다. 운 좋으면 평소 눈여겨보았던 브랜드의 물

건을 60~70퍼센트 가격에 살 수도 있다.

오페라하우스를 등지고 바로 오른쪽에 카페 드 라페(Café de La Paix)가 있다. 우리말로 풀이하자면 일명 '평화다방'이다. 외국인을 위한 프랑스어 교재인 《모제 1권(Mauger I)》에도 등장하는 유서 깊은 카페다. 건물 바깥쪽과 테라스는 카페로, 내부는 레스토랑으로 운영되고 있다. 오페라하우스를 설계한 가르니에의 작품인지라 안으로 들어가면 카페가 아니라 궁전이다. 나는 테라스에 앉아 에스프레소를 마셔보았을 뿐인데 어느 날 2층의 화장실에 갔다가 너무도 멋진 실내를 보고 깜짝 놀란 적이 있다. 청바지를 입고 궁전 계단을 오르는 것 같아 민망할 정도였다. 드레스를 입고 화장실에 가야 할 것 같은 이곳은 내로라하는 프랑스나 할리우드의 스타들, 정치인, 문학가들도 드나들었던 카페이기도 하다. 라틴 거리의 실존주의적인 정신을 표방하던 카페들과는 분위기가 무척 다르다.

이 평화다방 뒤쪽 길로 멀지 않은 곳에 프라고나르(Fragonard) 향수 박물관이 있다. 가이드의 친절한 안내로 공짜 관람을 한 뒤 마지막으로는 향수숍으로 나오게 된다. 이곳에서 고급 향수나 비누 등을 시중보다 저렴한 가격에 구입할 수 있다. 물론 시중 제품들처럼 고급스런 향수병을 기대하면 오산이다. 유리병에 든 것들도 있지만(뭐 그래도 별로 예술적이진 않다), 값이 저렴한 대신 향수들이 마치 무스나 스프레이 같은 알루미늄 용기에 담겨 있다. 단, 향은 세계 굴지의 메이커들에 향수를 공급할 만큼 절대로 뒤떨어지지 않는다. 의무는 아니지만, 향수 박물관을 공짜로 구경하게 하고, 수입은 향수숍에서 올리는 것이 마케팅인 것 같다. 시중의 향수들보다 싼 재미에 몇 개씩 사들고, 그것도 모자라 예쁘게 생긴 비누도 몇 개 집어들게 되니 말이다.

오페라 거리를 쭉 따라 내려오다 보면 각종 항공사, 은행, 면세점들이 눈에 뜨인다. 샹젤리제만큼이나 관광객이 많이 몰리는 지역이기 때문이다. 슬슬 센 강변 쪽을 향해 걷다 보면 루브르에 도착한다. 고전미가 넘치는 르네상스식 건축물 앞에 쌩뚱맞은 유리 피라미드가 떡 하니 버티고 있다. 미테랑 대통령 시절 수많은 경쟁자를 제치고 중국계 미국 건축가인 아이오 밍 페이가 설계한 것이다. 프랑스의 이집트 집착이 여기서도 드러난다. 룩소르의 그 유명한 오벨리스크까지 뜯어와(헌납받았다고 말하지만!) 콩코르드 광장에 세워놓지 않았던가?

에투알 광장의 개선문과 6도를 이루며 일렬로 배치된 라데

팡스의 그랑 아르슈(Grand Arche)도 그렇고, 이집트 스핑크스와 시리우스 성좌의 신비주의적 해석을 여기에 갖다 붙이는 것도 이해가 간다. 나사의 우주인 음모론같이. 그런데 자꾸 보니 믹스앤매치(Mix & Match)가 된다. 과거의 돌들과 현재의 차가운 유리 사이의 공간을 인간이 연결해주고 있다. 어차피 역사의 시간은 인간이 연결하고 있는 것이니 말이다. 19세기 에펠탑이 세워졌을 때도 파리지앵들은 어떻게 산업사회의 부산물인 철탑을 파리에 세우냐고 난리 법석을 떨었다. 그런데 이제는 파리의 상징이 되었다. 그런 거다, 시간이 지나면 유물이 되는 것이다.

오래된 고급 와인이 비싼 이유도 그런 거다. 맛이 좋아져서 비싼 것이 아니다. 와인은 살아 있는 발효 식품이기 때문에 유효기간이 있다. 우유처럼 날짜가 정해진 것은 아니지만 식품으로서의 '맛'을 유지하는 기간이 있는 것이다. 중저가 와인들은 병입되어 출시된 기간부터 5년 이내에 마시도록 디자인된 상품이다. 그 이후에는 급속도로 맛이 떨어진다. 이런 와인들은 고급 셀러에 넣고 10년, 20년씩 공들여 숙성시켜봤자 맛이 좋아지지 않는다.

반대로 고급 와인은 병입되어 출시되는 당시에 맛이 완벽하게 들어서 나오지 않는다. 타닌이나 산도가 완전히 삭지 않아 강하고도 도전적이다. 마치 거칠고 다듬어지지 않은 청춘 같다. 그러나 병 속에서 나이가 들며 시간이 갈수록 부드럽고 깊은 맛을 지니게 된다. 그렇게 되기 위해 걸리는 시간은 포도원의 특성마다 빈티지마다 다르다. 천천히 맛이 들고 그 맛이 오래 지속되다가 천천히 맛이 덜어지는 와인을 고급 와인이라고 한다. 이런 와인들 중 명성과 역사를 지닌 포도원에서 소량으로 생산되는 와인들은 명품의 반열에 올라 오래된 좋은 빈티지는 경매에서 부르는 게 값이 된다.

파리에도 신촌이 있다

    파리가 좋은 건 걸어 다닐 수 있어서다. 물른 광역시로 나가면 만만치 않게 넓지만, 우리가 흥미를 느끼는 오래된 파리는 센 강의 시테(Cité) 섬을 중심으로 동심원을 그리며 몇 킬로미터 반경 안에 모여 있기 때문이다. 옛날의 파리는 성으로 둘러싸여 있었는데 그 외곽을 포부르(Faubourg)라 했다. 우리나라로 치면 사대문 안에 대궐과 양반집들이 있고 그 바깥을 '사대문 밖'이라 했던 것과 같다.

    파리의 전철은 거미줄처럼 촘촘해서 어느 지역에서건 사방 50미터 반경 안에 전철역이 있다. 지하철 노선이 많다 보니 환승이 복잡하긴 하지만 동선이 짧고, 긴 곳은 에스컬레이터가 잘되어 있어 100년 묵은 우중충함에만 익숙해지면 여간 편리하지가 않다.

　　버스 노선은 지하철만큼 촘촘하지는 않지만, 버스표 한 장으로 지상에서 파리를 구경하며 다니는 재미가 쏠쏠하다. 오페라하우스에서 루브르를 지나, 센 강을 건너, 노트르담, 시테 섬을 거쳐 생미셸에 이르는 21번과 27번 버스를 꼭 추천하고 싶다. 시티투어 버스가 따로 없기 때문이다.

　　센 강 북쪽에서 왼쪽에 노트르담 사원을 두고 시테 섬을 지나면 소르본(Sorbonne) 대학이 있는 생미셸 거리다. 보통 라틴가(Quartier Latin)라고 부른다. 여름의 생미셸 광장은 세계 각국에서 온 배낭족 젊은이들로 북적댄다. 생미셸 광장의 분수대 앞은 만남의 광장 같다. 학생들의 거리이다 보니 숙소나 먹거리 등이 다른 지역보다 싸고, 활기가 느껴져 나는 아직도 이 거리를 좋아한다.

이 광장 오른쪽에 대학생들이 애용하는 질베르 죈느(Gilbert Jeune) 서점이 보인다. 학생 때 엄청 드나들었던 추억의 장소다(공부를 많이 한 건 아닌데 책은 좋아했다). 재작년에 딸애와 조카를 데리고 프랑스를 여행하면서 이곳에 들렀는데, 《신의 물방울》이 프랑스어로 번역되어 있어서 한 권 기념으로 샀다. 와인 이야기를 역수출하다니…… 일본인들의 상술에 새삼 놀랐다. 또한 프랑스의 일본 사랑은 못 말린다 싶었다. 이 길을 따라 올라가다 보면 서울의 이대 앞이나 홍대 앞처럼 중저가 캐주얼 옷집들이 늘어서 있다.

파리에서 내가 좋아하는 거리 중 하나가 생미셸 광장에서 노트르담 사원이 보이는 곳까지 쭉 뻗은 라 위셰트(La Huchette) 거리다. 센 강변의 이면 도로쯤 된다. 길 양쪽으로 그리스, 레바논, 터키, 아랍, 인도 등 이국적인 레스토랑들이 빽빽하게 들어서 있고 호객행위로 지나가는 사람들을 유혹한다. 여름철이면 관광객들로 테라스까지 꽉 차서 장관을 이룬다. 엄청 큰 케밥부터, 포장마차 크레이프(엄청 크다!), 바게트를 통째로 만든 샌드위치 등이 즐비하다. 우아한 정장 필요 없이 15유로 정도면 하루 종일 청바지를 입고 돌아다니다가 들어가서 와인과 함께 식사를 할 수 있는 곳이다.

이 거리에 흥미로운 재즈바가 하나 있는데, 바로 파리의 명물, '카보 드 라 위셰트(Caveau de La Huchette)' 다. 한국에는 없는 문화라 한 번쯤 가보고 싶은 클럽들이 파리에 몇 개 있는데, 이곳이 그중 하나다. 또 재미있는 곳은 샹젤리제 게이 디스코텍인 '퀸(Queen)' 이다. 지하의 매캐한 공기 속에서 재즈를 공연하고, 자유롭게 플로어에 나가 춤을 출 수도 있다. 일반인들이 허슬에서 스윙, 탭댄스 등등 지난 세기에 유행했던 온갖 춤을 추는데, 우리는 감히 나갈 수가 없다. 모두가 프로 이상이기 때문이다. 그냥 공연 보듯이 즐길 뿐이다. 1층에서 입장료를 내고 맥주 한 병 받아서 지하로 내려가 아무

데나 앉아 원하는 시간까지 춤을 구경하거나 재즈 연주를 들을 수 있다.

    모두들 자기 즐기기에 바빠 괜히 치근덕거리거나 남이 어떻게 추나 신경도 쓰지 않는다. 여기서 홀딱 벗고 춤을 춘다 한들 '어, 쟤는 벗고 추네.' 이 정도지 누구 하나 거들떠보지 않는다. 칠십 된 노인도 자기가 좋으면 디스코텍이건, 테크노바건, 스윙바건 갈 수 있는 다양한 문화의 도시가 파리다. 한국처럼 나이나 남의 이목 등을 의식할 필요 없이 그냥 '내가 무엇을 좋아하는지'만 생각하면 되는 것이다.

내가 들어간다는 것은
자기 원래의 문화로 돌아오는 것

    생미셸 거리를 쭉 따라 몇 블록만 올라가면 왼쪽으로 커다란 돔이 두 개 보인다. 소르본과 팡테옹(Panthéon)이다. 예전의 소르본이 지금 13개의 대학으로 찢어져서 각각의 이름으로 특성화되어 파리 여기저기에 흩어져 있다. 이곳의 소르본은 파리 4대학으로 문과대학이 유명한 곳이다. 소르본 위쪽의 팡테옹도 로마의 숨결을 느끼게 해주는 르네상스 양식의 웅장한 돔이 특징이다. 이곳에 프랑스를 빛나게 했던 많은 인물들이 묻혀 있다.

    팡테옹을 앞에 두고 광장 오른쪽으로 돌아가 무프타르 거리(Rue Mouftard)에도 재미있는 레스토랑들과 옷가게들이 유혹한다. 언덕을 쭉 내려가는 기다란 길인데 인도나 모로코, 튀니지 등에서 온 이국적인 물건들과 저렴한 옷들이 많고, 학생들이 많이 가는 레스토랑이나 바가 즐비하다. 꼭 우리나라 홍대 앞 같다.

다시 올라와 팡테옹 뒤쪽으로 조금 내려가다 보면 유학생들의 추억이 어린 '한림'이라는 한국 식당이 있다. 내가 유학하던 시절, 식당 밥도 싫고, 내가 만든 음식은 더 싫고, 엄마 밥이 그리울 때면 드나들던 곳이다. 지금은 파리에 한국 식당이 열 곳이 넘지만, 당시엔 몇 곳 없었는데, 그중 한림이 가격과 인심이 좋아 학생들은 모두 이곳을 드나들었다. 프랑스 친구들에게 한국 음식 문화를 알려주고 싶어 노르망디에서부터 밤에 차를 타고 달려온 적도 있었다. 소주 한 병에 2만 원, 된장찌개나 김치찌개 3만 원…… 정말 헉 소리가 난다. 프랑스 요리도 서울에서는 엄청 비싼 걸 감안하면 이해가 간다.

프랑스 요리의 진수를 맛보겠다고 떠난 파리 여행도, 일주일만 지나면 찌개 한 끼 정도는 안 먹고 못 배긴다. 예전에는 여행 가방에 김이며 고추장이며 싸가지고 다니는 사람들을 촌스럽다고 속으로 구시렁대던 내가 요즘에는 먼저 나서서 밑반찬을 준비한다.

이것이 문화적 동질성인 것 같다. 나이가 들어갈수록 자기 원래의 문화로 돌아오는 것. 파리를 모델로 한 소설,《개선문》에서 망명 외국인인 라비크와 조앙은 제3국어인 프랑스어로 소통을 한다. 서로의 모국어를 모르기 때문이다. 그러나 죽어가던 조앙은 임종의 순간에 라비크에게 자신의 모국어인 이탈리아어로 중얼거린다. 라비크 역시

독일어로 답한다. 진정 가슴에 와 닿는 언어로 자신들의 사랑을 전하고 싶었으리라……

파리의 한국 식당에서도 여지없이 와인을 마셔야 하는데, 소주 값보다 싸기 때문이다. 단, 고급 와인들은 별로 없다. 일반적인 중저가 와인들이다. 프랑스 와인들은 대부분 매우 드라이하기 때문에 음식 간에 당분이 들어간 한국식 불고기나 갈비찜 소스와는 잘 매치가 안 된다. 게다가 간장에서 오는 뒷맛 때문에 오히려 와인의 신맛이나 떫은맛이 도드라질 수 있다.

한국 음식은 너무 이성적인 보르도나 부르고뉴 와인보다 알코올 도수가 좀 있고 단내가 나는 남국의 와인이 더 어울린다. 즉 좀 라틴적인 와인이 어울린다는 얘기다. 그래서 남쪽 랑그도크루시용의 뱅드페이나 코트 뒤 론을 추천하고 싶다. 한 단계 더 질 높은 와인을 추천하라면 샤토네프 뒤파프(Château Neuf du Pape)나 지공다스(Gigondas)도 좋다. 요즈음은 이상기온으로 지중해 쪽 와인들의 알코올 도수가 많이 높아졌다. 15도짜리 지공다스도 보인다. 도수가 높은 와인은 와인 자체의 향은 좀 덜하지만, 한국 요리의 자극적인 맛과 향에 대항할 수 있는 힘이 있다.

라틴가에서 라이브 즐길 수 있는 곳

라틴가는 프랑스어로 카르티에 라탱(Quartier Latin)이라 해서 소르본 대학이 있는 생미셸, 생제르맹데프레 등 학생들의 거리를 말한다. 서울로 치면 신촌이나 종로, 강남역 등이라 할 수 있겠다.

카보 드 라 위셰트(Caveau de La Huchette)
라이브 재즈 클럽. 입장료를 내고 맥주나 음료수를 하나 받아 지하로 내려가면 자유롭게 앉아 재즈 공연을 보고 춤도 출 수 있다. 꼭 동굴이나 와인 저장 창고에서 공연 보는 기분이다.
주소 : 5 Rue de la Huchette, 75005 Paris | 전화 : 01 43 26 65 05 |
웹사이트 : www.caveaudelahuchette.fr

오 트라 마이예(Aux Trois Mailletz)
재즈바. 1층은 피아노바로 와인 및 식사, 지하는 라이브와 댄스홀로 입장료를 내고 내려간다.
주소 : 56 Rue Galande, 75005 Paris | 전화 : 01 43 54 00 79 | 지하철 : 10호선 Maubert-Mutualite

파리에도 강남스타일과 강북스타일이 있다

　서울의 강남과 강북, 그 문화의 차이는 점점 벌어지고 있다. 현대적이고 뉴머니와 트렌드를 표방하는 강남과 전통적이고 올드머니이며 좀 촌스러운 듯한 강북은 함께 자란 형제들 사이에서도 이질적인 여운을 준다. 성북동에서 태어나 삼청동으로 시집와서 시집 호적에 올라 본적이 가회동으로 되어 있는 나는 전형적인 강북 아줌마다. 그렇다고 내가 신사임당 같은 전통 여인도 아닌데, 강남 사는 여동생과는 뭐가 달라도 다르다. 흐름을 한 발짝 늦게 쫓아간다고 할까?

　파리도 센 강을 중심으로 강북과 강남으로 나뉜다. 강남은 좌안이란 뜻의 리브 고슈(Rive Gauche), 강북은 우안이란 뜻의 리브 드루아트(Rive Droite)라 한다. 양쪽에 사는 사람들이나 문화는 아주 다르지만, 서울의 그것과는

조금 차이가 있다.

　　　　리브 드루아트는 부르주아적이고 클래식한 라이프스타일의 상징이다. 샹젤리제와 생토노레, 마들렌, 오페라 거리의 즐비한 브랜드숍들, 은행, 16구의 고급 아파트들⋯⋯. 박사 과정 당시 한 1년간 16구에 있는 그랑제콜(Grand Ecole)*의 일을 보면서 이 지역에 대해 많은 경험을 했다. 이곳의 고급 아파트들은 바깥에서는 전혀 안 보이지만, 육중한 문을 열고 들어가면 전혀 다른 공간이 펼쳐진다. 넓은 홀과 아름다운 계단, 건물 안쪽에 있는 뜰, 고풍스런 가구들로 장식된 응접실, 그리고 단정하고 절제 있는 삶을 영위하는

* 그랑제콜 : 실무 위주의 경영, 정치, 행정 등의 국가 공무원이나 경제계 인재를 육성하는 기관으로 사립이라 학비가 매우 비싸다. 때문에 상류층 자제들이 주로 다닌다. 그랑제콜 중 최상위 그룹인 ENA(Ecole Normale Administrative, 고등행정학교), 경영 MBA로 유명한 HEC(Hautes Etudes Commerciales, 고등 상업 그랑제콜)와 ESSEC(École Supérieure des Sciences Économiques et Commerciales, 고등 경영 그랑제콜)에서 배출한 인력들이 프랑스의 주요 정·재계를 움직이고 있다.

사람들. 이쪽에 흐르는 정신은 전통이다. 패션의 오트 쿠튀르는 모두 이곳에 모여 있다. 고급 아파트도 들어가 보면 놀랄 정도로 고풍스러운데, 고급 저택인 오텔 파르티컬리에(Hôtel Particulier)에 가보곤 프랑스 상류사회가 이렇게 사는구나 하고 놀란 적이 몇 번 있었다.

    DEA(박사 준비과정)를 끝내고 박사 논문 쓰는 동안 16구의 빅토르 위고 광장 근처 아파트에서 잠시 살았다. 돈이 많아서가 아니고 아는 분의 아파트가 비어 아주 좋은 조건에 1년간 있게 되었는데, 이곳의 생활이 생미셸 근처와는 무척 다르다는 것을 곧 깨달았다. 일단 근처 레스토랑들이 모두 다이닝이라 반바지에 샌들 찍찍 끌고 나가 피자 한 쪽 사먹거나 할 작은 음식점이 거의 없다. 길에서 사람 마주칠 기회도 별로 없었고……. 외로움에 지쳐서 큰 아파트고 뭐고 짐 싸가지고 한국에 들어와버렸다.

반면 리브 고슈는 예술적, 혁명적이며 보헤미안적인, 뭔가 자유로운 것은 모두 망라한다. 젊음의 상징인 라틴가와 생제르맹 거리(Saint-Germain des Près), 소르본, 팡테옹, 에펠탑과 엥발리드, 뤽상부르 공원, 오르세 미술관, 몽파르나스……. 자욱한 담배연기 속에서 인생을 논하는 예술가들, 드레퓌스 사건의 진실에 대해 위선적 보수파들을 고발했던 지식인들, 그리고 현대의 다양한 사회의 목소리가 있게 한 신좌파들의 1968년 혁명……. 리브 고슈는 변화와 혁신, 진리를 소리 내 말하는 내츄럴한 라이프스타일이다. 대학생, 특히 국립인 위니베르시테(Université) 학생들은 리브 고슈적이다. 반면 사립인 그랑제콜 학생들은 리브 드루아트에 가깝다.

리브 드루아트의 생토노레나 몽테뉴 거리는 오트 쿠튀르(Haute Couture)*의 중심부이다. 그중에서도 샤넬의 슈트는 클래식한 귀부인의 상징이다.

• 오트 쿠튀르 : 원래 고급 맞춤복이란 의미로 기성복을 뜻하는 프레타 포르테에 반대되는 의미지만, 장식 예술이나 공예품 등에 '손맛이 나는 장인의 솜씨가 깃든 작품'이라는 의미로 널리 쓰인다. 즉 오트 쿠튀르는 실용품이지만 상품 외의 예술적인 면이 플러스되는 제품들이라 할 수 있다.

1968년 이브 생로랑이 '리브 고슈'라는 기성복 라인을 발표했을 때, 리브 드루아트 사람들은 놀라운 눈으로 바라보았다. 이 센세이션은 곧 부러운 질투로 바뀌었다. 규범 안에서 옷을 입는 여성들을 위한 정형외과적 오트 쿠튀르에서, 대담하고 자유분방한 영혼을 가진 여성들이 입기에는 너무 고리타분했던 패션을 거리로 끌어낸 것이다.

"나는 부르주아 여성들을 싫어해요. 그들의 비타협성과 정신이 싫어요. 그녀들은 항상 어디엔가 브로치를 달고, 머리는 아주 단정하게 빗고 있지요." "나는 사람들이 들어와서 만져보고 싶은 마음이 드는, 정감 어린 부티크를 원해요."라고 선언한다.

이후 파리의 패션계는 리브 고슈 젊은이들을 대상으로 한 획기적인 디자인으로 프레타 포르테 라인을 운영하며 생제르맹이나 몽파르나스로 진출했다. 카트린 드뇌브가 영화 〈벨 드 주르(Belle de jour, 낮의 꽃)〉에서 입고 나온 빨간 우비가 바로 리브 고슈 작품이다. 부르주아적인 안락한 일상에 지루해진 벨 드 주르는 '일탈'을 꿈꾸는 여주인공이다. 그 '일탈'의 순간에 입는 리브 고슈의 빨간 우비는 여주인공의 이중성과 내면의 판타지를 상징한다. 안정적이지만 지루한 부르주아의 생활과 위선적인 행복에서 벗어나고 싶은 부르주아 여성들의 숨은 욕망을 대변한 것이다. '리브 고슈적'이란 말에는 무언가 '일탈'의 냄새가 난다.

보르도에도 리브 고슈와 리브 드루아트가 있다. 가론 강과 도르도뉴 강의 강줄기가 만나서 대서양으로 흘러드는 지롱드 강 연안은 프랑스 최고의 와인 산지이다. 두 강이 만나는 지점에 1세기경 로마인들이 군항으로 건설한 도시 보르도(지역명과 동일하다)가 있어 한국으로 오는 와인들이 여기서 선적된다.

Story 1 매혹당할 확률 120%, 파리이야기

리브 드루아트, 즉 좌안은 메독을 말한다. 로마시대부터 조성된 오래된 포도원들이 많으며, 중세에는 이곳을 놓고 프랑스와 영국이 백년전쟁을 벌였다. 1855년 나폴레옹 3세는 최고급 포도원 60개를 '그랑 크뤼 클라세'라는 귀족 등급으로 지정하였고 그 등급은 아직도 유효하다. 반면 우안의 생테밀리용이나 포므롤은 후발 주자들로 등급체계가 메독과는 다르다. 포므롤은 아예 등급이 없고 생테밀리용은 그랑 크뤼가 있되 10년마다 재평가를 하므로 종신제가 아니다. 토양 특성상 좌안에서는 카베르네 소비뇽이 더 잘 자라고, 우안에서는 메를로 품종이 더 잘 자란다. 그래서 똑같은 보르도 블랜드라도, 메독의 블랜드에는 카베르네 소비뇽이 더 많이 들어 있고, 생테밀리용이나 포므롤에는 메를로가 더 많이 들어 있다.

파리지앵은 형이하학을 논하지 않는다

사르코지 대통령을 볼 때마다, 새삼 프랑스의 '톨레랑스(Tolérence, 관용)'에 대해 생각해보게 된다. 대통령도 이혼하는 나라가 프랑스다. 게다가 현직에 있는 두 명의 미녀 장관들과 염문설까지 터지기도 했었다. 그런데도 당사자인 아랍계 라시다 다티 장관과 흑인 라마 야드 장관은 언론의 집중적 관심에 전혀 개의치 않고 직무를 수행하고 있다. 게다가 다티 장관은 《파리 마치(Paris Match)》에 명품 의상을 걸치고 모델로 나오는가 하면, 미혼인데 얼마 전에 딸까지 출산해 도대체 아이 아버지가 누구냐는 의혹의 눈초리를 받고 있기도 하다(물론 사르코지도). 이건 뭐 콩가루 집안이다. 하지만 프랑스인들은 이들의 스캔들을 업무 수행 능력과는 전혀 결부시키지 않는다.

한국은 대통령의 스캔들이 이 정도면 온 나라가 시끌벅적해지고, 국가 기강을 흔든 도덕적 책임을 물어 탄핵의 대상이 될지도 모른다. 이혼 경력이 있는 후보자는 정략적 폭로와 흠집 내기로 인간적 자질과는 상관없이 대통령에 당선되기가 어려울 것이다. 그런데 당선된 후에는 대통령의 허리 아래 이야기는 소문만 난무하지 절대적으로 은폐되는 나라가 한국이다. 미국도 청교도들이 세운 나라라서 속사정이야 어찌 되었든 사회적으로는 정치인들의 섹스 스캔들을 용서하지 않는다. 은폐는 커녕 상대 여성이 떠들고 다니며 상업적으로 이용해 정치적 치명타를 날리기도 한다.

프랑스란 나라, 도대체 이건 뭘까? 인간적인 관대함? 아니다. 그것과는 다른 뭐랄까, 극도의 개인주의라고나 할까?

그런데 프랑스를 가장 이해할 수 없는 것은 '관용의 정신'이 정치나 성직자의 영역까지 커버한다는 것이다. 대통령도 그냥 욕구가 있는 한 개인으로 존중한다. 맞는 이야기지만 공인의 사회적 지위를 도덕적 상징으로 보는 우리의 정서로는 이해하기 어렵다.

전임 대통령인 자크 시라크는 2001년 7월 대통령 여름 휴가지인 르 포르 드 브레강송(Le Fort de Brégançon)의 발코니에서 나체로 일광욕하는 사진이 파파라치들에게 적나라하게 찍혔다는 이야기가 있다. 《카나르 앙셰네(Canard Enchaîné)》에 기사가 실렸고, 《파리 마치》가 사진을 입수했으며, 엘리제궁의 압력으로 사진이 숨겨졌다는 소문이 무성했다. 뭐, 대통령의 전라 사진을 대서특필한다는 건 좀 그렇지만, 시라크나 사르코지 등이 트렁크 팬티 같은(레저복이겠지만) 차림으로 휴가를 즐기는 모습은 심심찮게 등장한다.

하지만 정작 프랑스인들의 반응은 시큰둥하다. "그게 뭐 어떻다는 거야? 팬티 안도 햇볕 쬘 권리가 있는 거잖아."라는 반응이다. 허리 아래 이야기는 개인사일 뿐 그 사람의 사회적 역량과는 상관없다는 것이다. 인간을 어떤 위치에 앉혀놓고 국민들이 기대하는 도덕성을 강요하지 않는다는 면에서 프랑스인들의 관용의 정신은 긍정적이다.

그러나 그 관용을 깊이 파고들면 "자기가 선택한 인생인데, 뭐 나랑 상관있나."라는 두려울 정도의 자기 중심적 개인주의를 보게 된다. 이런 프랑스인들이지만 그것이 정치인의 공적인 도덕성이나 돈에 관계된 것에서는 또 이야기가 달라진다. 국민이 피해를 보면 결국 개인에게도 그 피해가 돌아가므로, 이런 경우에는 우리나라의 '대충 덮고 지나가기'는 통하지 않는다. 온 나라의 지식인들과 대중의 엄격한 비판이 따른다.

유학 시절 친구들이 샹젤리제에서 알랭 들롱이 개를 끌고 걸어가는 것을 보았다거나, 니스 해변가에서 크리스토프 랑베르를 보았다거나 하는 이야기를 했던 기억이 난다. 당시에는 비슷한 사람을 보았겠지 하고 말았는데, 프랑스를 알아갈수록 그럴 수도 있겠구나 하는 생각이 들었다.

게다가 프랑스 최고의 여배우들은 필요하다면 알몸으로 영화 촬영을 하거나, 화보를 찍는 데 아무런 거부감이 없다. 대중도 그냥 예술의 차원에서만 이해한다. 르누아르나 마네 등의 회화를 감상하듯 예술의 주체가 된 '육체'일 뿐이지, 이중적인 성적 잣대로 난도질되는 일은 없다. 성적인 자극을 원하면 포르노 영화관에 가거나 길거리에 진열된 《플레이보이》에서 아무 때나 감상할 수 있는데 굳이 여배우가 영화에서 벗었다고 나라가 발칵 뒤집힐 이유가 없는 것이다. 예술에 일률적인 도덕성을 요구하는 것은 오히려 위선일지도 모른다. 그래서 인간의 육체에 대한 시각이 우리와 전혀 다른 것이다.

파리에 처음 간 사람들은 '이곳은 사람 살 곳이 못 되는구나.'라고 느낄지도 모른다. 길거리 키오스크 (Kiosk, 자판대)에서는 포르노 잡지나 신문을 마음대로 구입할 수 있고, 아무 데서나 한 몸처럼 엉겨 붙어 진한 애정표현을 하는 연인들로 넘친다. 눈을 어디다 두어야 할지 혼자 얼굴이 붉어진 채 다닌다. 게다가 웬 동거 남녀는 그렇게도 많은지.

그런데 이상한 건 무엇이든 완전히 대낮에 오픈해버리면 흥미가 없어지는 거다. 도덕이란 이중적인 잣대가 있을 때에 은밀해지고 경계선을 드나들고 싶은 욕망이 생기는 법이다. 하지 말라니 더욱 하고 싶고, 보지 말라니 더욱 보고 싶어진다. 그래서 음성적인 성문화로 섹스산업이 곰팡이처럼 번지는 곳이 우리나라다.

파리는 그냥 보이는 것이 다다. 피갈의 거리에, 블로뉴(Boulogne) 숲에 반라를 드러낸 창녀들(지금은 법으로 금지되어 눈에 잘 안 뜨이지만, 한때는 밤이 되면 거의 장관을 이루었다)과 자판대 위의 포르노 잡지들, 그리고 X표가 하나씩 늘어갈 때마다 하드코어(Hardcore)의 수위가 높아지는 포르노 영화관. 이 모든 것이 도시의 생활 속에 공존하고, 도덕은 개인이 그중에서 선택하는 것이다. 그리고 그 선택에 대해서는 자신이 책임을 져야 한다. 국가나 가정이 함께 져주는 법이 없고 고스란히 개인의 몫이므로 선택에 신중해지지 않을 수 없다. 그래서 도덕이 없어 보이는 파리가 사실은 더 무서운 규율에 지배받는 것이다.

그러다 보니 파리에서는 서울처럼 돈 쓰는 재미가 없다. 뭐, 나야 물

쓰듯 써본 경험이 없어서 모르겠지만 대부분이 하는 이야기이다. 돈이야 누구나 좋아하고 돈 많이 주면 대접받는 건 당연하지만, 그냥 그뿐이다. 샤넬을 들었다고 해서, 포르셰를 탄다고 해서 누구 하나 뒤돌아보지 않는다. 개인주의가 발달한 이곳에서는 타인보다는 자신에게 관심이 집중되어 있다.

게다가 과도한 팁이나 공짜를 주면 괜한 오해를 받을 수도 있다. 내가 레스토랑을 경영할 때도 프랑스 친구들에게 한국식으로 많은 서비스를 하면 오히려 관계가 서먹서먹해지는 경험을 여러 번 했다. 물론 그만큼 친밀하지 않아서였을 수도 있겠지만, 어려서부터 자신의 삶은 자신이 알아서 꾸리는 데 익숙해서 경제감각이 발달하다 보니 'Give & Take' 와 'Dutch Pay' 에 익숙한 이들의 생활 습관에 공짜는 부담이었을 것이다.

여기에 전통적인 사회 분위기가 가미되어 오래된 물건을 좋아하는 검소함도 한몫한다. 프랑스인들의 미적 감각도 오래된 것에 가치를 두다 보니 꽃봉오리로 막 피어나는 젊음의 아름다움은 저항할 수 없지만, 오래 묵은 여배우에 대한 사랑도 식지 않는다. 가벼운 아름다움보다는 인생의 깊이가 느껴지는 얼굴을 그들은 아름답다고 한다.

어리고 귀여운 여성을 팜므앙팡(Femme-Enfant), 여성스런 깊이를 지닌 완숙한 여인을 팜므팜므(Femme-Femme)라 하는데, 개인차야 어디나 있지만, 한국이나 일본이 캔디 스타일의 팜므앙팡에 심취한다면, 프랑스는 팜므팜므에 더 매혹되는 경향이 있다(뭐, 늙은 남자가 어린 여자를 품고 싶어 하는 스토리야 프랑스라고 예외는 아니지만 사회적 미적 기준이 그렇다는 얘기다). 그래서 젊다 못해 어린 스타들만 떼거리로 도배되는 TV는 상상도 할 수 없다. 오랜 기간에 걸쳐 습득된 기술이나 깊이를 인정하는 프랑스 정신이 오늘날의 명품 왕국을 만들었다.

그래서인지 오래 묵은 와인의 깊이에 높은 가치를 두는지도 모른다. 잘 만들어지고 오래 숙성된 와인은 포도 자체의 아로마(Aroma)는 많이 사라지지만 대신 숙성되어 나오는 향인 부케(Bouquet)*를 얻는다. 와인 속의 여러 물질들이 서로 부딪쳐 깨지고 중합(Polymerisation)되는 과정을 반복하면서 날카롭던 맛이 둥글둥글 부드러워지는 것이다. 인생의 굴곡을 넘어온 중년과도 같다.

아로마는 포도 자체가 가지고 있는 과일향이다. 화이트와인은 주로 사과, 레몬, 감귤류, 멜론, 파인애플 등의 옐로우 계열의 과일이나 꽃향기가, 레드와인은 주로 체리, 딸기, 베리, 블랙커런트 등의 레드 계열의 과일향이 난다. 이런 상큼 발랄한 향을 내던 와인이 시간이 지나면서 숲, 나무,

---

* 부케는 '꽃다발'이라는 의미의 프랑스어인데, 다른 종류의 꽃향기들이 모여 꽃다발의 복합적인 향을 형성하듯이 와인 안의 아로마들끼리 부딪치고 모여 새로운 조합을 이룬 향을 뜻한다.

담배, 커피, 흙, 버섯 등과 같은 향을 조금씩 발현한다. 자신이 빨아올려 응축시켜두었던 대지의 성격을 드러내는 것이다.

그래서 와인에는 테루아(Terroir)라는 특별한 용어가 있다. 포도가 자라는 토양과 기후적 환경을 묶어서 의미한다. 땅이란 의미의 '테르(Terre)'에서 온 프랑스어인데, 라틴어가 어원이다. 즉 한 병의 와인이란 그 와인을 만든 포도가 자란 토양과 기후, 지형 등 모든 환경의 그림자라는 의미이다. 다른 술들과 달리 와인은 재료에 의해 품질이 70퍼센트 이상 좌우되는 술이다. 즉 포도가 좋아야 좋은 와인을 만들 수가 있다. 그래서 테루아는 한 병의 와인을 알기 위한 기초가 된다. 그다음에 제조자의 명성, 역사, 기술…… 이런 것들이 오게 된다. 발랄한 처녀인 팜므앙팡에서 대지를 품은 여인인 팜므팜므로 발전해가는 것이다.

파리지앵은 영어를 알아도 안한다?

많은 사람들이 프랑스어가 아름답다고 한다. 그런데 사실 프랑스어와 씨름하며 프랑스에서 오래 있다 보면 뭐가 아름다운지 잘 모를 때가 많다. 시장 바닥의 아줌마들이나 고집스런 노인들, 불친절한 슈퍼마켓 점원, 게다가 파리에 거주하는 이민자들의 아프리카스러운 발음 등등을 듣다 보면 머리가 아프다. 그런데 지하철 한구석에서 들려오는 낭낭한 언어……귀에 쏙쏙 들어오는 언어는 바로 한국어다. 모국어가 이렇게 아름다웠던가를 새삼 느끼는 순간이다.

그런데 TV에서 정확한 중부 발음으로 대화하는 것을 들으면 정말 아름답구나 하는 생각이 들 때가 있다. 프랑스어뿐은 아닐 것이다. 언젠가 영국 TV에서 셰익스피어 연극을 볼 기회가 있었는데, 처음으로 영어의

아름다움을 깨달았다. 미국식의 자음 씹어 먹는 발음을 들을 때는 잘 몰랐는데, 청아한 자음이 살아나며 강약이 들어가니 노래가 따로 없었다. 사춘기 때 롱펠로나 워즈워스드의 시에서 느껴지던 운율이 짜르르 전해지며, 영국식 영어를 배워야겠다는 열망이 마구 생겨났었다(그런데 아직 못 배웠다!).

    프랑스어가 아름답게 들리는 이유는, 목젖을 치면서 뒤의 통로를 통해 콧소리를 내고(Nasale, 비음), 단어의 자음을 뒤의 모음과 연결해서(Liaison) 내기 때문이다. '홍홍' '숑숑' 대는 콧소리를 언어학적 용어로 비음이라고 하는데, 우리 언어에는 없는 독특한 발음이라 처음에 따라 하기가 쉽지 않다. 게다가 R발음은 가글하듯 목젖을 울려 발음해야 하므로, 목이 약한 나는 발음 연습하고 나면 편도선이 다 부을 정도였다.

    프랑스는 자국어의 아름다움을 정책적으로 보호하기 위해 1635년

아카데미 프랑세즈를 창립했다. 루이 13세 치하에서 막강한 권력을 휘둘렀던 재상 리슐리외가 프랑스어의 통일과 순화를 위해 공식적으로 설립한 기관이다. 아카데미 프랑세즈는 루이 14세 때부터 왕이 직접 관할하는 직속 기관으로 승격되어, 역대 국가원수의 관할하에 있다. 우리나라로 치면 한림원 같은 곳으로 프랑스 학사원을 구성하는 5개의 아카데미 가운데 가장 권위 있는 기관이다.

파리의 라틴가에서 멀지 않은 센 강변의 아카데미 프랑세즈는 아직도 그 위용을 자랑한다. 문학을 비롯하여 문화계의 권위자로 구성된 40명의 회원은 '임모르텔(Immortels, 꺼지지 않는 지성)'이라 불리며, 나폴레옹의 통령정부 이래로 유니폼이 된 녹색 자수의 슈트와 검을 지니고 회의에 임한다. 프랑스어를 수호하는 기관의 상징으로 프랑스어 사전 편찬과 문법 재정비가 주된 사업이며, 소설, 시, 비평 등의 분야에 120여 개의 상을 준다. 이런 범국가적인 노력이 현재 프랑스어의 위상을 만들었다. 국제무대에서 영어에 밀린 지 오래되었지만 아직도 문학, 철학, 외교 등의 분야에서는 중요한 위치를 차지한다.

한국 사람들이 하나 오해하는 것이 있는데, 프랑스인들이 자국의 언어에 너무 자부심이 강해 파리에서 영어를 쓰면 일부러 못 알아듣는 척한다는 것이다. 자부심은 분명 있다. 초등학교 때부터 고전문학을 외우며 주입된 자부심이다. 하지만 영어를 못 알아듣는 척하는 것이 아니라 정말 못한다. 영어 안 통하기로는 스페인이나 이탈리아도 심각한데, 유독 프랑스만 지적당하는 이유는 일종의 소문과 편견인 것 같다. 십여 년 전만 해도 영어는 필수가 아니라 독어, 스페인어, 이탈리아어, 일어, 중국어 등 여러 언어 중에서 선택할 수 있는 과목일 뿐이었다. 프랑스는 워낙 유럽에서 다져놓은

문화적, 역사적 인프라가 탄탄하다 보니 우리처럼 죽기 살기로 영어를 안 해도 먹고살았단 이야기다.

프랑스가 미국에 전적으로 의존해서 사는 것도 아니고, 주변에 딱 붙어서 기차로 다니는 나라들이 이탈리아나 스페인, 독일이다 보니 지리적으로도 영국이 더 멀었다. 게다가 프랑스는 땅도 넓은 농업국가이다. 그것도 유럽에서 금싸라기 땅만 차지하고 있다. 무역이나 상업으로 돈을 벌기보다는 정착해서 포도나 낙농으로 경제활동을 하는 인구가 더 많다. 땅덩어리가 작아 세계 각지를 돌면서 영어로 장사해야 나라가 유지되는 네덜란드나 덴마크와는 형편이 다른 것이다. 기술 팔아 돈을 버는 독일과도 다르다. 게다가 프랑스인의 발음 구조는 콧소리가 너무 많고, H는 묵음이라 발음을 안 한다. 영어를 해도 무슨 소린지 도무지 알 수가 없다.

그래서 내가 영어를 하면 미국 친구들은 막 웃는다. "혜련, 너 프랑

여자야? 발음이 프랑스식이야!" 내 발음이 그렇게 나쁜가? 이상하다. 제2외국어는 먼저 배운 언어에 준해서 발음을 하게 되는 것 같다.

그런데 요즈음 프랑스도 많이 변했다. 옛 식민지의 프랑스 문화권 세대도 끝나가고, 글로벌 시대에 자신들도 국제무대에서 한몫하려면 국제공용어는 필수라는 점을 깨달은 것 같다. 돈 앞에는 별수 없는지 미국이나 일본인들에게도 무척 약하다. 파리 시내에서 만나는 젊은 세대는 웬만큼 영어를 한다. 한국에 오는 비즈니스맨들은 H와 비읍 콤플렉스를 이겨내고 발음도 아주 좋아졌다.

와인 공부를 하게 되면 만나는 커다란 산이 바로 프랑스 와인의 라벨을 읽는 것이다. 시장 원리에 따라 언젠가는 그들도 영어로 표기할 날이 올지는 모르지만, 아직은 라벨 체계가 초보자에게는 해독 불가다. 품종이나 당도 등은 전혀 표시하지 않는다. 떡 하니 와인이 생산된 지명만 나와 있다. 알아서 공부하고 찾아 마시라는 거다. 고객한테 불친절하기 짝이 없다. 큰 지명이야 어찌 해보겠는데, 작은 마을 단위까지 가면 뇌 용량 초과다. 한국 지명도 잘 모르는데, 프랑스의 코딱지만 한 마을 이름을 어찌 알 수 있냐 말이다.

바로 이때가 와인 공부를 포기하느냐, 정복하느냐의 분수령이다. 뭐 이렇게까지 하면서 술을 마시냐는 생각이 슬금슬금 들지만 뭐든 제대로 된 취미를 갖는다는 것은 강도 높은 훈련이나 공부를 요한다. 어느 날 갑자기 테니스나 골프 도사가 될 수 없듯이 와인에도 왕도가 없다. 책도 좀 읽고 많이 마셔보는 수밖에 없다. 운동도 이론적 지식이 있으면 더 빨리 늘고 재미도 있다. 와인이 재미있는 것은 관계된 언어나 역사, 과학 등을 접하며 인간의 지적 허영심을 만족시켜주기 때문인 것 같다.

프랑스 와인 라벨 읽기

1. 포도원 이름 2. 빈티지 3. 최고 등급 표시 4. 와인 용량 5. 원산지 표시(AOC) 6. 병입한 장소

디오니소스의 도시

파리는 빛의 도시라는 애칭을 갖고 있다. 태양 빛보다 어둠 속 조명 아래 빛나는 밤의 도시라는 의미다. 철로 건축된 에펠탑이나 오래되어 때가 낀 석조건물의 차가움이 밤이 되면 열정적인 무희로 옷을 갈아입는다. 프랑스의 조명 기술은 세계적이다. 서울의 남산타워나 불타기 전의 남대문, 광화문 등의 조명 시스템도 프랑스가 시공했다. 그런 기술력을 가졌으니 파리뿐 아니라 프랑스 전역의 성이나 성당 등의 유적지는 모두 밤이 되면 조명으로 더욱 신비로운 자태를 드러낸다.

그리스신화에서 디오니소스는 연극의 신이다. 현대적인 의미로는 '공연'의 신이라고 하는 것이 좋겠다. 게다가 와인의 신이기도 하다. 로마는 동일한 신을 '바쿠스'라고 하였는데, 안타깝게도 그리스적인 신비는 사라지고 포도주만 마셔 대는 신으로 변해버렸다. 디오니소스가 연극의 신이면서 와인의 신이 된 것은 제례의식 때문이다. 와인 문화가 꽃피던 그리스에서는 대지의 풍요와 포도 재배의 풍년을 기원하며 해마다 디오니소스를 숭배하는 제사를 지냈다. 의식에는 당연히 와인이 쓰였고, 대중 앞에서 무용을 공연하던 과정에서 연극이 발생하였다.

    이런 전통으로 디오니소스는 연극의 상징이 되었고, 항상 포도와 와인이 옆에 놓이게 되었다. 이는 로마시대까지 계승되었지만, 바쿠스 제식은 공연이나 풍요의 기원보다는 술과 관계된 광란의 축제로 변질되었다. 여성들이 취하여 광기 속에 입신(入神) 상태를 경험하는 등 점차 비교(秘敎)적인 색채를 지니게 된다. 사회학자들은 이를 두고 여성들이 억압받던 시대에 일종의 성의 분출구로서의 역할을 했다고 평하기도 한다. 어느 시대나 외설과 예술, 종교와 이단의 논란이 있었고, 그 차이는 종이 한 장인 것 같다.

    바로크와 로코코의 건축과 미술이 디오니소스적인 감성을 지녔듯이, 근세 프랑스의 궁정은 발레와 연극을 즐겼다. 루이 14세는 그 자신이 최고의 발레리노였고, 궁인들이 지켜보는 가운데 스스로 공연을 하곤 하였다. 또한 프랑스 고전문학의 3대 거장인 몰리에르, 라신, 코르네유의 연극을 적극적으로 후원하였다. 베르사

유에서 촬영한 영화 〈왕의 춤(Le Roi Danse)〉은 이 시대 공연예술의 극치를 보여준다. 춤추는 왕, 이를 통해 이상화·신격화되어가는 왕, 오늘날 정치인들이 미디어를 이용하듯이 루이 14세는 발레와 음악이라는 마술을 통해 대중을 조종할 줄 알았다. 인간의 심리를 꿰뚫는 섬세함이 그의 가장 큰 능력이었다.

프랑스가 발레와 연극에 심취한 데 반해 오페라는 이탈리아에서 먼저 탄생하였다. 프랑스에서 오페라 공연이 처음 열린 것은 루이 14세 시대의 실세이던 마자랭이 1640년 이탈리아의 오페라단을 베르사유에 초청하면서였다. 그러나 프랑스의 가식적이고 속물적인 세련됨에 비해 직선적으로 감정을 전달하는 오페라는 프랑스 궁정에서 그다지 호평받지 못했다. 호화로운 발레 공연과 온갖 사치스런 취향에 물든 프랑스 귀족들에게, 서서 큰 움직임 없이 목소리에만 감정을 실어 호소하는 오페라가 별 흥미를 자아내지 못한 것은 당연한 듯하다.

그러나 루이 14세는 이탈리아의 음악가를 베르사유로 초청하여 당시의 궁정 작가인 몰리에르로 하여금 발레에 오페라적 요소를 도입하도록 한다. 이러한 프랑스적 배경은 예술성보다 볼거리를 중요하게 여기는 '거리의 오페라'를 낳게 된다. 궁정 안의 디오니소스가 서민들을 위해 거리로 나온 것이다.

프랑스가 낳은 최고의 오페라 작곡가는 비제일 것이다. 오페라의 거장들이 대개 이탈리아 사람들인 데 비해, 비제의 프랑스어 오페라인 〈카르멘〉이나 〈아를의 여인〉 등은 음악을 잘 모르는 사람들이라도 한 번쯤은 들어본 제목들이다. 비제가 잡은 주제들은 그동안의 오페라와는 사뭇 달라서 당시 센세이션을 일으키기도 하였다. 아름다운 귀족들만 나오던 오페라와

는 달리 길거리의 여인들, 평범한 소상인들 등이 무대에 등장했다. 비제의 대표작인 〈카르멘〉은 메리메의 원작소설을 기초로 한 작품이다. 스페인이라는 이국적인 장소와 자유분방한 집시 여인, 지방 출신의 하찮은 위병, 투우사 등 귀족 사회와는 상관없는 다각적인 인물들과 독특한 주제가 성공의 요인이었다.

　　디오니소스의 도시 파리에는 공연이 넘친다. 시간이 많으면 싸게 구할 수 있는 표도 많다. 아니, 다 주고 보아도 공연이 일반화되어 있어서 어쨌든 서울보다 한참 싸다. 운 좋으면 러시아 발레단이나 한국에서 만나기 어려운 오페라, 베를린필하모니나 빈필하모니도 저렴한 가격에 만날 수 있다.

　　또한 영국의 록 그룹이나 미국의 유명한 팝 아티스트들의 공연도 많다.

그런데 유럽에서 열리는 록 공연장에 들어갈 때는 단단히 준비를 하고 가야 한다. 야외 공연의 경우는 일단 한 번 들어가면 나올 수가 없다. 광란의 도가니 속에서 맥주들을 마셔 대고, 베르사유 궁전처럼 그 자리에서 생리적인 것을 해결한다고 한다. 게다가 맥주 깡통에 실례를 하고는 마구 던진다나……. 하늘에서 거품이 이는 때아닌 별이 쏟아질지도 모른다!

공연 정보

파리에서 일어나는 모든 공연 정보는 호텔마다 비치되어 있는 공짜 주간 정보지 《파리스코프(Pariscope)》를 참고하면 된다.

웹사이트 : www.pariscope.fr

공연 티켓은 다음과 같은 곳에서 구입할 수 있다.

프낙(Fnac)

입석표가 아닌 정식 티켓을 구입해서 우아하게 관람하고 싶다면 대형 서점인 프낙에 가서 직접 사거나 인터넷으로 예약할 수 있다. 오페라부터 샹송, 록, 전시회까지 모든 티켓 구입이 가능하다. LVMH에 필적하는 프랑스의 거대 기업인 PPR그룹이 운영하는데 책, 음반, DVD, 디지털 제품, 게임 등 문화의 모든 영역을 취급하는 초대형 서점이다. 우리나라 교보문고의 확대판이라고 보면 된다. 프랑스 전역 및 벨기에, 스페인 등까지 유통망을 갖추고, 누구나 자유롭게 드나들며 책을 읽고 음악을 들을 수 있다. 파리에도 여러 곳이 있지만, 모든 분야를 다 갖추고 또 관광객이 가장 편하게 갈 수 있는 곳은 샹젤리제다. 가장 아래층 입구에 티켓을 판매하는 곳이 있고, 한쪽 벽면에는 파리 시내의 온갖 공연 정보가 적혀 있다. 예약 취소된 티켓을 싸게 살 수 있는 여러 가지 경로가 있으니 잘 알아보도록 한다.

홈페이지 오른쪽 위에 보면 English Version이란 메뉴가 나온다. 클릭하면 파리뿐 아니라 프랑스 내의 모든 공연 정보를 알 수 있고 티켓을 예약할 수 있다. 멤버십, 학생, 일반에 따라 가격 차이가 있으니 잘 체크하고 신용카드로 지불하면 된다. 티켓은 집으로 우송받을 수도, 홈티켓으로 출력하거나 파리 현지 프낙에서 찾을 수도 있다. 그러나 사이트에 영어와 프랑스어가 섞여 있고, 프랑스 인터넷에 익숙하지 않으면 예약이 어려울 수도 있으므로, 현지에서 알아보고 하는 것이 좋다.

웹사이트 : www.fnacspectacles.com

Fnac Champs-Elysées
주소 : 74 Avenue des Champs-Elysées, 75008 | 영업시간 : 월~토요일 10:00~24:00, 일요일 11:00~24:00 | 전화 : 08 25 02 00 20

Fnac Bastille
주소 : 4 Place de La Bastille, 75012 | 영업시간 : 월~토요일 10:00~20:00 | 전화 : 08 25 02 00 20

Fnac Digitale
주소 : 77-81 Bd. Saint Germain, 75006 | 영업시간 : 월~토요일 10:00~20:00 | 전화 : 08 25 02 00 20

Fnac Etoile
주소 : 26-30 Avenue des Ternes, 75017 | 영업시간 : 월~토요일 10:00~19:30 | 전화 : 08 25 02 00 20

Fnac Forum
주소 : Forum des Halles 1-7 Rue Pierre Lescot | 영업시간 : 월~토요일 10:00~19:30 | 전화 : 08 25 02 00 20

Fnac Montparnasse
주소 : 136 Rue de Rennes, 75006 | 영업시간 : 월~토요일 10:00~19:30 | 전화 : 08 25 02 00 20

Fnac La Defense
주소 : 2 Place de La Défense CNIT, 92053 | 영업시간 : 월~토요일 10:00~19:30 | 전화 : 08 25 02 00 20

키오스크 테아트르(Kiosque Théâtre)

키오스크는 신문, 잡지 등을 파는 길거리 자판대, 테아트르는 극장, 연극 등의 의미이다. 파리 시내 세 곳에 있는 길거리 티켓 판매소로, 연극 공연에 한해 약간의 수수료를 받고 당일권을 할인 판매한다. 예약했다가 취소된 티켓들을 반값으로 구입할 수도 있다.

영업시간 : 화~토요일 12:30~20:00(공휴일 포함) / 일요일 12:30~16:00

키오스크 테아트르 위치

① 몽파르나스역과 몽파르나스 타워 사이 광장에 위치

② 마들렌 광장
위치 : 15 Place de la Madeleine 건너편 | 지하철 : Madeleine('Rue Tronchet' 방향 출구)

③ Terre-plein Central de La Place
지하철 : Ternes(2번선)

다음 사이트에서도 각종 공연 정보를 알 수 있고 티켓을 구입할 수 있다.

웹사이트 : www.ticketnet.fr(영어 버전 있음)

파리에는 나이가 없다

파리의 할머니들은 예쁘다. 화려하고 깔끔한 정장에 붉은 립스틱과 매니큐어, 우아한 귀고리와 목걸이. 샤넬 아줌마가 울고 갈 정도다. 한국의 한복 곱게 차려입은 할머니들도 아름답지만, 팔십이 되어도 여성임을 잊지 않는 프랑스 할머니들은 정말이지 멋스럽다. 젊음이 사라진 자리를 감각으로 메우는 것이다. 그리고 그들을 정중하게 '마담(Madame, 여성을 올려 부르는 존칭)'으로 인정해주는 사회가 부럽다.

나는 마담과 아줌마 사이에서 아직도 정체성의 혼란을 느낀다. 한국은 언제부터 아줌마가 제3의 성이 되어버린 걸까? 그 억척스러움이 대한민국의 경제와 교육을 끌어올리는 원동력이 되기도 했지만, 그 와중에 여성이란 성을 자연스럽게 포기해버린 것이 내심 안타깝다.

　프랑스의 대학생이나 청소년들은 오히려 청바지와 면 티에 맨얼굴로 다닌다. 젊음 그 자체가 아름답고 발랄하니 꾸밀 필요도 없다. 가끔 우리나라 젊은이들이 아쉬운 건, 어린 나이에 너무 화장을 진하게 하고 머리에 염색을 한다는 거다. 지나가며 마주치는 멋쟁이 여학생을 보며 나는 속으로 생각한다. 저거 한 삼십 지나면 죽을 때까지 칠해야 하는 건데, 일생에 아주 짧은 초창기에만 당당하게 내놓을 수 있는 자연산 피부와 머리칼을 왜 저렇게 혹사시키는 걸까? 그런데 남 이야기가 아니다. 중학생인 내 딸도 방학이 되자마자 염색에 목숨 걸고 있으니 말이다. 청소년 문화가 이토록 미디어가 생산한 아이돌 스타에 일방적으로 좌지우지되는 나라가 또 있을까 싶다. 딱 하나를 놓고 거기에 동참하거나 안 하는 소수이거나의 선택이라니 숨이 막힌다.

　프랑스가 관용의 나라라는 것을 정치·역사적으로 거창하게 찾으려면 많은 모순이 보인다. 그러나 문화에 있어서만큼은 진정한 관용, 즉 톨레랑스를 느낄 수 있다. 다양한 문화가 공존하는 가운데 그중에서 자신이 쇼핑하듯 선택하는 것이다. 예를 들어 20대지만 클래식을 즐기면서 1950년대 영화를 즐겨본다든가, 60대지만 테크노 음악과 블록버스터 영화를 좋아하는 이도 있다. 그리고 디스코텍이나 클럽도 세대 구분 없이 모두 함께 음악에 맞추어 춤을 춘다. 10대도 있지만 칠십 노인도 있다. 그리고 서로 나이를 묻지 않는다. 다만 서로의 '취향'을 물을 뿐이다. 그래서 취향이 같은 사람들은 서로의 사이에 놓인 시간의 차이와 상관없이 '친구'가 된다. 시간이 흐른다는 개념은 인간이 사회에 질서를 부여하기 위해 만들어놓은 도구일 뿐이다. 마치 도량형처럼 말이다.

　몇 년 전 아트 쪽 일을 하는 친구들과 파리에 갔다. 플로리스트인 다

니엘, 에르민, 그리고 호텔에서 일하는 베르나르와 함께(모두 중년이다) 저녁식사를 한 후 한국 아줌마들은 생미셸의 재즈바 라위셰트를 구경하고 싶어 했다. 베르나르는 스윙이나 재즈를 좋아해 자주 가는 곳이지만, 다니엘이나 에르민은 전혀 그런 음악에는 관심이 없어 했다. 50대 남성인 다니엘은 아직도 디스코텍인 퀸(Queen)을 드나들고, 30대 여성인 에르민은 남자 친구와 손을 잡고 함께 돌며 추는 로큰롤을 즐긴다. 결국 다니엘과 에르민은 빠지고 베르나르만 우리를 에스코트했다.

또 한 예로 생테밀리용의 오랜 포도원 샤토 리포(Château Ripeau)의 여주인 프랑수아는 육십이 다 된 나이에 밀리터리 룩을 어쩌면 그렇게 멋지게 소화해내는지! 아직도 맨다리에 미니스커트를 입어내다니 효리 언니가 울고 갈 정도다.

요는, 뭐가 주류고 비주류인지, 뭐가 유행인지를 떠나 서로 다른 문화들이 동시에 공존하고 모두 중요하다는 것이다. 그리고 타인의 문화를 완벽하게 존중해준다. 몇 살이 되면 뭐는 해서는 안 되고, 이런 걸 해야 하고 등등의 선은 어디에도 없다. 내가 파리를 사랑하는 것은 명품이니 와인이니 하는 것들과는 상관없다. 다만 이런 다양성에의 목마름이다.

동거가 좋은지 독신이 좋은지는
맞을 보면 안다

전업 주부인 프랑스 여성들을 보며 놀라는 일이 있다. 한국 주부들보다 일이 훨씬 많은 것 같아서다. 물론 파리 시내에는 아파트가 많지만, 교외나 지방은 일반 주택이 많아 2층은 기본이고 지하실부터 3층 정도에 정원까지 있다. 유럽은 미국보다 땅이 좁아 그나마 작은 편인데도 중산층의 주택이 한국 벼락부잣집 별장만 하다. 거기다 구석구석 몇 세대는 내려왔을 물건들이 오밀조밀. 돌아가신 할머니, 부모님, 게다가 일찍 죽은 언니나 어려서 죽은 동생 물건이나 침대까지 고스란히 두고 산다. 나한테는 집을 통째로 줘도 귀신 나올까 봐 살고 싶지 않을 정도다.

한국처럼 온돌 생활을 하는 것이 아니라 입식 생활이다 보니 주부들의 옷차림이 한국과는 좀 다르다. 우리는 외출할 때나 입는 원피스를 입거나 블라우스에 구두까지 신고 하루를 보낸다. 물론 실내화나 슬리퍼도 신지만 그냥 구두 신고 청소기도 돌리고 요리도 하며 하루를 보내는 경우가 많다. 프랑스에서 무릎 나온 트레이닝복에 부스스한 머리로 하루를 사는 '아줌마'는 별로 본 적이 없는 것 같다.

가장 놀라운 것은 엄청난 양의 다림질이다. 유럽에서는 우리처럼 속을 넣어 지퍼로 잠그는 이불을 쓰는 것이 아니라 드라(Drap, 시트)를 쓴다. 드라는 한 겹으로 된 넓은 면 시트인데, 그 위에 이불을 올리고 시트로 목 부분을 한 번 접은 뒤 나머지 세 면은 매트 밑으로 팽팽하게 집어넣는다. 그러고는 그 속에 들어가서 잔다. 마치 삼면이 막힌 침낭과 같다고 보면 된다. 발을 마

음대로 움직이지 못하면 답답해서 잠을 못 자는 나는 사방으로 이 시트를 빼서 다시 정렬하고 자느라 매번 고생한다. 게다가 매트는 왜 그렇게 무거운지……. 그런데 호텔도 아니고 일반 가정에서도 똑같이 사용하는 이 시트들이 방마다 구김살 하나 없이 다림질되어 있다.

그뿐 아니다. 면으로 된 테이블 크로스와 냅킨, 우리 주택보다 훨씬 천장이 높아 커튼도 엄청나다. 파리는 인건비가 비싸 일반 중류층 가정에서는 파출부를 쓰는 것도 만만치 않다. 그래서 프랑스 주부들은 다른 건 몰라도 다림질에 있어서만은 타의 추종을 불허한다. 아마 이탈리아나 독일의 주부들도 마찬가지일 거다. 우리나라 주부들이 걸레질의 달인이라면 이들은 다림질의 달인들이다.

우리가 생각할 때 프랑스 여자들은 콧대도 세고 남녀평등 의식이 강해 아주 대우받고 살 것 같다. 그러나 실제로 조금만 더 들어가 보면, 프랑스는 상당히 보수적이고 마초(Macho)적인 사회다. 역대 프랑스 왕위 계승권은 남성들에게만 있어 여왕이 한 명도 없었던 나라이며, 다른 서유럽 국가들에 비해 현대에도 정치권이나 고위직에 진출한 여성의 수가 아주 적다. 여성 의원 비율은 14퍼센트 정도다. 이런 남녀의 불균형을 깨고 남녀 동등한 비율의 내각을 구성한 사르코지는 일단 젊고 혁신적인 대통령의 이미지를 구축하는 데에는 성공했다.

이런 보수성은 실제의 일상에서도 마찬가지다. 남녀평등도 여자가 동등한 경제력이나 사회적인 위치에 있을 경우나 그렇다. 여성이 동등하다고 느끼는 것은 일하는 여성이 많아서인데, 이는 자아실현이라기보다는 생활비가 비싸서 일하지 않으면 생활할 수 없기 때문이다. 우리나라처럼 월급이 통째로 통장에 입금되어 부인이 집안 경제를 좌지우지하는 경우는 없다.

부인에게 용돈을 타서 쓴다는 것은 프랑스 남자에게 있을 수 없는 일이다. 전업주부는 남편이 주는 생활비와 용돈으로 한 달을 살아야 하며 거기에 맞는 의무적 역할을 수행한다.

그러나 남편의 벌이가 좋은 집은 전업주부인 경우도 꽤 많다. 탁아소나 유치원의 시스템이 좋아서 일하는 데 한국보다 어려움이 덜하고 남자들의 사고방식 자체가 '가정 일은 함께하는 것' 이라는 의식이 박혀 있긴 하지만, 생리 구조상 여전히 육아는 주부가 책임져야 할 몫이 많다. 요리도 마찬가지다. 유난히 요리하기를 좋아하는 남자 외에는 매일 외식하지 않는 한, 주부가 많이 움직일 수밖에 없다. 프랑스 내 친구 중에는 변호사인데도 불구하고 아이를 셋 낳자 집에 들어앉은 경우도 있다. 의외로 중상류층 가정에 있어 보수적인 곳이 프랑스다.

그래서 현대의 젊은이들 사이에는 의무를 가볍게 한 동거가 많다. 1970년대 이후부터 뿌리내리기 시작한 동거는 이제 사회적으로 하나의 제도로 자리 잡았다. 중년 커플들도 혼인신고를 안 하고 사는 경우가 태반이다. 사랑해서 함께 있긴 하되 배우자 및 양가 가족에게 많은 의무와 속박이 있는 결혼은 싫다는 거다. 이는 전통적인 서류상의 결혼에 큰 의미를 두지 않기 때문이기도 하고, 국가가 '동거' 라는 남녀 사이의 관계를 사회적 지위로 인정하고 있기 때문이기도 하다.

2000년부터는 팍스(PACS, 시민연대 협약)라는 법적 장치가 마련되어 시청에 동거 신고를 하면 아이의 출생신고부터 사회보장제도, 교육, 상속 등 결혼에 준하는 대우를 받는다. 결별의 경우 법적인 이혼 절차 없이 간단하게 합의로 정리할 수 있다는 것도 장점이다.

우리가 생각할 때 동거를 하면 쉽게 헤어질 것으로 생각하지만 오히려 많은 커플이 한 배우자와 해로하거나 오랜 시간이 지난 후 결혼을 하기도 한다. 결혼하는 이유도 세금이나 주택 등의 현실적인 문제 때문이지 사회적인 이목 때문은 아니다. 한국처럼 성의 잣대가 이중일 경우, 동거란 여자에게 흠을 남기고 끝나는 젊은 날의 불놀이일 수도 있지만, 프랑스의 동거란 남녀 간에 가정을 이루는 또 다른 제도인 것이다.

포도도 동거를 한다. 결혼이라 해도 좋다. 예를 들면 보르도의 카베르네 소비뇽은 메를로와 동거하고, 세미용은 소비뇽 블랑과 동거한다. 이는 오랜 블랜딩의 전통 때문이다. 프랑스의 와인 제조자들은 천여 년간의 경험을 통해 어느 지역에는 어떤 품종이 잘 자라고 어떤 품종들을 섞어서 와인을 만들면 더욱 시너지 효과가 나는지를 알고 있었다. 보르도는 전통적으로 남성적인 강인함을 지닌 카베르네 소비뇽과 여성적인 부드러움을 지닌 메를로를 섞는다. 이뿐 아니라 카베르네 프랑, 말벡 등의 품종도 들러리로 함께 섞는다. 론 지방 쪽으로 가면 십여 가지의 품종을 섞는 경우도 많다.

반면에 솔로를 고집하는 지역도 있다. 바로 또 하나의 명산지인 부르고뉴다. 이 지역은 언제나 독신을 고집한다. 화이트는 샤르도네, 레드는 피노 누아 100퍼센트로 와인을 제조한다. 포도를 섞는 이유는 한 품종으로만 담갔을 때 너무 강하게 튀는 부분을 눌러주기 위해서이다. 반면에 단일 품종으로만 담그는 이유는 다른 품종과 섞으면 그 품종의 특질이 사라지기 때문이다. 그래서 보르도와 부르고뉴는 선의의 경쟁을 한다. 서로 자기 지방의 와인이 우수하다고 설전을 벌인다. 동거가 좋으냐 독신이 좋으냐의 싸움인 것이다.

헝가리계 이민 대통령, 이탈리아계 이민 영부인, 아랍계 이민 다티 법무장관, 세네갈계 흑인 야드 인권장관……. 마치 자유, 평등, 박애의 혁명정신에 입각한 인종차별이 없는 관용의 나라를 보는 것 같다. 맞는 말이기도 하다. 외국인일지라도 인물이 뛰어나면 절대적으로 인정하는 나라가 프랑스다.

그러나 그 이면을 들여다보면, 외국인에 대한 관용도 그 인물이 철저히 프랑스화되고, 능력이 뛰어날 때 그렇다. 사르코지가 TV 토론에 나온 것을 보면, 조금도 흔들림 없이 확고한 요새 같은 인간형이란 것을 금방 느낄 수 있다. 이렇게 강하고 카리스마적인 사람에게 프랑스인들이 얼마나 약한지는 수없이 봐왔다. 프랑스인들이 그렇게 싫어하는 아랍계라도 정말 뛰어난 사람이면 서슴없이 CEO로 기용하는 경우도 많다. 실제로 다티 법무장관과 야드 인권 장관의 기용은 극우파의 인상을 심어준 사르코지 내각이 이미지 쇄신을 위해서 정치적으로 이용하고자 하는 의도도 있었을 것이다.

어쨌거나 프랑스처럼 보수적인 정치계에 이민자들이 핵심에 진출했다는 점은 많은 이민 2세들에게 꿈을 준다. 빼앗은 옛토에 나라를 세우고, 이민으로 이루어진 미국 사회에서 흑인들이 그 지위를 획득하고 각계의 중요한 자리에 진출하기까지 걸린 시간에 비하면 프랑스는 정말 단기간이다.

파리의 지하철을 타면 깜짝 놀란다. '내가 지금 프랑스의 수도 파리에 와 있는 거 맞나?' 하는 의문이 드는 것이다. LA나 오히려 북아프리카의 어느 도시에 와 있는 것 같다. 순수한 파리지앵은 얼마 없고 흑인, 아랍인, 남미인, 아시아인 등 온갖 인종이 혼합된 멜팅 폿(Melting Pot)이다.

프랑스는 대혁명의 정신에 입각해 외국의 모든 망명객을 받아주는 정책을 써왔다. 게다가 미테랑의 사회주의 정부는, 한창 벌이던 파리 재개발

사업 등의 토목공사에 부족한 노동력도 보충할 겸 과거 식민지 국민들에 대해 관대한 이민정책을 썼다. 프랑스 국적도 아주 쉽게 취득하게 해주었다. 많은 아프리카인들이 이민을 왔고, 여기에 캄보디아 보트피플들, 베트남 전쟁 난민들이 가세하였다. 미테랑 정부는 모든 외국인들에게도 사회보장제도를 적용하였다. 사실 이런 정책 덕에 1980년대 프랑스 유학생들은 많은 혜택을 입었다. 국립대학의 1년치 학비라고 해봤자 5만 원 정도, 기숙사비 5만 원 정도로 거의 공짜로 공부하다시피 했으니 말이다. 유학생 부부도 변두리의 국가임대아파트(HLM) 혜택을 이민자들과 똑같이 받았다.

그런데 3D 직업에 종사하던 외국인 노동자들이 이런 정책을 교묘하게 이용하면서 문제가 생기기 시작했다. 아이를 3명 이상 낳으면 국가임대아파트뿐 아니라 양육비, 생활비 혜택까지 받는 사회보장제도의 허점을 노린 것이다. 결국 많은 이민자 가정이 일은 안 하고 아이만 낳아 공짜로 프랑스 정부에 기생하는 비생산적인 계층으로 자리 잡게 되었다. 그러니 뼈 빠지게 일해서 낸 세금으로 이민자 가족들을 먹여 살린다 생각하니 프랑스인들이 외국인을 곱게 볼 리가 없다.

결국 지금의 프랑스는 이러지도 저러지도 못하는 총체적 난국에 빠져 있다. 2세들의 문제가 가시화되고 있는 것이다. 프랑스어를 모국어로 하고 프랑스 국적을 가지고 있지만 문화를 공유하지 않는 외국인일 뿐이며, 프랑스 사회에서는 소외된 하층민으로 살아야 하는 미래가 있을 뿐이다. 이런 스트레스를 짊어진 2세들은 냉소적이고 반항적일 수밖에 없다. 미테랑 정부가 자선하듯 베풀었던 정책이 현재 프랑스 젊은이들에게 부메랑으로 돌아오고 있는 것이다.

이 중에서도 아랍인들이 가장 심각하다. 동양인은 선천적으로 수용

성이 강한 인종이다. 어딜 가도 튀지 않고 있는 듯 없는 듯 적응하고 산다. 그러나 아랍인들은 사막의 모래바람 속에서 칼을 들고 말을 달리던 전투적인 인종이다. 역사상 유럽과 종교적으로 2,000년이란 세월을 대립하며 살아온 아랍인들은 자국 문화에 대한 충성도가 매우 강하다. 이들은 도무지 바뀌질 않는다. 로마에 오면 로마법을 따라야 하는데 로마에 와서 적반하장으로 아랍법을 주장하는 식이다.

　　　　오죽하면 유라비아(Eurabia)라는 단어가 생겨났을까? 유럽에 와서 사는 아랍인들이 아랍식 그대로 살고 있기 때문에 생겨난 신조어다. 그러다 보니 자연 프랑스인들과 충돌이 잦을 수밖에 없다. 대놓고 인종차별하지는 않지만, 겉으로는 웃으면서 절대로 자기네 사회에 끼워주지 않는다. 아랍인들 입장에서 보면 인구가 부족하고 노동력이 필요해서 불러들일 땐 언제고 이제와 독버섯 취급하느냐는 거고, 프랑스인들 입장에서는 현지 문화를 무시하고 버젓이 길거리에 차도르를 쓰고 활보하며 알라신을 모시는 아랍인들이 싫은 것이다. 게다가 별다른 직업도 없이 기생하는 이들을 추방할 수도 없다는 데 더욱 딜레마가 있다.

결국 이런저런 문제들이 곪아 터진 것이 2005년 말에 일어났던 이민자 청년들의 폭동이다. 지금은 잠잠해진 것 같지만 이는 잠시 휴면 상태일 뿐이다. 비교적 치안이 안전한 파리지만 아랍인, 아프리카인들이 몰려 살고 있는 파리 북동부 북쪽역(Gard du Nord) 주변이나 변두리(Banlieu) 임대주택 밀집지역에 가면 밤에는 차에서 내리기가 겁난다. 실제적인 위협도 있을 수 있겠지만, 일단 낯설기 때문이다.

19구에 가보면 LA의 할렘가에 온 듯하다. 아랍인들이 얼핏 보면 미국에서 본 히스패닉 같기도 하고, 흑인들도 많기 때문이다. 거리에는 자기네 고향에서 수입한 싸구려 물건들로 장사진을 이룬다. 프랑스어는 들리지도 않는다. 이곳의 공용어는 아랍어나 아프리카어. 이곳을 자동차로 가끔 지날 때마다 내 마음이 다 무거워진다. 이렇게 다른 사람들이 한마음이 되려면 도대체 얼마나 많은 세월이 흘러야 하는 것일까? 아마 몇 세대가 더 지날 때까지, 21세기가 다 가도록 프랑스는 몸살을 앓을 것이다.

다행히 프랑스에서 한국인의 이미지는 꽤 좋은 편이다. 물론 기분 나쁘게도 일본과는 그 위상 차가 크지만, 돈 잘 쓰는 관광객으로 치면 한국도 둘째가라면 서러우니 무시할 수는 없다. 게다가 프랑스는 한국인이 이민 가는 국가가 아니기 때문에 한인 사회는 주로 학생, 주재원들이 주류를 이룬다. 그러다 보니 미국이나 호주처럼 한국에서 안 풀려 도피하듯 불법

체류로 눌러앉는 사람들이 거의 없어서 경제적, 지적 수준이 높은 편이다. 물론 윤정희, 백건우 부부 같은 유명인사도 있고 학상 또는 비즈니스로 갔다가 10년 이상 장기 체류하여 영주권을 취득한 사람들도 있다. 그러나 이들 모두 어느 정도 수준이 있고 문제를 일으키는 일이 거의 없기 때문에 한국인에 대한 인식은 좋은 편이다.

이렇게 인종이 각양각색이듯 와인도 맛과 향이 모두 다르다. 마치 와인에도 인격이 있는 것처럼 말이다.

와인의 맛과 향이 각각 다른 가장 첫 번째 이유는 포도의 품종이다. 아랍인이 프랑스에 산다고 머리가 노랗게 변하지 않듯 카베르네 소비뇽이 캘리포니아에 간다고 그 DNA가 변하지는 않는다. 그 품종 그 자체의 유전적 특징이 각 지역의 토양에 따라 조금씩 다르게 표현된다.

두 번째의 이유는 포도나무가 생장하는 모든 자연적인 환경을 말하는 테루아(Terroir)다. 즉 포도원의 토양과 기후, 언덕에 자리잡았는지 평지인지, 바람은 어느 방향에서 불어오는지 등등이 모두 포도의 생육에 영향을 준다. 토양 속에 녹아 있는 미네랄의 성분이나 미생물의 종류 등도 포도의 성분을 좌우한다.

세 번째는 재배 방식이다. 같은 면적의 땅에 포도나무를 10줄 심는 것과 20줄 심는 것은 전혀 다른 결과를 가져온다. 포도가 받는 빛의 양이 다를 것이고, 땅속에서 양분을 빨아들이는 뿌리들의 경쟁이 또 다를 것이다. 게다가 포도나무 한 그루당 포도 송이를 몇 개 남기고 쳐주는가도 포도 알 속에 농축되는 여러 가지 물질의 차이를 주게 된다. 그래서 와인의 바디(Body)에도 영향을 준다.

네 번째는 제조 방법이다. 스테인리스통에서 발효시킬지 오크통에서 발효시킬지, 얼마 동안 포도즙과 껍질을 함께 두었다가 거를 것인지, 그 이후 작은 오크통에서 숙성을 시킬 것인지 그냥 스테인리스통에서 숙성시킬 것인지, 또 숙성 기간은 얼마나 둘 것인지, 그리고 여과는 어떤 방식으로 할 것인지, 병에 담은 후에는 곧 출하할 것인지 지하 저장고에서 몇 년간 묵힌 후 출하할 것인지 등등 제조자가 단계마다 결정하고 선택하는 데서 와인의 맛이 달라진다.

향기의 나라

　　프랑스는 향수 공화국이라 해도 과언이 아니다. 향의 역사는 서로 다른 성의 상대를 유혹하기 위한 역사이기도 하지만, 중세의 열악한 궁의 환기 시설을 무마하기 위한 자구책이기도 하였다. 베르사유에 화장실이 없다는 이야기는 너무도 유명하니 말이다. 왕과 아름다운 귀부인들은 겨울철에 요강으로 생리적인 문제를 해결하였다. 환기시설이 없는 궁은 거대한 화장실이나 다름없었을 것이다. 그래서 너도나도 향수로 악취를 가렸다. 귀부인들은 고래뼈로 만든 딱딱한 코르셋(박물관에서 보면 마조히스트적인 학대용 도구 같아 보인다!)으로 온몸을 조이고, 치마는 한껏 부풀리고 있어서 허리를 굽힐 수 없었으므로 모든 일을 서서 해결할 수밖에 없었다. 그리고는 속바지에

125

달린 작은 주머니에서 향수를 꺼내 마무리를 했다니…… 끔찍해라!!

프랑스는 향에 민감한 국가다. 아니 향이 난무하는 국가라고 하는 것이 맞겠다. 파리의 지하철이나 엘리베이터에 여성 몇 명이 타면 각각 다른 향수 냄새가 합쳐져 질식사할 것 같은 경우도 있다. 나도 향수를 좋아하는 편인데, 개인차는 있겠지만 동양인의 향 취향은 서양인과는 조금 다른 것 같다. 동양인들은 꽃이나 식물 등의 자연 계열의 향을 좋아하는 편이고, 서양인들은 동물 계열, 이를테면 사향이나 오리엔탈 계열을 좋아한다.

인간은 약 1천여 개의 후각 유전자를 가지고 있어서, 각 유전자에 따라 1천 가지의 냄새를 구별해낼 수 있다고 한다. 그러나 실제로는 이보다 더 많은 약 3천~1만 가지의 냄새를 인식할 수 있다는 연구가 있다. 그러나 일반인들은 훈련이 되어 있지 않기 때문에 냄새를 식별해내지 못한다. 이렇듯 일반인이 인식하지 못하는 향들을 분리하고 조합하는 전문가를 네(Nez, 코라는 뜻. 조향사를 의미한다)라고 한다. 향수업계의 소믈리에들이라고 할 수 있겠다. 네들은 절대로 자극적인 음식, 술, 담배 등을 가까이하지 않는다. 전문가가 되기 위해서는 **뼈**를 깎는 절제가 필요한 것이다.

샤넬, 니나리치, 디오르 등 전 세계의 내로라하는 명품 브랜드들의 향수 라인은 프랑스 남부 프로방스의 그라스에 있다. 니스나 캉에서 자동차로 30분 정도의 거리에 있는 이 도시는 세계 향수 원액의 60~70퍼센트를 생산하며 대부분의 주민들이 향수 산업에 종사한다. 장미 원액 1리터를 만들려면 장미꽃 3톤이 필요하다니, 프로방스 전체가 꽃밭이다. 포도원 옆에 라벤더, 장미, 미모사 등의 꽃밭이 끝없이 펼쳐진 모습은 다른 지역과는 또 다른 장관이다. 아프리카나 동남아시아, 중국, 아랍 등의 귀한 향수 원료들도 모두 이곳으로 모여든다.

    이 지역의 유명한 향수 메이커 중 유서 깊은 프라고나르(Fragonard), 몰리나르(Molinard), 갈리마르(Galimard) 등은 방문객들을 위한 견학 코스도 마련하고 있는데, 그중 프라고나르는 파리 시내 한가운데에 있는 오페라하우스 바로 옆에 향수 박물관을 운영하고 있어서 그라스까지 갈 수 없는 사람들에게 좋은 볼거리를 제공한다.

    향수에 수천 가지의 향이 있듯이 와인에도 스백 가지의 향이 있다. 향색을 노트(Note)로 표현하고, 향기 모음을 네(Nez)라고 표현하는 것도 같다. 그래서 아로마 키트는 네드뱅(Nez de Vin), 네드카페(Nez de Café), 네드코냑(Nez de Cognac) 등으로 표현한다. 같은 향이라도 와인이나 커피, 향수 등에서 느껴지는 향색의 뉘앙스가 다른 탓이다. 즉 같은 사과향이라도 와인용 키트와 커피용 키트, 코냑용 키트의 향이 조금씩 다르다. 이는 각각의 물질마다 사과향이 나도록 조합되는 화학 성분이 아주 조금씩 다르기 때문이다. 이 키트들의 향은 자연 향과는 좀 다르지만, 한국에는 존재하지 않아서 접하기 어려운 향들에 대해 기억하도록 도와준다.

    와인의 향을 표현하기는 생각보다 어렵다. 향을 구별해내는 훈련이 되어 있지 않기 때문이다. 그냥 애호가 수준이라면 굳이 어려운 향의 이름을 몰라도 충분히 즐길 수 있지만 전문가가 되기 위해서는 국제적으로 표현하는 향의 언어를 알아둘 필요가 있다. 그런데 와인과 친해지면 자꾸 향에 관심이 간다. 좋아하는 사람에 대해 궁금해지는 것처럼 말이다.

  와인의 향을 공부하다 보면, 인간의 감각이 이처럼 시각에 많이 의존하고 있었는가 하고 놀랄 때가 있다. 얼마 전, 커피 전문가인 K부부, 친구 S, L, P 등과 향에 대해 실험해볼 기회가 있었다. 모두가 와인 애호가들이어서 커피의 향과 와인의 향을 비교할 수 있는 좋은 기회였다. 우리는 알코올에 담가 만든 자연 향과 인위적인 화합물로 만든 키트의 향을 눈을 가리고 맡아보며 무슨 향인지를 알아맞히는 실험을 했다.

  그 결과 눈으로 보지 않으면 너무나 친숙한 향도 무슨 향인지 기억할 수 없다는 것, 자연 상태의 것보다는 일상생활에서 습득된 화학적인 향을 더 많이 기억학 있다는 놀라운 사실이 드러났다. 예를 들어 자연적인 오이향보

다는 오이비누의 향을 우리는 더욱 오이스럽다고 느끼는 것이다. 바나나도 마찬가지다. 자연적인 바나나보다 바나나 사탕에서 나는 향을 우리는 더욱 바나나스럽다고 생각한다.

세계에는 많은 술이 있지만 와인만큼 다양한 맛과 향이 나는 술은 없다. 포도, 그중에서도 와인을 만드는 양조용 포도 안에는 다양한 방향 성분들이 있어, 발효되고 숙성되는 과정에서 서로 부딪쳐 깨지고 합쳐지면서 수많은 향이 만들어지기 때문이다.

강의를 하다 보면 가끔 와인에 향을 집어넣는 것 아니냐는 질문을 받곤 한다. 포도로 만들었는데 사과향이 나거나 딸기향이 나니 이상할 만도 하다. 그러나 사과향이나 딸기향을 집어넣는 것이 아니라, 와인 안에서 그 방향 성분이 만들어지는 것이다. 신비롭다 아니할 수 없다. 게다가 고급 와인들은 천연 참나무로 만든 오크통에서 숙성되면서 나무향까지 조합된다. 오크통은 안쪽을 불로 그을려서 만들기 때문에 참나무 자체의 바닐린 등의 향과 더불어 토스트, 스모크, 캐러멜 등의 향이 밴다.

샤넬, 파리지앙에게 자유를 선물하다

파티에서 사람들이 어떤 여성에게 "정말 드레스가 아름답군요!"라고 말한다면 그녀는 드레스를 잘못 입은 것이다. 하지만 "정말 아름다우시군요!"라고 말한다면 그녀의 드레스는 성공한 것이다. – 코코 샤넬

사치란 가난의 반대말이 아니다. 천박함의 반대말이다. – 코코 샤넬

전 세계 여성들의 꿈, 신비로운 울림을 주는 브랜드가 바로 샤넬이다. 나처럼 정장을 좋아하지 않고 또 잘 어울리지도 않는 사람도, CC의 가방과 샤넬 라인의 오트 쿠튀르 슈트 한 벌은 가지고
싶단 생각이 드니 말이다. 코코 샤넬은 20세기 패션의 역사를 바꾼 신화와도 같은 인물이다. 그녀의 삶의 철학, 자유로운 영혼은 패션뿐만 아니라 여성사에 굵은 획을 한 줄 그었다. 수많은 명사들과의 엳문, 엄청난 성공 후에도 직접 옷을 만들던 성실함, 그리고 인생에의 열정……. 맨손으로 시작해 전 세계 여성을 매료시킨 전설은 현대 모든 파리지앵들의 멘터가 되고 있다 해도 과언이 아니다.

샤넬은 프랑스 르네상스를 풍미했던 왕가의 성들이 그림같이 서 있는 루아르 강변의 작은 마을에서 태어났다. 카베르네 프랑이라는 포도로 피크닉 와인의 대명사인 로제와인과 편안한 레드와인을 만드는 고장 소뮈르(Saumur). 어린 시절 일찍 어머니를 여의고 아버지에게도 버림받은 천덕꾸러기 가브리엘 샤넬이 세계적인 디자이너로 서기까지의 이야기는 한 편의 미니시리즈 같다.

고아나 다름없던 샤넬은 파리에 조그마한 모자가게를 오픈한다. 이것이 성공의 시작이었다. 파리에서 살롱을 열고 있던 친구 미지아 세르를 통해 사교계에 발을 들여놓게 된 샤넬은 재치와 아름다움으로 뭇 남성들과의 연애를 거듭하며 가파르게 사교계의 사다리를 오르게 된다. 20세기 초의 파리는 로트레크, 르누아르, 에릭 사티, 콜레트, 말라르메, 피카소, 콕토 등 많

은 화가, 음악가, 문인들로 북적였다. 이들에게 둘러싸여 수많은 염문을 뿌리지만 그녀의 영혼은 자유로웠고, 결혼으로 구속받는 것을 원하지 않았다. 그녀는 디자인에서와 마찬가지로 실생활에서도 모더니즘의 최전방에 서서 관습에 정면 도전하며 부르주아들의 가식적인 도덕성에 냉소를 날린 파리지앵이었다. 그래서 기자들은 그녀를 '파리의 여왕'이라고 불렀다.

아직 아르누보적인 곡선 속에 조여 있던 여성의 육체가 직선으로 편안해지고, 지난 세기의 유물인 빅토리아풍의 롱스커트 밑에 움츠려져 있던 다리는 샤넬 라인 아래로 드러났다. 복잡한 디테일은 모두 배제하고 절제된 선으로 "덜함이 더함이다(Less is More)."라는 20세기 모더니즘을 패션에 융화시킨 것도 샤넬의 업적이다.

게다가 실용성과 세련미를 추구, 남성복용 원단을 사용하거나 죽음의 상징이기 때문에 잘 쓰지 않던 검정색으로 '리틀 블랙 드레스'를 출시, 전 세계 여성들의 갈채를 받았다. 프랑스판 《보그(Vogues)》는 이 원피스를

'현대 여성의 유니폼'이라 명명할 정도였다. 높은 네크라인에, 피트되는 긴 소매, 무릎 바로 위까지 내려오는 크레이프 소재의 이 블랙 드레스는 우아한 파티에서부터 문상까지, 언제 어디에서 입어도 잘 어울리는 요술 드레스였다. 현재 파리지앵치고 검정색의 이런 단순한 미니 드레스 한 벌 가지고 있지 않는 사람이 있을까? 시대를 앞서가는 창의력과 대담성, 게다가 정확한 판단력은 샤넬의 비즈니스 우먼으로서의 정점을 보여준다.

그뿐 아니라 여성의 손에도 표정을 주었다. 손에 들던 '핸드백'에 금줄을 달아 어깨에 메자 양손이 자유로워졌다. 그리고 발꿈치가 보이는 샌들은 샤넬 라인 아래로 드러난 여성의 다리를 더욱 길고 날씬하게 보이는 효과를 주었다. 또한 인조 보석을 사용한 주얼리, 향수 등과 함께 토털 패션이라는 새로운 시대의 문을 열었다. 그녀와 함께 여성의 육체는 드디어 해방된 것이다. 87세의 나이로 파리의 리츠 호텔에서 숨을 거두기 바로 전날까지 바느질을 했던 장인, 샤넬은 남성 위주의 보수적인 사회에서 '성공한 여성만이 자유를 추구할 권리가 있다.'는 것을 누구보다 잘 알았던 여성이었다.

그 유명한 샤넬 NO.5의 사람을 끄는 듯한 향은 알데히드라는 화학물질로, 그동안 자연 향만 고집하던 향수에 샤넬이 최초로 도입한 것이다. 매릴린 먼로에게 한 기자가 "밤에 어떤 잠옷을 입고 자느냐?"고 짓궂게 질문을 하였더니, "샤넬 NO.5요!"라고 답하여 더 유명해진 향수.

알데히드는 와인에도 함유되어 있는 물질이다. 와인에는 알데히드 계열 중 아세트알데히드가 주로 들어 있는데, 일부러 산화시키는 셰리에는 일반 와인보다 더 많은 양이 함유되어 있다.

소량의 알데히드는 숙성 향인 부케가 더 잘 감지되도록 도와주기도 하고 와인에서 셰리와 같은 산화 향을 느끼게 해준다. 하지만 화학적으로 불안정한 물질이기 때문에 지나치면 와인에 좋지 않은 영향을 미친다.

패션업계가 와인에 관심을 많이 두고 있는 것은 이미 알려진 사실이다. 많은 세계적 스타들도 포도원을 사들이고 있다. 와인은 오트 쿠튀르를 닮았기 때문이다.

1994년 이래로 샤넬도 마고의 2등급 그랑 크뤼인 샤토 로장 세글라(Château Rauzan Ségla)를 소유했다. 샤넬은 이미 죽고 없지만 마고의 여성적인 우아함이 샤넬을 닮았다. 1996년에는 생테밀리옹의 샤토 카농(Château Canon)을 사들여 와인 업계의 오트 쿠튀르로 재도약을 시작하였다. 우연일지는 모르지만 마고나 생테밀리옹 지역의 와인은 여성적인 부드러움이 강조된 와인이다. 남성적인 강인함을 지닌 카베르네 소비뇽보다 샤넬스럽게 여성스런 메를로가 많이 들어간 탓이다.

샤넬이 샤토 로장 세글라와 샤토 카농을 소유하고 있듯이, 많은 명품 기업들이 와인에 관심을 가지고 있다. 왜냐하면 와인을 만들어내는 과정이 명품 브랜드를 만들어내는 오트 쿠튀르 과정과 비슷하고 또 서로의 이미지에 시너지를 주기 때문이다. 패션과 꽃, 패션과 요리가 만나는 것도 같은 맥락이다.

    이 중 가장 눈에 뜨이는 기업이 LVMH다. 루이비통으로 시작해 동 페리뇽으로 유명한 모에 샹동과 코냑의 헤네시를 사들여 대기업 LVMH로 몸집을 키우더니 크뤼그, 뵈브 클리코, 게다가 샤트 슈발 블랑, 샤토 디켐의 지분까지 소유했다. 이탈리아 명품 브랜드의 상징인 페라가모도 토스카나의 일 보로 지역에 리조트와 포도원을 소유하고 있다.

샤넬 공식 사이트

- www.chanel.fr : 칼 라거펠드가 이끄는 샤넬의 2009년 제안을 감상할 수 있다.
- www.coco-mademoiselle.com : 코코의 모델인 키이라 나이틀리와 함께 한 편의 뮤직 비디오를 보는 것 같은 아름다운 영상 몇 편과 생전 샤넬의 아파트 등을 방문해보자.

감각적인 크리에이티브 디렉터들의 사이트

명품 브랜드들의 공식 사이트보다 디자이너들의 개인 사이트는 훨씬 감각적, 예술적이라 자주 들어가본다.

- 티에리 뮈글러(Thierry Mugler) : www.thierrymugler.com
- 크리스티앙 라크루아(Christian Lacroix) : www.christianlacroix.fr
- 장폴 고티에(Jean-Paul Gaultier) : www.jeanpaulgaultier.com
- 마크 제이콥스(Marc Jacobs) : www.marcjacobs.com
- 톰 포드(Tom Ford) : www.tomford.com
- 마르탱 마르젤라(Martin Margiela) : www.martinmargiela.fr

스타들의 포도원

- **스팅** : 토스카나 필리네 발다르노(Figline Valdarno)라는 작은 마을에 포도원을 소유하고 있다. 키안티인 '일 세레스토리(Il Serrestori)', 올리브, 꿀 등을 유기농 방식으로 생산하며 느긋한 황혼을 맞고 있다.

- **주케로** : 이탈리아의 록 스타로 역시 토스카나에 포도원을 소유하고 있다. 키안티인 '엘 스피리토 디비노(El Spirito Divino)'를 생산한다.

- **밥 딜런** : 이탈리아인인 안토니오 테르니와 공동으로 마르케스 지역에 르 테라체(Le Terrazze) 포도원에서 자기 이름으로 와인을 생산한다.
  웹사이트 : www.fattorialeterrazze.it

- **코폴라 가족** : 프랑시스 코폴라 감독은 캘리포니아의 러더포드(Rutherford)에 1975년부터 도멘 니바움 코폴라(Domaine Niebaum Coppola)를 소유하고 있다. 부인인 알레오노르와 딸 로망이 함께 경영을 맡고 있다. 와인에 막내딸 소피아(Sofia)의 이름을 붙이기도 하였다.
  웹사이트 : www.niebaum-coppola.com

- **마이클 린** : 〈반지의 제왕〉 프로듀서인 마이클 린은 뉴욕 주 롱아일랜드 지역에 포도원을 매입했다.
  웹사이트 : www.bedellcellars.com

- **마돈나** : 아버지 토니 시콘과 함께 미시간의 서튼 베이에 포도원 시콘 빈야드를 운영하고 있다.
  웹사이트 : www.cicconevineyards.com

- **제롬 사바리** : 제롬 사바리 감독은 오드(Aude) 지방의 포도원을 소유하고 있다.

- **프랑시스 가브리엘** : 가수 프랑시스 가브리엘은 가스코뉴(Gascogne) 지방에 포도원을 가지고 있다.

- **뤽 베송** : 랑그도크의 두 포도원에 공동 투자하여 도멘 드 세노(Domaine de Senaux)에서 생쉬니앙(Saint Chinian)을, 도멘 알키에(Domaine Alquier)에서 포제르(Faugère)를 생산하고 있다.
  웹사이트 : www.caroux-immo.com

- **크리스토프 랑베르** : 소피 마르소의 연인인 배우 크리스토프 랑베르(영화 〈하이랜더〉로 잘 알려져 있다)도 코트 뒤론의 도멘 라그랑 리브(Domaine La Grand' Ribe) 보글뤼즈에 생세실 레 비니유(Sainte-Césile-les-Vignes), 메독 지역의 샤토 투르 세랑(Château Tour Séran)에 지분을 가지고 있다.

- **캐롤 부케** : 〈007 포 유어 아이스 온리(For your Eyes Only)〉에 로저 무어의 본드 걸로 출연했던 여배우 캐롤 부케. 남편인 제라르 드파르디외와 뤼삭 생테밀리옹의 샤토 라크루아 드 페롤리(Château de La Croix de Peyrolie)를 공동 운영했었는데, 2005년 이혼하면서 최근 지분을 뺐다. 랑콤의 영원한 모델 이자벨라 로셀리니의 적극적인 권유로 자신의 고향인 시실리의 작은 섬 판텔레리아에 포도원을 샀다. 여기서 생산하는 와인은 모스카토 파시토 디 판텔레리아(Moscato Passito Di Pantelleria)로 브랜드명은 상그도로(Sangue d' Oro)로 캐롤 부케만큼이나 매혹적이다.

- **제라르 드파르디외** : 캐롤 부케의 전 남편이자 유명한 프랑스 배우 제라르 드파르디외는 가장 성공적인 와인 생산자이다. 30세부터 부르고뉴에 1헥타르의 포도원을 구입하더니, 1989년에는 앙주 지역에, 이어 메독의 샤토 가데(Château Gadet), 뤼삭 생테밀리옹에 샤토 라크루아 드 페롤리를 운영하고 있다. 이에 멈추지 않고 모로코, 스페인, 아르헨티나, 알제리 등에 투자하고 있으며, 오메독과 랑그독에도 포도원을 사들이고 있다

- **클리프 리처드** : 영국 여왕에게 기사(Sir) 칭호를 받은 왕년의 팝스타 클리프 리처드는 친구와 함께 포르투갈에 포도원을 사들여 노후를 보내고 있다. 화이트와인인 '비다 노바(Vida Nova)'는 영국에서 꽤 인기 좋다고 한다. 포도원의 이름도 '가수의 와인 저장고'이다.

- **올리비아 뉴튼 존** : 호주의 스타답게 그녀가 생산하는 와인의 이름은 '코알라 블루(Koala Blue)'이다.

- **그렉 노먼** : 호주는 쉬라즈를 우수 품종으로 만든 국가이다. 골퍼 그렉 노먼 역시 쉬라즈에 총력을 기울였고, 성공적인 생산자의 반열에 올라 있다.

- **어니 엘스** : 남아공 출신의 골퍼 어니 엘스는 자신의 고향에서 보르도 스타일의 와인을 생산한다.

- **안젤리나 졸리와 브래드 피트** : 브란젤리나 커플은 남프랑스의 아름다운 프로방스 지역의 도멘느 드 미라발(Domaine de Miraval)에 400헥타르의 포도원이 딸린 저택을 구입했다. 이 저택은 예전에 핑크플로이드, 오아시스, 사드 등이 음반 작업을 했던 곳이기도 하다.

파리는 로드샵이
천국이다

　　파리는 국제적 명성치고는 아주 작은 도시이다. 물론 주변의 위성도시들까지 친다면 세계적인 대도시에 걸맞게 광활하다. 그러나 오래된 파리는 옛 성곽을 따라 건설된 도시순환도로인 페리페릭(Périférique)*으로 둘러싸여, 북단에서 남단까지 서너 시간 맘먹고 천천히 걸을 수 있는 거리이다.

　　유명한 관광 명소들은 역사를 머금은 유물일 뿐이고, 파리의 진짜 얼굴들은 그 이정표들을 잇고 있는 작은 뒷길들에 숨어 있다. 게다가 백화점은 한국과는 의미가 많이 달라서 백 가지 잡동사니들을 파는 상점일 뿐이

* 페리페릭 : 1973년에 완공된 이 외곽 순환도로는 옛 파리의 성곽을 따라 35.04킬로미터에 이르며, 파리 구시가지와 이웃의 위성 도시들 사이에 뚜렷한 경계를 이룬다. 시계방향(서쪽으로 향함)이 내부도로로 파리 구시가지를 향하고, 시계 반대방향(동쪽으로 향함)은 외부도로로 외곽으로 나간다. 34개의 출입구가 있어서 이 중 동서남북의 중요한 몇몇 문에서 지방으로 연결되는 고속도로 및 국도가 출발한다.

고 정말 좋은 물건들은 로드숍에 있다. 관광버스 타고 파리를 백 번 가도 이 도시를 알 수 없다. 걸어 다녀야 파리의 진면목을 볼 수 있는 것이다.

북쪽에서 가장 매력적인 거리를 꼽으라면 그중 하나가 마들렌(Madeleine) 광장 주변에서 뻗어나가는 길일 것이다. 마들렌은 콩코르드 광장 뒤편에 있는 그리스 양식의 성당인데, 성당을 중심으로 사방이 장방형으로 펼쳐진 광장으로 눈요기할 상점들이 많이 있다.

유명한 와인 유통사인 니콜라(Nicolas), 식품업체인 포숑(Fauchon), 에디야르(Hediard), 예술의 경지에 있는 명품 크리스털 바카라(Baccarat) 매장, 그리고 마들렌 성당 정면에서 콩코르드 쪽으로 가는 로열가(Rue Royale)에는 그 유명한 샤넬과 피에르 가르뎅이 소유한 레스토랑 막심(Maxime's)이 있다. 그 사이에 바카라만큼 유명한 크리스털 라리크(Lalique)가 자리 잡고 있다.

그 맞은편 길 건너에는 파리에서 가장 유서 깊은 플라워숍인 라 숌(La Chaume)이 있다. 파리에서 가장 오래되고 부르주아적인 꽃다발의 상징으로, 크리스티앙 토르튀 같은 사업가적 이미지와는 다른 오트 쿠튀르의 향기를 풍기는 플라워숍이다. 생화는 라숌이 유명하고, 마들렌 쪽으로 조금 올라가다 보면 명품 조화숍인 시아(Sia)가 있다. 한국과는 달리 유럽은 조화

에도 아트적인 의미를 부여한다. 어쩌면 메이드 인 차이나일지도 모르는 꽃들인데(패션을 비롯해 모든 명품에 이런 소문이 있다) 왠지 분위기가 다른 이유는 디자인과 선택하는 눈이 틀려서일 것이다.

    광장에서 오페라하우스 쪽으로 뻗는 큰길이 마들렌 대로(Bd. Madeleine)인데 여기 3번지가 파리에서 가장 큰 와인숍인 라비니아(Lavinia)이다. 라비니아는 전 세계 와인들을 수입하고 와인 테스팅, 강의 등도 자주 개최한다.

    샤넬 매장 옆의 작은 골목으로 조금만 들어가서 기역 자로 꺾어지면 믿을 수 없을 정도로 예쁜 숍들이 뒷골목에 들어 차 있다. 바로 갤러리 로열(Gallerie Royale)이다. 천장이 막힌 길을 갤러리라고 하는데 파리에는 몇 군데 없다. 럭셔리숍은 아니지만 오래된 레이스 가게, 작은 티 살롱, 모자 가게 등 마치 디즈니랜드에 온 것 같은 착각이 들 정도다. 요즘은 청담동이나 삼청동, 홍대 앞 등에도 깜짝 놀랄 정도로 감각적인 숍들이 많아졌지만, 예전에는 파리에 갈 때마다 이곳에 들러 사진 찍느라 정신없었다. 더욱 예술적인 갤러리를 보고 싶다면 오페라하우스에서 몇 블록 떨어진 갤러리 비비안(Gallerie Vivienne)에 가보라고 권하고 싶다.

바로 이 마들렌 광장에서 직선으로 로열가를 가로질러 콩코르드 광장 쪽으로 오다가 샹젤리제와 나란히 뻗은 길이 그 유명한 포부르 생토노레(Faubourg Saint-Honoré)다. 에르메스(Hermés)나 랑뱅(Lanvin), 크리스티앙 라크로아(Christian Lacroix), 샤넬 등의 럭셔리 숍들이 즐비한 새로운 트렌드 거리다. 이 길 55번지가 프랑스 대통령 관저인 엘리제 궁이다. 엘리제 궁은 루이 15세의 애첩이었던 퐁파두르 후작 부인의 소유였던 탓에 섭정시대와 로코코적인 부드러움으로 잘 다듬어진 건물이다.

　　한국에서 내로라하는 패션 디자이너들이 시즌마다 들러 파리의 트렌드를 살피고 가는 곳도 이곳이다. 아브뉴 몽테뉴(Avenue Montaigne)가 최상위 럭셔리의 집합지라면, 포부르 생토노레는 각 분야의 다양한 트렌드가 복합적으로 모여 총체적인 물결을 보여주는 것이 특징이다.

　　콩코르드 광장과 마들렌 사이의 짧은 길이 로열가인데, 여기에 파리 벨 에포크(Belle Epoque)* 시대의 상징인 레스토랑 '막심'이 있다. 20세기 초 아르누보의 인테리어로 유명해 장식미술사 책에도 언급되는 바로 그 레스토랑이다. 패션 디자이너인 피에르 가르뎅이 외식산업에 관심이 많아 1981년에 인수하여 요리학교와 함께 운영하고 있다. 지금은 베이징이나 도쿄에

* 벨 에포크 : 프랑스 제2제정이 몰락한 이후부터 1차 세계대전 전인 1870~1914년까지의 시기로, 걱정도 없고 진보에 대한 믿음으로 충만했던 시기를 전후에 일종의 향수를 지니고 돌아보던 표현. '아름다운 시절'이라는 뜻.

까지 체인이 생기는 등 관광 레스토랑으로 전락했지만, 아르누보 작품 수집가인 피에르 가르뎅의 노력으로 하드웨어만큼은 작은 장식미술 박물관이라 해도 과언이 아니다. 아르누보의 특이한 곡선들, 스테인드글라스에 반사되는 불빛, 별 실용성이 없을 것 같은 가구들로 가득 찬 이곳에 가면 마치 '이상한 나라의 앨리스'가 된 듯한 느낌.

노르망디의 작은 도시에서 공부하던 시절에는 마들렌 주변의 카페에 가면 상상의 나래를 펴곤 했었다. 칼바도스의 작은 도시에서 온 가난한 유학생 신분으로 부르주아적이고 클래식한 리브 드루아트의 생활을 상상하는 것은 달콤했다. 성냥팔이 소녀가 창문 너머로 단란한 가정의 불빛을 들여다보던 심정이랄까? 노르망디의 작은 도시에서 공부하던 나에겐 용돈을 모아 어느 금요일에 드레스 갖춰 입고 막심에서 저녁을 먹어보는 것이 하나의 목표가 되었던 적이 있었다.

그 시절에는 못했지만, 훗날 경제력이 생겨 파리에 출장 다닐 때면, 꿈꾸었던 일들을 한 번씩 해보았던 기억이 난다. 파리에서부터 BMW를 빌려 노르망디 벌판을 마구 달려본다거나 막심에서 저녁을 먹어본다거나……. 그런데 사실을 고백하자면 그냥 그랬다. 생각보다 즐겁지 않았던 것은 왜일까?

꿈은 꿈이어서 아름답기 마련이다. 좋은 것, 갓있는 것이 널린 지금의 세상에 사는 내가 타임머신을 타고 그 시절로 돌아가보았자 그때 느꼈던 달콤한 꿈을 다시 살 수는 없다. 반대로, 설사 내가 재벌의 딸이어서 그 시절에 마구 그 생활을 즐겼다 해도 결과는 마찬가지일 것이다. 결국 꿈은 가질 수 없는 것에 대한 환상이 존재할 때만 달콤한 것이기에…….

파리에서 대중교통 이용하기

지도

지도는 살 필요도 없다. 프랭탕이나 갤러리 라파이예트 백화점의 공짜 지도만 있으면 만사 OK이다. 이 지도들은 공항이나 역, 호텔 등에서 얼마든지 공짜로 제공된다. 일단 접힌 것을 한 번 펴면 파리의 지하철 노선표가 있고, 지면을 다 펴면 파리 지도다. 파리는 도시의 주소 정비가 잘되어 있는 데다 아주 정확해서 이 지도 한 장이면 네비게이션 없이도 어느 곳이건 정확히 갈 수 있다.

내가 처음 프랑스에 가서 가장 놀란 것이 이 지도였다. 공짜 지도가 이토록 정확하게 세밀한 골목 하나하나까지 다 표현한 것에 감탄했고, 요즘은 20년이 훨씬 지난 지금에도 거의 바뀌지 않았다는 것에 또 놀란다.

지하철(Métro)과 버스

파리의 주된 대중교통수단은 버스보다 지하철이다. 거미줄처럼 연결되어 있어 모든 노선이 어딘가에서 거의 한 번은 만나게 되어 있다. 그만큼 갈아타는 횟수가 적고, 역에서 역까지의 거리가 가까워 파리 시내 곳곳에 전철이 안 닿는 곳이 없다. 아무 곳에서나 50미터 정도 거리에 반드시 지하철역이 있다고 보면 된다.

서울 지하철의 시스템을 프랑스에서 수입했기 때문에 어렵지 않게 익힐 수 있다. 그러나 쾌적한 서울에 비해 100년 이상 된 파리 지하철은 음산하고, 인종도 가지각색에 전동차 안도 좁다. 게다가 1등칸과 2등칸이 나뉘어 있으므로, 티켓에 따라 타야지 검표원에게 걸리면 벌금을 문다. 또한 검사하지 않는다고 무임승차했다가는 망신살(파리 검표원들은 거의 유대인 잡는 게슈타포 수준이다!)에 벌금도 티켓 값의 열 배이다.

티켓은 지하철과 버스를 함께 이용하는데, 지상에는 파는 곳이 없으므로 지하철역에서 구입해야 한다. 학생이 아닌 경우 한 장씩 사면 매우 비싸다. 10장 묶은 것은 카르네(Carnet)라고 해서 좀 더 저렴하지만, 이삼 일을 머물더라도 일주일 권인 카르트 도랑주 엡도마데르(Carte d'Orange

145

Hebdomadaire)를, 하루 이틀 정도면 조금 비싸도 파리 시내 모든 대중교통수단을 무제한 이용할 수 있는 파리 비지트(Paris Visit)를 사라고 권하고 싶다. 관광객은 하루에도 아주 여러 번 지하철을 이용하게 되므로, 이삼 일에도 10장은 훌쩍 넘어버리기 때문이다. 자세한 교통, 숙박 정보는 파리 한국 교민 사이트를 참고하도록 한다.

도시고속철도(RER)

파리 시내와 교외, 일드프랑스의 가까운 도시를 연결하는 고속전철로, 지하철역과 연계되어 있다. 지하철보다 더 깊은 땅속을 달리므로 속도가 빠르고 서는 역이 많지 않다. 즉 지하철계의 KTX라고 보면 된다. A, B, C, D, E 5개의 노선이 파리 외곽으로 연결되는데 각 존(Zone)마다 요금이 달라지며, 종착역이 중간에 나뉘기도 하므로 방향을 잘 보고 타야 한다.

:: **A노선** : 파리를 동서로 횡단. 라데팡스와 유로 디즈니랜드행
:: **B노선** : 샤를 드골 국제공항행
:: **C노선** : 파리를 좌안으로 반 바퀴 돌아 오를리 공항에서 베르사유까지
:: **D노선** : 파리를 남북으로 횡단해서 위성도시 연결
:: **E노선** : 파리 시내 생라제르역부터 동쪽의 위성도시 방면

기차(SNCF)

프랑스는 평원이다 보니 철도가 발달된 나라이다. 고속도로도 잘되어 있으나 고속버스는 없다. 파리에서 출발하면 유럽 어느 나라나 기차로 갈 수 있다. TGV는 입석이 없으므로 반드시 좌석을 예약해야 한다. 인터넷이나 자동 기계를 사용하기에는 무리가 있으므로 기차역에 따로 마련된 예약실(Ré

servations)에 가서 여행 날짜, 목적지, 시간, 좌석 등을 예약한다.

프랑스의 일반 기차는 특이한 제도로 운영된다. 전 세계에서 유일하게, 예약 없이 기차표를 두 달간 아무 때나 이용할 수 있다. 즉 기차표에 유효기간만 표시되어 있다. 그래서 사용하는 당일에 플랫폼으로 나가 자동기계에 기차표의 한 귀퉁이를 넣어 날짜와 시간을 찍는다. 이를 콩포스테(Composter)라고 하는데, 일종의 기차표 사용 사인이라고 보면 된다. 콩포스테를 하면 티켓을 사용했다는 증거가 남음으로 표를 다시 사용하는 일이 없게 하는 것이다.

6개의 기차역이 있는데, 프랑스 및 유럽 각 지역의 목적지에 따라 다른 곳에서 출발한다. 서울에서 KTX를 탈 때 경상도는 서울역, 호남선은 용산역에서 출발하는 것과 같다고 보면 된다.

:: **생라제르역(Gare de Saint-Lazaire)** : 파리의 북서쪽 노르망디나 브르타뉴 방면
:: **몽파르나스역(Gare de Montparnasse)** : 남서쪽 르망, 낭트 방면
:: **리용역(Gare de Lyon)** : 남동부의 리용, 디종, 프로방스, 이탈리아, 스위스 제네바 방면
:: **오스테를리츠역(Gare d' Austerlitz)** : 남서부의 툴루즈, 스페인 방면
:: **동역(Gare de l' Est)** : 프랑스 동부의 낭시, 스트라스부르, 남부 독일 방면
:: **북역(Gare du Nord)** : 도버 해협의 바닥을 건너 영국까지 가는 유로스타, 릴, 칼레, 벨기에, 독일, 네덜란드 방면

인터넷 예약 : www.tgv-europe.com/en/home/ ww.tgv.com/EN/index_HD.html
각종 철도 정보 : www.sncf.com

택시

한국처럼 편하게 아무 데서나 빈 택시를 보고 손을 흔든다고 서는 게 아니다. 지정된 택시정류장(Station de Taxi)에서만 탈 수 있으며, 전화로 예약하면 바로 집 앞까지 와서 대기한다. 역이나 지하철 주변, 대로변, 교차로 등에 정류장이 있다.

짐은 트렁크에 따로 실어야 하는데, 짐 1개당 5유로 정도의 추가요금이 가산된다. 조수석에는 손님을 태우지 않으므로 최대 인원 3명까지만 탈 수 있다. 하나 흥미로운 점은 사회복지 차원에서 독거노인들에게 택시 운전사들이 장을 봐다 전달하기도 한다는 것이다.

이외의 여러 가지 정보는 다음 사이트를 참고할 것.
파리한국교민사이트 : www.francezone.com
파리 교통공사 사이트 : www.ratp.info/informer/reduction_solidarite.php (맨 위의 바에서 영어로 선택)

파리에서 3일간 머무를 기회가 온다면

　느린 시간 속에 사는 파리는 아직 '빨리빨리'의 서울 생활보다 불편한 점들이 많다. 오래 살다 보면 가족 단위 캠핑이나 콘도 등 바캉스의 천국이지만, 짧은 시간을 임펙트하게 보내기엔 개인이나 친구와 가는 것이 파리를 즐길 수 있는 방법이다.

　그런 가정하에 아주 타이트한 일정으로 잡아보았다. 루브르나 베르사유에서 하루를 보내거나, 파리의 관광명소만 도장 찍고 다니는 일정은 권하지 않는다. 루브르는 파리에 일주일 이상 머물 경우 공부도 좀 한 후 하루나 이틀을 완전히 거기에 몰입하여 할애하면 몰라도, 하루 중 잠깐 눈도장 찍으러 들어가기엔 시간이 아깝다. 그런 사람들은 모나리자 보고 실망을 금치 못할 것이다.

숙소

몽마르트르에 있는 한국인 호텔을 이용하거나 더 저렴하게 묵으려면 민박을 이용하자. 이왕 파리에 왔으니 엘리베이터가 삐거덕거리는 전통적인 파리 호텔에서 묵는 것도 좋다.

내가 잘 가는 16구의 작고 예쁜 호텔이 있다. 호텔 니콜로(Hôtel Nicolo)다. 별 2개짜리 호텔이지만 16구의 별 2개는 다른 지역의 별 3개만큼 깨끗하고 편하다. 샹젤리제와 트로카데로에서 5분 거리이며, 쇼핑의 거리인 파시(Passy)가 바로 옆 골목이라 매우 편리하다. 바로 근처에 할인마트도 있고, 근처에 '우정'이라는 한국 식당도 있다. 지하 주차장이 있어 원하면 15유로에 사용할 수 있다. 이 호텔에서 내가 가장 좋아하는 방은 홀 구석에 있는 (Rez-de-Chaussée)의 4호실과 2층의 11호실이다. 꼭 방을 지정해서 묵어보길…….

보통 전통적인 파리 호텔은 아침식사가 포함되어 있지 않은데, 프랑스의 아침식사는 20유로를 내보았자 커피와 빵밖에 나오지 않는다. 이거 이틀 모으면 웬만한 레스토랑에서 멋진 저녁식사를 할 수 있다! 나는 근처의 슈퍼에서 커피, 과일, 과자 등을 사서 아침을 해결한다. 그래서 여행 때는 반드시 전기포트를 가지고 다닌다. 대신 샴푸, 린스, 비누 등은 현지에서 구입해서 쓰다가 놓고 오면 짐을 덜 수 있다. 어느 지역이건 중간형 할인마트인 모노프리(Monoprix)나 샹피용(Champion) 등이 있으므로 호텔에 문의한다.

호텔 니콜로(Hotel Nicolo)
주소 : 3 Rue Nicolo, 75116 Paris | 전화 : 01 42 88 83 40 | 팩스 : 01 42 24 45 41 | 지하철 : Passy-Muette

물랭 호텔(Hotel du Moulin) : 한국인이 운영
주소 : 3 Rue Aristide Bruant, 75018 Paris | 전화 : 01 42 64 33 33 | 팩스 : 01 46 06 42 66 | 웹사이트 : www.hotelmoulin.com

첫째 날

아침에 일찍 일어나 간단히 커피와 빵으로 아침을 해결하고 8시쯤 호텔을 나선다. 아침의 한가한 시간에 파리의 공원을 산책하는 것은 기분 좋은 일이다. 튈르리나 뤽상부르 공원의 커다란 가로수 사이를 걸어보자. 날씨가 좋은 계절이면 포슈(Foch)가의 가로수 길도 무척 아름답다. 좀 멀지만 블로뉴나 뱅센 숲도 아름답다. 파리 시내를 관통하는 버스를 타고 파리지앵들이 시작하는 아침을 구경하는 것도 재미있다.

일단 리브 드루아트부터 시작한다. 마들렌과 오페라 거리, 근처의 파사주(Passages)들을 보다 보면 오전 시간이 거의 다 갈 것이다. 이후 오페라 거리에서 버스를 타고 생미셸로 이동한다.

점심은 생미셸이나 생제르맹 거리의 오래된 카페에서 '오늘의 요리(Plat du Jours)'를 와인 한 잔이나 맥주 한 잔과 먹어보자. 시간이 아깝더라도 길거리 샌드위치는 별로 권하고 싶지 않다.

오후에는 생미셸 근처에 모여 있는 노트르담 사원, 소르본과 팡테옹을 보고 뒤쪽의 무프타르(Rue Mouftard) 거리를 걸어서 쭉 내려갔다가 다시 올라온다. 이국적인 가게들, 카페, 레스토랑, 옷가게들이 즐비한데 별로 건질 것은 없지만 파리의 북적대는 뒷골목을 감상할 수 있다. 이 길거리에 수레를 놓고 파는 과일상도 있으니, 여름에는 꼭 체리 한 봉지를 사서 먹으면서 다니자. 한국보다 정말 싸다.

이상하게 파리에서는 걷는 것이 힘들지가 않다. 눈에 보이는 것이 많고, 상대적으로 공기가 맑은 편이어서 그런 것 같다. 조금 힘들면 〈다빈치 코드〉에 나오는 생쉴피스 성당 광장에 있는 카페 테라스에서 카페오레나 쇼콜라를 마시며 성당을 바라보는 기분도 괜찮다. 시간이 멈춘 듯한 느낌을 가질 수 있다. 너무 고즈넉한 것이 싫으면 생미셸 광장의 카페도 좋다. 이곳 테라스에서는 센 강과 북적거리는 사람들을 바라볼 수 있다. 시간이 남으면 멀지 않은 레알에 가거나 오르세 박물관을 가보자.

저녁에 프랑스 요리가 안 땡기면, 이탈리아식 피자를 먹거나 이국적인 요리도 한번 먹어본다. 나는 파리에 가면 레바논이나 그리스 요리를 먹기도 한다. 올리브나 요구르트 베이스의 한국인 입맛에 맞는 요리들이 많다. 아니면 아랍식 쿠스쿠스도 한번 먹어보자.

밤늦게까지 다니고 싶다면 생미셸의 라티노 바나 카보드 라 위셰트를 방문해보기 바란다. 문화적 충격을 느낄 수 있다.

추 천 레 바 논 레 스 토 랑

루브난(Loubnane)
가격 : 20유로 정도 | 주소 : 29 Rue Galande, 75005 Paris | 전화 : 01 43 26 70 60

로제 드 베이루트(Roger de Beyrouth)
가격 : 18유로 정도 | 주소 : 103 Rue Monge, 75005 Paris | 지하철 : Censier-Daubenton

둘째 날

오전에 몽마르트르 근처의 예술가들 거리와 벨빌 쪽 시테 에르미타주에서 사진을 찍으라고 권하고 싶다. 옷감이나 레이스에 관심이 많은 사람들은 몽마르트르 바로 아래의 옷감 시장을 구경하자. 면, 실크, 레이스 등 거의 한국의 동대문종합상가 같다.

점심은 한국 사람들이 좋아하는 홍합요리 전문점인 레옹 드브뤼셀(Leon de Bruxelles)에서 물 마리니에(Moules Mariniers)나 페트시 소스와 치즈에 그라탕한 홍합요리를 맛보자. 가끔 1+1 행사를 하는 요리도 있으니 물어보도록 한다. 스테이크를 먹고 싶으면 체인점인 비스트로 로맹(Bistrot Romain)이나 갈비살 스테이크 전문점에 가서 프렌치 프라이드와 함께 프랑스식 점심을 먹어도 좋다.

예산이 없다면, 대학 식당을 경험하는 것도 좋은 일이다. 파리에는 여러 곳의 대학 식당이 있어 저렴한 가격에 프랑스 요리(맞다!)를 맛볼 수 있다.

대학 식당이라고 질이 아주 떨어진다고 생각하면 안 된다. 정부 보조금이 빵빵해서 꽤 먹을 만하다.

오후에는 리볼리나 생토노레에서 아이쇼핑, 팔레 루아얄(Palais Royal) 베푸르 식당도 슬쩍 들러보자. 카루셀 드 루브르에서 전시하는 게 있으면 들어가도 좋다. 방돔 광장 쪽으로 와서 리츠 호텔도 들어가보면 좋겠지만 여기 경비들이 만만치 않다. 허름한 여행복으로 들어가기엔 너무 문턱이 높다. 반면 콩코르드 광장에 있는 호텔 카리용이나 뫼리스 등은 별 문제 없으니 레스토랑이나 실내 장식을 구경하는 것도 좋다. 호텔 카리용은 플라워 데코레이션 강좌도 열고 있어 미리 예약하면 1회 강의도 들을 수 있다. 리츠 에스코피에의 와인 강좌 1회도 좋다. 팔레 드 도쿄에 가서 현대미술의 흐름을 감상하는 것도 나쁘지 않다.

3시 이후쯤, 멀지 않은 자크마르 앙드레 박물관에 가보길 권한다. 베르사유 대신 고전적인 장식미술을 맛 볼 수 있다. 그리고 이곳의 오래된 부르주아의 식당의 프레스코화 아래에서 홍차나 쇼콜라 한 잔 마시는 것도 잊지 말자.

저녁은, 느끼할 때가 되었으니 한국 식당에서 만둣국을 먹거나 오페라

거리의 일본 식당에서 우동을 먹는 것도 괜찮다. 그리고 파리에 갔다면 꼭 공연 하나는 보자. 《파리스코프》를 참고하면 한 주 동안 파리에서 하는 모든 공연 정보를 알 수 있다. 가르니에나 바스티유 오페라하우스에서 운이 좋으면 줄 서서 기다렸다가 시작 몇 분 전에 파는 입석표를 사서 유명한 공연을 싼값에 볼 수 있는 절호의 기회를 만날 수도 있다. 옷을 갖추어 입어야 할 경우가 있으니 참고하기 바람. 공연을 관람할 경우는 이른 저녁에 간단한 요기를 하고 식사는 공연 후에나 먹을 수 있을 것이다. 파리의 식당들은 오후 7시나 7시 30분 이전에는 거의 문을 열지 않는다.

셋째 날

아침을 일찍 먹고 파리에서 조금 떨어진 곳을 다녀오자. 모네의 정원이 있는 지베르니(Giverny)*에 가는 것도 좋지만 우리는 와인 애호가이므로 샹파뉴를 권한다. 동쪽 역(Gare de l' Est)에서 기차를 타거나 자동차로 1시간 정도 가면 샴페인의 명산지인 샹파뉴에 도착한다. 에페르네역에 내려서 택시를 타면 오빌레에 도착한다.

언덕 위에 꼬불꼬불 올라가 있는 아주 작고 예쁜 마을이다. 수도원과 성당 안의 동 페리뇽 무덤을 보고 근처에 있는 모에에 샹동 포도밭을 산책하면 프랑스에서 가장 중요한 와인 산지 한 곳을 견학하는 것이다. 수도원 옆에 있는 샴페인 양조장도 방문할 수 있다. 점심은 수도원 바로 위의 레스토랑 아베이에(Restaurant d' Abbaye)에서 먹어보자. 작은 오빌레 마을이 모두 내려다보이는 테라스가 일품이다.

오후에는 에페르네 시내로 내려와 샹파뉴가(Avenue Champagne)로 가자. 세계에서 가장 유명한 샴페인 회사들이 다 모여 있다. 모에에 샹동과 메

---

* 지베르니에 가려면 우선 생나제르(Gare de Saint-Nazaire)역에서 루앙르아브르(Rouen-La Havre)행 열차를 타고 베르농(Vernon)역으로 간다. 45분 정도 걸린다. 여기에서 지베르니는 7킬로미터 정도 되는데, 역 앞에서 택시를 타면 12유로 정도 나온다. 모네의 정원 입장료는 6유로.

르시에 등의 카브를 관람해보자(물론 관람료가 있다). 메르시에는 엘리베이터를 타고 지하로 한참 내려가 가이드와 함께 기차로 관람한다. 오래된 샹파뉴의 석회암 자연동굴이 어마어마하고, 습도가 높아 물이 뚝뚝 떨어진다. 관람이 끝나면 지상으로 올라와 시음도 한잔한다. 파리에는 늦은 오후에 도착할 수 있다.

저녁은 좋은 레스토랑에서 신선한 와인과 함께 파리의 마지막 밤을 느긋하게 즐겨보길 권한다. 고급 레스토랑은 정장에 넥타이가 필수이므로 호텔에 들러 갈아입고 외출한다. 좋은 와인과 요리를 정말 파리지앵처럼 오랜 시간 맛보기 바란다.

며칠 정도 더 있는대면

에트르타(Etretat)에 다녀와도 좋다. 파리에서 A13 고속도로를 달려 205킬로미터 정도 거리에 에트르타의 절벽 알바트르(Albatre)가 바다를 향해 우뚝 서 있다. 언제 봐도 자연의 숭고함을 느끼게 해주는 이곳에는 바다와 바람과 갈매기 소리만 들린다. 절벽 언덕 위에서 망망대해를

• 주소 : Rue de l' Eglise, 51160 Hautvillers | 전화 : 03 26 59 44 79 | 팩스 : 03 26 59 45 36 |
웹사이트 : www.abbayehautvillers.org

바라보며 골프를 즐길 수도 있다. 시즌별로 가격이 다르다. 18홀 35~65유로. 아침 일찍 떠나면 하루 만에 돌아올 수 있는 거리다.

　　남쪽으로 루아르 지역을 방문해도 좋다. 파리에서 투르까지 230킬로미터 정도 되지만 TGV를 타면 1시간 정도 걸린다. 투르를 중심으로 아름다운 앙제, 소뮈르 등의 도시와 샹보르, 슈농소 같은 왕족들의 고성이 마치 꿈처럼 서 있고, 포도원들도 많다.

골프 데트르타(Golf d'Etretat)
주소 : Route du Havre, 76790 Etretat | 전화 : 02 35 27 04 89 | 팩스 : 02 35 29 49 02 |
이메일 : golf.d.etretat@wanadoo.fr

Story 2
와인빛 파리를 산책하다

명품 포도나무를 만드는 프랑스인들

프랑스는 유럽 최초로 국립우주개발센터를 만들어 툴루즈와 파리 근교, 남미 가이아나에 우주센터를 보유하고 있고, 군용기 미라주, 민간항공기 에어버스와 팔콘, 헬리콥터, TGV 등 첨단 산업을 총망라해서 알짜로 가지고 있다. 게다가 포도 재배나 치즈 같은 농업도 주요 산업이다.

그런데도 우리는 이런 것들에 대해서는 이야기하지 않는다. 누구나 프랑스 하면 명품 이야기만 들먹인다. 김태희가 공부도 잘하고 집안도 좋고 연기도 잘하는데, 다들 김태희 얼굴 예쁜 것만 말하는 것과 다를 게 없다. 프랑스가 그동안 쌓아온 이미지가 왠지 공학이나 농업의 분위기와 안 어울려 사람들의 관심 밖으로 밀려난 것 같다. 럭셔리 마케팅 정책이 가장 선두에 있었던 탓이다. 파리는 패션뿐 아니라 모든 라이프스타일 자체를 포장해서 팔았는데, 이것이 국가 이미지로 굳어졌다.

이런 프랑스에는 포도나무도 명품이다. 전 세계에서 내로라하는 명품 와인을 만드는 포도들은 어김없이 프랑스가 원산지다. 와인에 대해 잘 모르는 사람들도 한 번쯤은 들어보았을 카베르네 소비뇽, 샤르도네, 피노 누아……. 이런 것들의 국적이 모두 프랑스인 것이다.

중세시대 성직자들은 귀족 자제들로 구성된 최고의 지식 집단이었다. 게다가 수도사들은 철저한 금욕생활과 단체생활을 하였으므로, '쾌락'이 제외되니 남는 시간은 공부나 노동 외에는 달리 할 일이 없었다. 게다가 월급도 안 나가는, 고급 노동력으로 이루어진 거대한 연구소였던 것이다.

그들은 땅과 기후와 포도와의 상관관계를 일일이 조사하고, 어떤 땅에서 어떤 포도가 잘 적응하는지를 연구하고 심지어는 흙을 먹어보기까지 하였다. 과학적 기술이 없었던 당시의 지층 토양 연구가 현재 레이저로 땅속을 찍은 것과 별 차이가 없다니 놀라울 따름이다. 모든 명품들이 중세 수공업자들의 장인정신을 이어받았듯이, 수도사들의 장인정신이 오늘날의 프랑스 명품 와인을 만들었다. 근세에 들어 보르도나 부르고뉴의 학자들이 포도 품종들을 접목하고 개량하면서 세계 최우수 품종들을 만들어낸 것이다.

1492년 콜럼버스가 아메리카 대륙을 발견했을 때(물론 그는 이곳이 인도인 줄 알았지만), 그들이 처음 본 것은 바로 씩씩하게 자라고 있는 야생 포도나무였다. 당연히 환호를 질렀을 것이다. 한국인들이 몇 달을 항해해서 아프리카에 닿았더니, 여기저기 벼가 자라고 있는 것을 발견한 거나 같았으리라. 안 그래도 오랜 항해로 물은 썩어버리고, 산화되어가는 와인으로 간신히 연명하며 항해했던 그들에게 현지에서 와인을 담글 수 있을지도 모른다는

희망은 금광을 발견한 것과 다를 바 없었다. 물론 콜럼버스와 함께 갔다가 남겨진 사람들이 와인을 담갔다는 기록은 없다.

그러나 신대륙은 콜럼버스 이전부터 바이킹들이 아이슬란드나 그린란드를 넘어 신대륙까지 진출해 '빈란드(포도주의 나라)'라고 이름 붙인 땅이었다. 그만큼 토종의 야생 포도나무가 우거져 있는 대륙이다.

처음 아메리카 대륙에서 와인을 만들기 시작한 것은 남아메리카의 스페인인들이 가톨릭 교회의 미사용 와인이 필요해서였다. 일일이 유럽에서 신대륙으로 포도를 수입하기에는 시간과 비용이 너무 많이 들었다. 그래서 널려 있는 야생 포도나무로 와인을 만들었지만, 그들이 유럽에서 마시던 와인과는 너무도 달랐다. 이상한 냄새가 나서 역겨웠다. 이주민들은 이 냄새가 젖은 여우털 같다고 하여 이곳에서 자라는 포도들에 '여우포도'라는 이름을 붙였다.

결국 이주민들은 유럽에서 포도 묘목을 가져간다. 그리고 유럽의 포도 산지들과 비슷한 토양과 기후대를 가진 곳에 재배하기 시작하였다. 이때 신대륙으로 진출해서 현지에 잘 적응하여 좋은 와인을 생산하게 된 품종들이 바로 프랑스 포도들이다. 게다가 미국이건 칠레건 호주건, 고급 와인은 대부분 프랑스의 보르도 블랜딩* 스타일을 많이 따른다. 프랑스가 비록 신대륙의 식민지화에는 영국이나 스페인에 뒤졌지만, 자국의 포도로 신대륙을 접수했고 그 식민지는 지금도 계속되고 있으니 참 아이러니하다.

* 보르도 블랜딩 : 기본적으로 카베르네 소비뇽, 메를로, 카베르네 프랑 세 가지를 섞어서 와인을 만든다. 말벡, 프티 베르도 같은 품종들이 소량 들어가기도 한다.

프랑스 포도 품종

프랑스 포도 품종들이 주로 전 신대륙 지역에 퍼져 재배되고 있으므로 프랑스 품종을 알면 70퍼센트는 먹고 들어간다.

지역	적포도	청포도	특징
보르도	카베르네 소비뇽, 메를로, 카베르네 프랑	소비뇽 블랑, 세미용	레드와인은 카베르네 소비뇽, 메를로, 카베르네 프랑 등을 블랜딩하며, 화이트와인은 소비뇽 블랑과 세미용을 블랜딩한다.
부르고뉴	피노 누아	샤르도네	단일 품종으로 만든다.
보졸레	가메		단일 품종으로 만든다.
론	시라, 그르나슈, 이외 다수의 해양 품종들	비오니에, 이외 다수의 해양 품종들	여러 가지 해양 품종을 블랜딩한다.
샹파뉴	피노 누아, 피노 뫼니에	샤르도네	적포도와 청포도 세 품종을 블랜딩한 샴페인이 대부분의 생산량을 차지한다. 적포도나 청포도만으로도 소량 생산.
루아르	카베르네 프랑, 가메	소비뇽 블랑, 슈냉 블랑, 뮈스카데	단일 품종으로 만든다.
알자스	피노 누아(소량)	리슬링, 게브르츠트라미너, 토케이 피노 그리, 뮈스카	단일 품종으로 만든다.

프랑스는 법적으로 지역별로 재배하는 포도 품종이 정해져 있다. 오랜 경험상 각 지역의 토양과 기후에 맞는 포도 품종을 알고 있기 때문에 품질을 위해 철저한 관리를 하는 것이다. 생산량이 좋다고 아무거나 심었다면 그 명성은 유지될 수 없었을 것이다.

그 외의 주요 유럽 품종

이탈리아 : 산지오베제, 넵비올로, 모스카토
스페인 : 템프라니요, 가르나차
독일 : 리슬링, 게브르츠트라미너

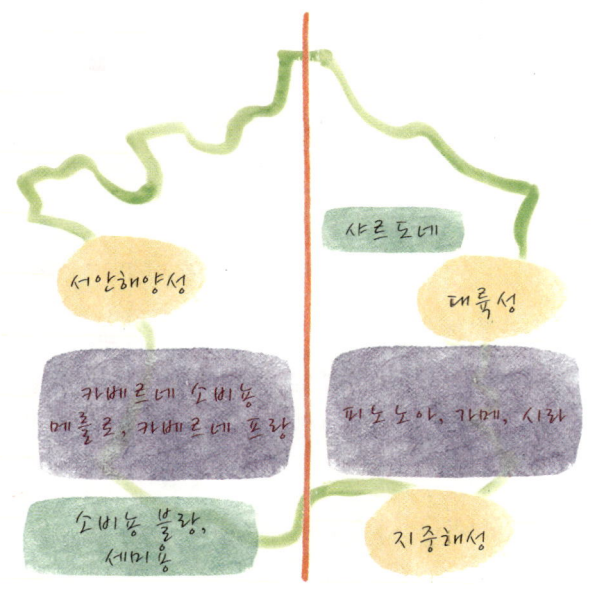

명품 뒤에 숨겨진 보석, 파스퇴르 연구소

생미셸 거리에서 포르트 드 베르사유(Porte de Versailles, '베르사유의 문'이라는 뜻)로 나가는 도시 외곽 순환도로까지 장장 4.3킬로미터에 걸친 가장 긴 도로가 보쥐라르(Rue Vaugirard)이다. 파리의 길들이 같은 선상에 있어도 교차로를 건너거나 각도가 조금 달라지면 이름이 바뀌는 것과는 대조적이다.

이 긴 길은 외곽에서 파리 시내까지 휘거나 교차로에 상관없이 한 길이라서, 목표지점을 찾아가려면 빙빙 도는 일이 한두 번이 아니다. 왜냐하면 처음부터 끝까지 일방통행이기 때문이다. 정확한 위치를 모르고 중간 골목으로 대충 들어갔는데, 내가 찾는 주소가 뒤쪽에 있거나, 잘못해서 지나치거나 하면 다시 나갔다가 빙 돌아서 주소를 예측하고 끊어서 들어와야 하니 말이다.

이 길 중간 정도에 프랑스 바이오 생명공학(Biotechnology) 분야의 세계 선두 주자인 파스퇴르 연구소(Institut Pasteur)가 있다. 바로 위대한 과학자 루이 파스퇴르가 설립하여 초대 소장으로 있었던 연구소이다. 프랑스가 발달한 것에 비해 그 이미지가 명품에 가려져 있는 또 하나의 분야가 바로 이 바이오 생명공학 분야이다. 광견병 백신을 개발했고, 세계 최초로 에이즈 바이러스를 분리해낸 후 감염분자를 규명하였다. 그리고 수많은 미생물학, 생화학, 혈액요법 등에 관한 연구 실적을 자랑하는 곳이다. 세계 각지에 같은 이름으로 연구소를 설립하여(우리나라에도 있다) 유기적으로 협조하고 있기도 하다. 연구소뿐 아니라 병원도 운영하며 의학자를 양성하  여 임상실험도 병행하고, 전 세계 과학도들을 위한 정기적인 강의도 개설되어 있다(헉, 꽤 비싸다!).

설립자 파스퇴르는 우리가 중·고등학교 시절 배웠듯이 미생물학 분야에 많은 업적을 남긴 과학자일 뿐만 아니라 와인 양조의 역사를 새로이 쓰게 한 사람이기도 하다. 프랑스 동부 알프스 지역의 쥐라(Jura) 지방에서 태어난 파스퇴르는 파리의 명문 파리고등사범학교어 합격하며 과학의 길로 들어선다. 프랑스 북부의 릴 대학 교수로 있으면서 화학 분석, 특히 와인 발효통 등에 많이 침전되는 주석산을 대상으로 입체화학 연구에 업적을 남겼다.

그러던 어느 날 한 양조업자의 의뢰로 발효와 부패에 관한 연구를 시작한다. 당시의 와인 제조는 아직 과학적으로 규명이 안 되어 자연에 의존하고 있었다. 별다른 보존 방법이 없었던 시절이라 와인이 너무 빨리 산패되어 시어버리곤 했기 때문에 생산자들의 경제적 손실이 아주 컸다. 파스퇴르는 이를 개선하고자 파리 모교의 교수로 돌아와 이후 20년간 발효에 관해 연구한다.

　　　　어느 날 우연히 현미경을 들여다보던 파스퇴르는 머스트(Must)* 안에 있는 살아 있는 작은 물체들을 발견한다. 바로 박테리아. 이들이 와인 산패의 원인이었던 것이다. 그러나 와인을 그대로 보존하면서 이 미생물을 제거하는 것이 문제였다. 파스퇴르는 연구 끝에 55도 정도의 낮은 온도에서 와인을 가열하면 와인의 화학적 성분을 변질시키지 않고 박테리아나 곰팡이만 파괴할 수 있다는 것을 알아낸다. 이것이 오늘날 우유 등의 살균에 사용하는 '저온 살균법(Pasteurisation)' 이다. 이뿐 아니라 그는 외과 수술 소독법 개발에도 기여하였고, 탄저병, 광견병 등의 백신 개발 등 미생물학에 많은 공헌을 하였다. 이 연구소의 지하성당에 아직도 그의 유해가 안치되어 있다.

　　　　파스퇴르가 발견하였듯이, 와인을 만들어내는 것은 인간이 아니라 미생물의 일종, 즉 곰팡이 균인 효모(Yeast)이다. 인간은 효모가 일을 하도록 환경만 조성해줄 뿐이다. 한국의 전통주 역시 누룩을 띄워 이 안에 효모가 자라게 한 다음 이를 이용하여 술을 빚은 것이다. 효모는 포도 안의 당분을 먹고 생존을 위한 에너지를 얻으면서 알코올과 이산화탄소를 내놓는다. 즉 알코올은 효모가 생존하기 위해 세포 안에서 대사를 하고 난 생산물인 것이다(배설과는 다르다). 알코올 도수가 14도 정도에 오를 때까지 효모는 계속해서 당분을 분해하다가, 알코올이 너무 많아지면 더 이상 생존할 수 없어 죽게 된다. 자신이 만들어놓은 생산물에 소독된다고 볼 수 있다. 발효가 끝나는 시점이다.

　　　　이후 효모와 포도찌꺼기를 걸러내고 액체만 다른 통으로 옮겨 숙성시킨다. 중저가 와인은 대형 스테인리스통에서 3~6개월간, 고급 와인은 작은 오크통에서 짧게는 6개월, 길게는 21개월까지 숙성시킨다. 물론 이탈리

* 머스트 : 발효시키기 위해 껍질을 터뜨려 주스와 섞여 있는 포도.

아나 스페인 등 지중해 국가에서는 이보다 더 오랫동안 오크통에 숙성시키기도 한다. 오크를 쓰는 이유는 참나무 특유의 향과 나무 타닌이 와인에 배어 더욱 품격 있는 맛과 향을 지니도록 하기 위해서이다.

    레드와인과 화이트와인의 차이점은 적포도와 청포도라는 색깔의 차이도 있지만 제조법에서 확연히 다르다. 먼저 포도 껍질이나 씨를 제거하고 청포도의 주스만 뽑아 발효시키는 화이트와인과 달리, 레드와인은 포도 알맹이를 터뜨려 껍질과 씨를 모두 함께 발효시킨다. 우리가 TV 문화기행 등에서 가끔 보는 포도알 밟기가 레드와인을 만드는 전형적인 방법이다. 그렇기 때문에 레드와인에는 껍질과 씨에서 나오는 여러 가지 물질이 모두 녹아 들어가 있는 것이 특징이다. 반면에 화이트와인은 껍질과 씨를 제거한 후 발효를 하므로, 떫은맛의 타닌이 거의 없어 과일의 상큼한 산도가 돋보이는 것이 특징이다. 그러므로 화이트와인은 알코올이 들어간 주스라고 생각하면 되겠다. 차갑게 마시는 이유도 바로 주스이기 때문이다.

    포도의 속 맛이 배어 있어 관능적인 레드와인에 비해 화이트와인의 느낌은 산뜻하고 청초하다. 그러나 경우에 따라 아주 고급 화이트와인은 오크통에서 숙성시켜 레드와인만큼이나 오래 보관하는 것들도 있다. 이런 경우에는 화이트와인인데도 레드와인에 버금가는 농염한 맛을 지니게 된다.

파리의 로마인 이야기

　　BC 3세기부터 파리에는 켈트족의 일파인 골족이 센 강 안에 있는 작은 섬(지금의 시테 섬)에서 부족을 이루어 살고 있었다. 이들의 이름은 파리시(Parisii)였다. BC 53년경 율리우스 카이사르(시저)의 지휘하에 남프랑스부터 파리까지 점령해 올라온 로마인들은 조잡한 골족들의 주거지를 부수고 총독 관저와 신전 등 로마식 건축물을 세워 '시비타스 파리소리움(Civitas Parisorium)', 즉 '파리시의 도시'라 이름 짓는다. 바로 노트르담 성당이 로마의 최고신 주피터(그리스식 이름은 제우스)의 신전이 있던 자리다. 이때부터 파리는 로마화가 진행되면서 각종 목욕탕, 원형경기장, 신전 등이 건축되었다.

　　현재 로마 통치기의 유적 중 남아 있는 것이라고는 소르본 대학에서 생제르맹 거리로 내려가는 길목에 있는 클뤼니 목욕탕 유적의 일부와 시테 섬에 루테스의 작은 원형경기장 터가 있을 뿐이다. 라틴가의 젊고 발랄한 분위기에 다소 생뚱맞은 클뤼니 목욕탕 유적은 안쪽으로 들어갈 수 없도록 철망이 쳐져 있지만, 돌과 벽돌로 된 기둥과 홀, 복도 등의 흔적을 내려다보노라면 시간의 흐름을 거슬러 올라 주석으로 된 와인잔을 들고 그 안을 거니는 반라의 로마인들을 보는 것 같은 착각이 든다.

로마군들이 서유럽에 주둔하면서 가장 곤혹스러웠던 것은 와인을 보급받는 일이었다. 마차 외에 별다른 수송수단이 없던 시대였으니 로마로부터 보급되기만을 기다리는 수밖에 없었다. 그러나 와인을 장기 보관하는 법을 몰랐던 그 시대에, 로마로부터 더운 여름날 오랜 길을 달려온 와인은 이미 끓어 넘치고 시어터지기 일쑤였다. 그래서 로마인들이 생각해낸 것이 현지에 포도원을 건설하는 것이었다.

기후조건이 로마와 비슷한 프로방스, 랑그도크루시용부터 시작해 이윽고 점점 북쪽으로 올라오며 보르도, 부르고뉴 지역까지 포도원을 넓혀 간다. 포도원을 조성하는 일은 일석이조였다. 신선한 와인을 통치지역에서 직접 만들어 마실 수 있다는 이점과, 숲을 베어내며 조성한 포도원의 키 작은 포도나무들 덕택에 반란군들이 숨을 자리를 줄어들게 하는 효과가 있어 일종의 방패막이도 되었다.

처음 프랑스에 포도원을 개척한 사람들은 BC 800년경 지금의 시리아 중부의 도시국가 페니키아인들이었다. 그들은 배를 타고 지중해를 건너 프랑스 남단 프로방스의 마르세유에 도착해 포도원을 일구고 와인 문화를 전파하였다. 그리스인들도 이 지역에 포도 재배를 전파하는 데 일부 기여를 하였지만 지금 프랑스의 와인 산지들의 윤곽이 잡힌 것은 로마군들이 주둔하면서부터다.

프랑스의 토양과 기후가 얼마나 포도 재배에 적합했던지, AD 92년 폭정을 하던 로마 황제 도미치아누스는 프랑스의 포도가 로마의 와인산업에 영향을 미치는 것에 위기감을 느껴 포도나무를 모두 뽑아버리라는 금지령을 내릴 정도였다. 이후 AD 280년 프로뷔스 황제가 다시 포도 재배를 권장하여 차차 북쪽으로 올라오면서 2세기에는 부르고뉴와 보졸레, 3세기에는 루아르 계곡, 4세기에는 샹파뉴 지역까지 현재 프랑스 와인 산지의 지도를 이루었다.

2,000년의 전통을 지니고 아버지에서 아들로 이어진 포도 재배의 역사는 전쟁의 역사만큼이나 유럽의 역사 그 자체이다. 경험을 통해 몸으로 부딪혀서 익힌 와인 제조법은 각 포도원마다 수도원마다 삶의 기록이다. 유럽 와인 생산국 모두가 축적된 시간의 제법을 지니고 있지만, 오늘날

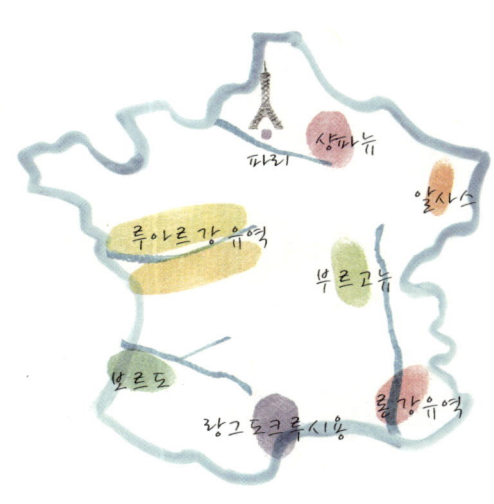

프랑스 와인이 품질에 있어 가장 인정받는 이유는 바로 범국가적 차원의 엄격한 관리 때문이다.

프랑스는 1935년부터 모든 농산물에 지리적인 원산지 표시(AOC, Appellation d'Origine Contrôlée)를 체계화해왔다. 하나의 농산품은 그것이 자라난 지역의 토양과 기후, 지형 등 모든 환경적인 요인을 농축하고 있는 타임캡슐이라고 본다. 같은 제조법의 치즈라도 우유를 낸 젖소가 어떤 땅에 자라는 풀을 먹었는지에 따라 치즈의 성격이 다르다는 것이다. 이는 와인, 사과주, 치즈, 과일, 야채, 낙농제품, 꿀, 쇠고기 등 모든 것에 적용된다. 이 중 가장 시스템화가 잘되어 있는 것이 와인이다.

품질이 떨어지는 땅은 테이블 와인(뱅드타블)이나 지방 와인(뱅드페이)을 생산하고, 품질이 월등한 땅은 원산지 표시 중에서도 특등급(그랑 크뤼)으로

세부 분류를 하고 있다. 그뿐 아니라 품질을 유지하기 위해 그 지역의 특성에 맞는 포도 품종과 제조방법, 생산량까지 법적으로 규제하여, 생산량을 마구 높여 품질을 저하시키는 일이 없도록 제도화하고 있다. 일단 토지가 AOC등급 안에 들더라도, 법적 규제를 어기면 원산지를 표시할 수 없다.

결국 원산지를 통제한다는 것은 특정한 토양과 기후의 땅을 지정하여 등급을 준 것이라고 보면 되겠다. 서로 이웃한 포도원이라도 등급에 따라 원산지 표기가 틀려지는 것이다. 예를 들어 보르도를 보자. 전체 와인 생산지역을 나타내는 보르도라는 명칭이 있고, 그 안에 우리나라의 면, 군 같은 메독이라는 소단위 지역이 있으며, 그 안에 또 작은 단위인 포이야크, 마고 등의 마을이 있다. 원산지가 좁혀 들어가 그 지역의 특정한 포도밭에서 생산된 와인일수록 좋은 와인이다. 막걸리를 예로 들자면, 경기도 막걸리보다는 포천막걸리가, 포천막걸리보다는 일동막걸리가 고급이고, 이 중에서도 유명한 순이네 양조장서 만든 일동막걸리를 최고로 친다는 이야기다.

즉 Appellation Bordeaux Contrôlée보다 Appellation Médoc Contrôlée가 더 고급이고, 이보다 Appellation Haut-Médoc Contrôlée, 이보다 더 좁혀 들어가 한 마을을 지칭하는 Appellation Margaux Contrôlée가 더 고급이 된다. 정리하자면 보르도 〈 메독 〈 오메독 〈 마고 〈 샤토 마고 포도원(그랑 크뤼)으로 특정한 땅과 기후대의 특성이 잘 묻어나는 와인일수록 희귀하고 고급 와인이 된다.

와인 생산도 정해진 품종과 양조방법이 있어, 이 규정을 어기면 아무리 역사와 실력을 갖춘 포도원에서 생산된 와인일지라도 AOC급을 받을 수 없다. 보르도 생테밀리용 지역의 명품 와인 샤토 발랑드로(Château Valandraud)가 아주 전형적인 예이다. 2000년, 비가 많이 와서 생산에 차질을 빛을 가능성을 느낀 이 포도원은 2헥타르 정도의 밭에 3주간 플라스틱 지붕을 씌웠다. 그러나 프랑스 관리당국은 지붕 밑에서 생산된 와인들을 '자연 조건하의 포도 재배'라는 항목을 위배하였다는 이유로 그랑 크뤼급이던 이 와인의 등급을 뱅드타블로 내려버렸다! 물론 샤토 발랑드로는 이 와인들에 '금지된 발랑드로(L'interdit de Valandraud)'라는 이름을 붙여 출시해 테이블 와인 등급임에도 명품 와인 값으로 없어서 못 파는 역마케팅에 성공했지만 말이다.

이탈리아 토스카나 지역의 슈퍼 투스칸(Super Tuscan) 등 진보적인 포도원들이 너무 짜여진 제도에 반대해 창의력 있는 와인을 만들 경우에도 이런 사례가 많이 일어나고 있다.

프랑스가 모든 분야에 있어 브랜드 강국이 된 이유는 그 이면에 정부 차원의 시스템화가 원동력이 되고 있다고 보면 된다. 파리라는 도시가 세계에서 가장 아름다운 대표도시라는 브랜드를 달고 있는 것도 프랑스 정부가 고도 제한, 간판, 신호등, 전선 등등을 엄격하게 구제하고 있기 때문이다. 이런 법칙이 일관성 있게 사회의 모든 면에 적용될 때 국가의 고급 이미지로 자리 잡게 되는 것 같다.

에펠탑과 만국박람회

　나폴레옹가는 권력욕이 피에 흐르는 집안이다. 대통령 임기 중 쿠데타로 황제의 관을 쓰고 제2제정을 출범시킨 나폴레옹 3세는 자신의 정치적 약점을 뛰어넘고 프랑스의 경제력과 정치력을 세상에 과시하고 싶어 했다. 비록 구시대적 전제정치를 답습했지만, 문화를 통해 강력한 프랑스를 만들겠다는 그의 정책은 후세에 긍정적인 평가를 받고 있다.
　그의 오른팔이던 오스망 남작과 함께 파리 정비에 나서고, 적극적인 대외 활동으로 프랑스의 역량을 세계에 알리고자 하였다. 이에 가장 적절한 외교적 성과가 여러 번의 만국박람회 유치였다. 현대에 올림픽이나 월드컵을 유치하여 경제적 도약과 자국의 위상을 높이는 것과 마찬가지이다.

	1889년은 프랑스가 네 번째 만국박람회를 유치한 해이자, 프랑스 대혁명 100주년이 되는 해였다. 당시 상공부 장관이던 에두아르 로크로이는 산업화된 프랑스, 현대화된 프랑스를 상징하는 기념물의 설계안을 공모하였다. 100대 1의 경쟁자를 제치고 구스타브 에펠의 작품이 채택되었다. 교량 엔지니어였던 에펠은 자신의 토목공학적 지식과 경험을 살려 높이 300미터의 철골 구조물을 기획하고, 이집트의 오벨리스크, 로마의 개선문 아치, 고딕 성당의 탑을 작품 속에 담아내고자 하였다.

	이 계획은 도시 경관에 대한 미학적 면을 놓고 파리 시민들을 찬반양론으로 갈리게 만들기도 하였다. 그때까지 우아한 석조건물과 돔만을 보아온 파리 시민들은 높은 철탑이 들어선다는 것에 대해 미학적 의구심을 가졌다. 특히 예술가들은 항의서까지 발표하면서 공식적인 반대운동까지 벌였다. 이런 반대에도 공사는 착공되었고, 수천 장의 부분 설계도면을 따라 한 치의 오차도 없이 2년 후인 1889년 완공된다. 궁 하나를 짓기 위해 대를 물려가며 공사하던 과거와 달리, 인류 역사상 처음으로 이렇게 높은 건물이 단기간에 완성된 것이다.

	에펠탑이 완성된 후, 프랑스 사실주의의 유명한 작가 모파상은 에펠탑 안에 있는 레스토랑에서 자주 식사를 하였다. 반대운동의 선봉에 섰던 그가 에펠탑 안에 자주 모습을 드러내자 의아하게 생각한 기자가 "아니, 선생님! 왜 이곳에서 식사를 하십니까?" 하고 물었더니 "파리에서 에펠탑이 안 보이는 곳은 여기뿐이지 않소."라고 말한 것은 유명한 일화이다.

	사실 300미터짜리 철골 구조물이라는 착안은 미국의 엔지니어인 클라크와 리브스가 먼저 생각해낸 아이디어다. 1876년 미국은 독립 100주년 행사로 필라델피아에서 만국박람회를 열기로 하였다. 이를 기념하기 위해 이들은 300미터의 철골 구조물을 기획했다. 그러나 여러 가지 여건상 현실화되지 못하고 《네이처(Nature)》에 기사만 실리고 사장되었다. 결국 이 아이디어는 에펠에 의해 파리에서 빛을 보게 된 것이다. 철로 만든 괴물 취급을 받던 에펠탑은 한 세기가 지난 오늘날 '파리의 상징'으로 유유히 센 강을 내려다보고 있다.

지구가 산업화 시대로 넘어가는 상징으로 만들어진 세계 만국박람회는 1851년 런던에서 처음 열렸다. 1855년 파리에서 열린 것이 2회였다. 이때 프랑스가 자국의 경제력을 홍보하기 위해 간판 산업으로 선택한 것이 와인이었다. 프랑스 와인의 우수성을 전 세계에 대대적으로 마케팅하고자 메독 지역의 최고급 포도원 60개를 선정하기로 한 것이다.

또한 예술의 나라 프랑스를 홍보하기 위해 대대적인 회화 전시회도 열었다. 전 세계 10여 개국에서 2,000명 이상의 작가가 참가한 이 전시회에는 그 유명한 밀레가 3대 걸작 중 하나인 〈접목하는 남자(Le Greffeur)〉를 출품하여 호평을 받았고, 쿠르베는 〈화가의 아틀리에(L'Atelier du Peintre)〉가 거절되는 수모를 겪기도 하였다. 게다가 이 전시회에 출품된 외국의 작가들에 대해 보들레르가 발표한 평론은 당대에 시끌벅적한 반발을 사기도 하였다.

와인 선정은 정부의 지시로 보르도 상공회의소에서 하였는데, 당시 포도원들에 대한 자세한 자료들이 일반화되어 있지 않았다. 결국 와인 유통의 열쇠를 쥐고 있는 중개상인들 사이의 거래 가격에 의존하여 선정할 수밖에 없었다. 중개상인들은 각 생산자들의 테루아, 포도 재배와 제조 방법, 생산량 등의 데이터베이스를 가지고 있었기 때문이다.

메독 지역에서 가장 가격이 비싼 와인부터 60개가 선정되었다. 그리고 여기에 메독 지역의 와인은 아니지만, 국내외에서 명성이 자자해

도저히 제외시킬 수 없는 그라브 지역의 샤토 오브리옹(Château Haut-Brion)이 추가되었다. 그래서 선정된 포도원이 총 61개이다. 그 안에서 1등급 5개 포도원을 비롯 총 5개의 등급으로 또 분류를 하였다. 그러다 보니 포도원들 간의 알력과 자존심 싸움도 대단했다. 이들은 미슐랭 3 스타에서 빠졌다고 요리사가 자살을 할 정도로 자신의 일에 대한 자부심이 대단한 프랑스의 장인들이기 때문이다.

그래서 생겨난 것이 크뤼 부르주아(Cru Bourgeois)라는 그룹의 와인들이다. 부르주아는 프랑스혁명이 절대 군주제였던 앙샹레짐(Ancien Régime, 구체제)을 무너뜨리고 귀족계급을 해체시키자, 평민 출신의 새로운 계층이 그 공백을 메우면서 생겨난 단어이다. 새로 사회의 주역이 된 상인, 의사, 은행가, 법률가 등이 결국 부르주아라는 또 다른 상류층을 형성하게 되었던 것이다. 와인에서도 같은 의미로 사용되고 있다고 보면 된다.

크뤼 부르주아는 자부심은 있지만 1855년 메독의 그랑 크뤼 클라세(Grand Cru Classé) 안에 들지 못했거나, 그 후에 생긴 우수한 포도원들이 조합을 결성해 자체적으로 만든 등급이다. 그랑 크뤼와는 달리 품질에 따라 조절을 하기 때문에, 메독 지방의 기술적·상업적 발전에 지대한 영향을 미쳤다. 현재는 여러 가지 문제로 2007년 이후 폐지 위기에 처해 있어 아쉬움이 크지만, 와인은 오래 보관하는 술이기 때문에 예전 빈티지들에서는 여전히 유효하다. 이 중 상위 그룹은 그랑 크뤼 등급의 웬만한 포도원 못지않은 품질을 자랑한다.

하지만 결국 61개 포도원의 주사위는 던져졌고, 이는 1855년부터 21세기가 된 현재까지 불변의 성역으로 남아 있는 귀족 와인 그룹이다. 물론 그 사이 없어진 포도원도 있고, 허겁지겁 한두 해 뒤 비집고 들어간 포도원도 있으며, 2등급에서 1등급으로 올라온 샤토 무통 로칠드(Château Mouton Rothschild)도 있다. 그러나 이는 150년이라는 세월이 흐른 데 비하면 바다에 조약돌을 던진 듯한 미미한 변화이다. 아무도 들어갈 수 없는 성배의 성에 사는 원탁의 기사들처럼 '전통'에 의해 숭배받고 있는 귀족들인 것이다. 이 등급에 대해서는 아직도 말이 많다. 그 안에는 이제 등급의 명성이 아까운 포도원들도 있고, 후발 주자들이 월등한 품질을 생산하는 곳도 있기 때문이다.

하지만 한 가지 확실한 것은 그랑 크뤼 클라세가 중간에 바꾸면서 새로운 포도원들을 영입하거나 몇 년에 한 번씩 다시 등급을 정했다면, 지금의 보르도 메독 와인의 명성은 그 빛이 덜했을 것이라는 점이다. 모든 것이 세월 속에 변화되고 사라지기를 반복한다. 그 내용이 어떻든 간에 전통에 대한 인간들의 동경은 대단하다. 프랑스는 여기에서도 고수의 마케팅 전략을 쓰고 있는지도 모른다.

파리시가 운영하고 있는 포도원

　프랑스 전국의 와인 생산 지역은 9월 셋째 주와 넷째 주에 '포도 수확(La Vendange)'을 시작해서 적어도 10월 첫째 주에는 수확이 끝난다. 지역별로 공식적으로 포도 수확 개시 날짜를 알리면 그때부터 추수를 시작하는데, 그전에 개별적으로 하는 것은 법으로 금지되어 있다. 이 시기가 되면 유럽의 여기저기서 몰려온 일꾼들(특히 동유럽에서 버스로 많이 온다), 아르바이트하는 학생들 등으로 온 마을이 북적대며 축제 분위기가 된다.

　파리 시가 위치한 일드프랑스 주는 위도가 높아 품질 좋은 와인을 생산할 수 없기 때문에 포도원들이 거의 다 사라졌지만, 상징적으로 파리 시내에 십여 개의 포도원이 운영되고 있다. 그중에 중요한 네 곳은 파리 시

181

가 직접 경영하고 있다. 식물원처럼 포도를 재배해서, 시민과 어린이들의 체험 학습장으로 쓰인다.

조르주 브라상스 공원 포도밭(Vigne du Parc Georges-Brassens)

18세기까지 클로 드 모리용(Clos des Morillons)과 클로 데 페리쇼(Clos des Périchots) 등의 와인을 생산하던 곳이다. 이 이름들은 현재 근처의 도로명으로 남아 있다. 19세기에 이곳에 말 시장과 도축장이 들어서면서 포도원은 없어졌지만, 조르주 브라상스 공원이 조성된 후 전통을 살리기 위해서 1983년에 햇빛 잘 드는 네 곳의 테라스에 포도나무 700그루를 심었다. 10월 초 수확 시기가 되면 어린이들이 직접 손으로 포도를 따는 작업에 참가한다. 피노 누아, 페를레트, 피노 뫼니에와 식용 포도를 재배하며, 연간 200~600킬로그램 정도 수확한다.

벨빌 공원 포도밭(Vigne du Parc de Belleville)

중세 카롤링거 왕조 때부터 18세기 말 혁명 때까지 아주 오랜 역사를 가진 포도원이 있던 곳이다. 19세기 초까지 파리의 한량들이 와인을 마시고 흥청거리던 지역이었으나, 이곳에서 생산하는 와인 가격이 하락한 데다, 도둑들도 들끓어 점점 꽃밭에 자리를 내주게 되었다. 파리 시내를 향한 낮은 언덕에, 계단식 정원의 일부로 포도밭이 들어서 있다. 피노 뫼니에를 재배한다.

베르시 공원 포도밭(Vigne du Parc de Bercy)

　17세기부터 센 강 하구의 강둑에 자리 잡아 파리로 들어오는 입구였던 베르시는 와인 중개업자들의 관심을 끌었다. 혁명 전에 파리 성곽 밖에 속했던 베르시는 와인에 세금이 붙지 않는 면세 지역이었기 때문이다. 1859년 파리 시에 편입된 뒤 세계에서 가장 큰 와인과 하드리커(Hard Liquor) 시장이 되었다. 이후 파리 시는 1877년에 대규모 와인 창고를 짓고 대중이 사용하도록 하였고, 20세기 초에는 와인 도매업자들이 모여들었다. 이때 쓰던 넓은 홀과 쿠르 생테밀리용의 창고들, 바닥의 타일, 포도밭 등의 흔적이 아직도 남아 있다. 소비뇽 블랑, 샤르도네 등의 청포도와 여러 종의 식용 포도를 기르며 연간 250킬로그램 정도 수확한다.

몽마르트르 포도원(Vigne de la Butte de Montmartre)

파리에서 가장 오래된 포도밭으로 중세 이후 16세기 이곳 주민들은 대부분 포도 재배자들이었다. 몽마르트르 언덕 꼭대기에서부터 주변의 평지까지가 모두 포도원이었는데, 18세기가 되면서 부동산 투기 붐 및 다른 지방의 포도원들과의 경쟁 등으로 사라져갔다. 파리 시는 1932년에 다시 이곳에 2,000그루의 포도나무를 심었고, 해마다 1톤 정도의 포도를 생산한다. 27가지의 다양한 프랑스 전통 품종들을 재배하는데, 그중 가메가 제일 많고, 피노 누아, 메를로, 소비뇽 블랑, 리슬링, 게브르츠트라미너, 시벨 등도 있다. 추수 축제 기간에는 포도 수확 개시를 알리는 의식과 각종 전시회, 와인 박물관과 함께하는 강연, 시음회, 시식회 등 다양한 볼거리들을 제공한다.

퐁파두르 후작부인의 와인리스트

왕권을 태양의 위치에 올려놓은 루이 14세의 프랑스를 미술사에서는 '바로크'라고 한다. 남성적이고, 역동적이며, 오만하고, 권위적인 장식. 그가 죽자마자 프랑스 궁정의 여인들은 너무 강렬하고 화려한 바로크를 밝고 부드러운 선과 색들의 유희로 채우기 시작했다. '로코코'의 서막이었다.

프랑스 궁정 이야기 중에 빠질 수 없는 것이 왕의 정부들 이야기다. 마리아의 처녀성만을 숭배하던 어두운 중세를 지나 르네상스시대는 인간을 재발견한 시대였다. 게다가 신대륙의 발견은 유럽에 엄청난 부를 유입시켰고, 자본주의시대가 시작되고 있음을 알리고 있었다. 베르사유와 파리를 중심으로 한 17, 18세기의 궁정은 확고한 왕권을 갖게 된 왕을 정점으로 세속에서 누릴 수 있는 온갖 사치와 향락, 탐욕이 우글거리는 즐거운 지옥이었다.

연예계가 따로 없었던 이 시대는 궁정 자체가 연예계였다. 온갖 소문과 음모가 난무하고, 사랑과 질투, 배신 그리고 복수 등등. 왕은 궁정을 드나드는 여인들 누구라도 소유할 수 있었다. 창녀건, 귀족 부인이건, 시녀이건 왕이 원하는 시간까지는 왕의 여자였다. 왕이 정부와 즐기는 동안, 사랑 없이 국가 간의 정략결혼으로 멀리서 시집온 왕비(얼굴도 못 보고)는 후사를 잇기 위해 아이만 생산하고 있었다. 왕비의 의무는 이것이 전부였다. 그러나 안방에 내쳐져 독수공방하는 왕비의 자리는 종신이었으나, 세간의 이목을 받는 정부는 왕의 마음에 따라 언제든 내쳐질 수 있는 불안한 운명이었다.

1455년 구텐베르크가 인쇄술을 발명하자 역사의 흐름에 가속도가 붙기 시작한다. 소수 남성들만의 소유물이던 문자에 여성들도 눈을 뜨게 되었고, 지성으로 무장된 매력적인 여성들이 생겨났다. 오직 육체만으로 왕의 노리개 역할을 하던 정부가 16~18세기가 되면서 메트레상티트르(Maîtresse en Titre, 왕의 공식 정부)라는 공식적인 지위를 얻게 된다. 성적 의무 외에도 예술, 문화, 외교, 자선 등에 주어진 역할을 하면서 제도적으로 귀족의 작위와 연금을 보장받았다.

우리나라의 후궁들이 첩지를 받는 것과 같은데, 베르사유에서는 오직 한 명에게만 이 직책이 주어졌으니 그 자리를 놓고 벌어진 궁정 여인네들 사이의 암투란 실로 피를 말렸을 것이다. 그러나 일단 오르기만 하면 후사만 잇는 왕비와는 달리, 날아가는 새도 떨어뜨린다는 대통령 비서실장같이 권력의 핵심에 있게 되는 위치였다. 그러나 아무나 이 지위에 오르는 것은 아니었다. 미모만으로도 지성만으로도 안 되었다. 그 모든 것을 겸비하고 인격과 인맥까지 관리해야만 가능한 것이었다. 게다가 언제라도 왕에게 새로운 여인이 생기면 그날로 밀려날 수밖에 없었다.

그러나 역사상 평생 왕의 마음을 사로잡아 내무대신 못지않은 권력을 휘두르며 궁정을 좌지우지한 여인들이 있다. 장희빈이나 양귀비가 울고 갈 로코코 아줌마들……. 그중 가장 유명한 사람이 바로 퐁파두르 후작 부인일 것이다. 파리의 중산층 가정에서 태어나 한 남자의 아내로 살다가, 어느 날 루이 15세의 총애를 받게 된 여인. 미모와 지성을 겸비하고 24세에 왕의 정부가 되어 베르사유에서 숨을 거둘 때까지 20년간 자리를 지켰던 여인이다. 퐁파두르 후작 부인은 정부에 머물지 않고 정치, 외교, 각종 건축, 장식미술, 도자기 산업에까지 큰 족적을 남긴 여인이다. 도자기에 관심이 있다면 파리 근교의 세브르(Sèvres) 도자기 박물관에 가보자. 그녀가 얼마나 뛰어난 감각의 소유자인지, 문화에 기여한 바가 얼마나 큰지 느낄 수 있다. 프랑스 도자기 산업의 발전은 그녀의 업적이라고 해도 과언이 아니다.

메트레상티트르 자리에 오른 퐁파두르는 폴란드에서 시집온 왕비 마리 레슈친스카를 적이 아닌 후원자로 만들 정도로 현명했다. 그럴수록 왕은 그녀를 신임하고 의지하여 모든 국정을 함께 결정할 정도였다. 이 시대의 예술적 경향이, 선왕인 루이 14세의 권위적이고 남성적인 스타일을 뒤로하고 여성적이고 부드러운 로코코 스타일로 이행한 이유다. 퐁파두르의 역할이 너무나 커서 현재에도 각종 복식사나 장식미술사, 도자기사 등에서 이 시대의 경향을 '퐁파두르 스타일'이라고 부를 정도다.

중년이 되자 체력이 약했던 후작 부인은 지칠 줄 모르는 왕의 정력을 이겨내기 어려웠다. 결국 베르사유 안에 '사슴동산'이라는 별궁을 만들어 매력적인 젊은 여인들을 끌어들여 왕에게 공급하였다. 덧없는 육체에 집착하여 질투하는 대신, 왕의 마음을 묶어두는 편을 택한 것이다. 게다가 왕이 주색잡기에 빠지자 자연히 그녀가 정사를 좌지우지하게 되었으니 이는 계산되었던 것일까?

정치보다 노는 데 더 몰두했던 감성적인 루이 15세는 와인 애호가였다. 왕의 와인 리스트는 당연히 퐁파두르 후작 부인의 몫이었다. 이 시기 왕족과 귀족들 사이에는 파리에서 가까운 부르고뉴 와인들이 유행했고, 그중에서도 라 로마네(La Romanée)가 가장 인기 있었다.

그런데 1749년 이 포도원이 매물로 나오자 당시 권력의 핵심부에 있으면서 서로 대립관계이던 두 사람 간에 경쟁이 붙었다. 루이 15세의 사

촌이면서 베르사유 내에서도 권력 브로커였던 루이 프랑수아 드 부르봉과 퐁파두르 후작 부인이었다. 둘은 왕을 사이에 두고 서로를 끊임없이 견제하였으므로 와인 애호가인 왕의 환심을 사기 위해 이 포도원을 소유하려는 욕심이 있었다. 결국, 국가 기밀을 다루고 있던 루이 프랑수아 드 부르봉이 막강한 정보력과 재력으로 이 포도원을 차지하였다. 그가 소유하던 영지가 바로 프랑스

북부 아미엥(Amiens) 근처의 '콩티 쉬르 셀'이었고, 그의 공식 칭호는 콩티의 왕자였다.

라 로마네 포도원을 인수한 후 이름을 '로마네 콩티'로 바꾼 후 그는 시장에서 와인을 거두어버렸다. 자신이 주관하는 연회에만 이 와인을 사용하기 위해서였다. 이때부터 로마네 콩티는 '금지된 왕국'이라는 애칭으로 불리며, 대중들에게는 꿈이고, 세계 와인 수집가들에게는 소유의 욕망을 불러일으키는 와인으로 이름을 날리게 되었다. 지금도 로마네 콩티는 여전히 대중들이 다가가기에는 먼 히말라야 정상에 있다. 넓지 않은 포도원에서 한 해 6,000병 정도만 생산되다 보니 수요는 항상 달리고, 빈티지가 멀수록 그 희귀성은 더해간다. 크리스티 경매장에서 2007년 5월 1985년 빈티지가 23만 7,000달러에 낙찰된 것도 그런 이유다.

이렇듯 보르도와 함께 세계 양대 와인 명산지를 이루는 지역이 바로 부르고뉴이다. 내륙이라 기후 조건도 달라 기르는 품종도 다르다. 서늘한 지역에서 잘 자라는 적포도는 피노 누아, 청포도는 샤르도네를 재배한다. 특히 부르고뉴는 보르도와 달리 포도를 혼합하지 않고 단일 품종만으로 와인을 생산한다. 그래서 보르도 와인은 풀 바디의 복잡한 스타일의 와인이 되고, 부르고뉴 와인은 깨끗하고 가벼운 듯하지만 마시다 보면 은근히 파워가 느껴지는 와인이 된다.

샤토(Château)라는 대단위의 기업으로 이루어진 보르도의 포도원들과 달리 부르고뉴는 영세한 작은 포도원들이 많다. 영국인들 소유가 많아 프랑스혁명 당시 국가에 환수되지 않은 포도원들이 많은 보르도와 달리, 토지개혁이 실시된 지역이기 때문이다. 그래서 면적은 보르도의 4분의 1밖에 안 되는데도 AOC에 분류된 원산지 구획은 보르도의 4배에 달해 와인 공부하며 좌절을 많이 겪는 지역이다. 또한 포도원이 중요한 보르도와 달리, 부르고뉴는 양조 능력이 없는 영세한 포도원이 많아 이들의 포도를 사들여 자신의 이름으로 제조해 판매하는 중간 업체(Négociant)가 중요한 역할을 한다.

이렇듯 부르고뉴는 아주 작은 단위의 포도원들이 밀집해 있는 만큼, 집집마다 전해내려오는 요리로 명성이 자자하다. 달팽이 요리, 스튜, 순대, 퐁듀 등 토속적인 요리로 넘쳐난다. 이 지역의 중심 도시인 디종은 각종 겨자로 유명하다. 사냥으로 잡은 사슴고기나 토끼고기에 통째로 겨자를 발라 오븐에서 구워가며 먹는 요리나 돼지 창자에 각종 재료를 넣어 만든 부뎅(소시지), 앙두이예트, 돼지의 코나 귀 등등 프랑스인들이 말하면서 침을 꼴깍거리는 요리들이다.

조금 남쪽으로 프랑스 제2의 도시인 리용에는 오래된 먹자 골목이 있는데 바로 부숑 리요네(Bouchon Lyonnais)라는 이름이 붙은 레스토랑들이 집합해 있는 거리이다. 고급스럽다기보다는 일, 이층으로 빽빽하게 밀집한 맛집들로, 부르고뉴의 온갖 토속요리와 와인을 맛볼 수 있는 곳이다.

피크 시간에 이곳 레스토랑의 직원들이 일하는 모습을 보노라면, 한국은 참 편하게 일한다는 생각이 들곤 한다. 물론 상대적이겠지만. 이, 삼층이나 되는 레스토랑에 엘리베이터도 없고, 직원도 몇 명 되지 않는다. 쟁반만 한 접시 서너 개씩을 들고 계단을 하루에도 수십 번씩 오르내리며 서빙을 하는 모습은 거의 곡예에 가깝다.

그래서인지 프랑스 웨이터들은 무뚝뚝한 편이다. 친절하다기보다는 할 일만 한다는 느낌이 강하다. 아주 고급 레스토랑이 아닌 이상 한국처럼 나긋나긋한 서빙을 기대하면 오산이다. 그 집의 오너와 안면이 있거나 친해지면 몰라도, 손님이 왕이라는 생각은 버려야 한다.

이렇듯 파리와 가깝다는 지리적인 면도 있는 데다, 토속요리로 넘치는 부르고뉴였던 만큼 왕실에 이 지역 출신 요리사들도 많았고, 부르고뉴 와인이 궁정에 납품되는 것이 관례였다. 그러나 퐁파두르 부인은 부르고뉴만 좋아한 것은 아니다. 안목이 뛰어나 리슐리외 장군이 추천한 보르도의 샤토 라피트(Château Lafite, 현재의 샤토 라피트 로칠드)를 황실 와인으로 선정하기도 하였다. 저녁마다 루이 15세는 퐁파두르 부인과 샴페인을 마셨고, 때때로 샹파뉴 지방에 있는 왕가의 별장인 콩피엔느에서 휴가를 즐겼다. 특히 모에에 샹동을 즐겨 마셨다. 게다가 샴페인을 좋아해 미용을 위해 목욕도 하였다. 뽀골뽀골 올라오는 기포에 몸을 담근다니 얼마나 관능적인가! 실제로 매릴린 먼로도 젊음을 유지하기 위해 이 방법을 사용했다고 한다.

와인과 요리의 궁합에는
이유가 있다

    우리나라에도 가양주, 막걸리, 안동소주 등등 오랜 전통을 자랑하는 술들이 많은데, 우리나라 술은 요리와 전혀 상관없이 발달해왔다. 술을 관장하던 술청을 양온서라 하였고, 음식은 수라간에서 관장하였다. 즉 술은 남정네들의 일이었고, 요리는 여인네들의 일이었다. 장금이가 전 부치면서 어떤 술이랑 맞을지는 전혀 고려하지 않았다는 얘기다. 게다가 우리의 상 문화는 친구들이 오면 다과상 들이고, 이어 반상 받고, 사랑채에서 주안상 받는, 다시 말해서 밥 다 먹고 술 마시는 문화였다(물론 '반주' 라는 것도 있었지만 그 의미는 어른들의 보신을 위한 '약주' 였다).

    그러다 보니 와인과 요리의 궁합이란 부분이 항상 막힌다. 익숙하지가 않아서다. 게다가 항시 먹던 요리와 술이 아니라서 이런 문제가 생긴다. 우리나라 음식이라면 김치찌개에 콜라를 마시거나 불고기에 레모네이드는 절대 안 마실 거다(물론 애들 말고). 모르는 요리와 모르는 술이다 보니 궁합의 문제가 끼어든다.

서양에서 가장 역사가 오래되고 식생활과 결부되어 있는 술이 와인과 맥주일 것이다. 라틴계는 주로 와인을, 북쪽에 있는 게르만이나 노르만인들은 맥주를 주로 마신다. 그래서 고대 로마인들은 맥주와 기름진 육류를 끝없이 먹어 치우는 게르만족을 야만인이라고 했다.

맥주와 와인의 역사가 시작된 초기부터 맥주는 서민의 술이었고, 와인은 주로 귀족들이 음용하던 술이었다. 와인 원료가 비싼 포도였고, 1년에 한 번밖에 담글 수 없으며, 일정한 숙성 기간을 지나야 하고 사람 손도 더 많이 갔기에 서민들까지 마음껏 즐길 만큼 생산하기가 어려워서였을 것이다. 게다가 정치와 종교가 일치된 사회에서 제례의식은 왕의 일이었고, 당연히 와인은 신에게 올리는 술이었다. 또한 귀족들이 마시던 술이라는 의미는 바로 그들이 누리던 여러 가지 문화적인 코드가 와인 속에 함께 어우러져서 발전해왔다는 의미도 된다. 서유럽으로 와인이 전파되어 양조법이 발달한 그리스 로마 시대에는 물론 서민들도 질 낮은 와인을 마시기는 했지만, 고급 술은 여전히 귀족들만의 것이었다.

와인의 매력은 문화적 향기가 스며들어 있는 술이라는 데 있다. 왜냐하면 인간은 어느 정도 소득 수준이 되어야 비로소 의식주를 제외한 문화나 예술 등에 눈을 돌리기 때문이다. 19세기 이후 산업혁명으로 이제 와인은 대중화되었지만, 서양 문명 5,000년간 귀족 사회에서 한 번도 그 자리를 다른 술에 내주어본 일 없이 제사와 식생활의 일부를 이루었다. 귀족 사

회의 파티와 사교문화, 예절, 그중에서도 요리 등의 고급 문화들의 향기가 스며들어 있는 것이 특징이다.

    중세 이후 와인은 요리에 조미료처럼 쓰였다. 소스를 만들 때, 고기를 절이거나 조릴 때도 없어서는 안 되는 중요한 재료였다. 지금도 서양요리에 와인이 없으면 제대로 된 맛을 낼 수가 없다. 그리고 와인을 반주로 먹다 보니 자연히 서로 맞는 요리와 와인이라는 개념이 자리 잡게 되었다. 지방마다, 포도마다, 만드는 사람의 손맛마다 와인의 맛이 다르다 보니 어떤 와인이 어떤 종류의 요리와 잘 어울린다는 것을 경험으로 알게 된 것이다. 또한 와인과 요리의 기본적 조화 역시 과학적인 근거가 있다.

    그래서 와인과 요리를 마리아주(Mariage), 즉 결혼이라고 표현한다.

남자와 여자의 궁합과도 같다는 말이다. 잘된 만남은 서로 시너지 효과를 일으켜 보석처럼 빛나게 되지만, 잘못된 만남은 혼자 있을 때의 우수했던 부분마저 상실하고 퇴색하는 것과 마찬가지이기 때문이다. 와인과 요리가 잘못 만나 어느 한쪽이 상극하게 되면 둘 다 제맛을 못 내게 된다.

화이트와인에 생선요리를 매치시키는 이유는 생선에 들어 있는 질소화합물 때문이다. 염기성이며 질소를 포함하는 이 성분은 생선 비린내의 주범이다. 생선이 살아 있을 때는 산소가 공급되기 때문에 이 물질이 산화되어 비린내가 나지 않는다. 그러나 생선이 죽으면 산소 공급이 중단되므로 비린내가 난다. 화이트와인은 껍질과 씨를 모두 제거하고 와인을 만들기 때문에 타닌 등의 물질들이 거의 제거되어 과일의 산도가 두드러진다. 바로 화이트와인 안의 산도가 염기성인 질소화합물과 만나 중화시키는 역할을 한다.

레드와인에는 타닌이 많이 들어 있다. 타닌은 와인의 떫은맛을 내는 물질인데, 포도의 껍질과 씨, 줄기 등에 들어 있다. 참나무 등의 나무에도 들어 있으므로 오크통에서 와인을 숙성시키면 와인에 녹아들어가 타닌이 증가한다. 과일에 들어 있는 타닌과 나무에 들어 있는 타닌은 성격이 좀 다르지만 떫은맛을 내는 것은 같으며, 시간이 지나면서 타닌 분자들이 서로 붙어 맛이 부드러워진다. 이 타닌 성분이 육류의 지방과는 찰떡궁합이다. 게다가 단백질을 부드럽게 만들어주는 역할도 한다.

육류의 지방은 또한 타닌의 떫은맛을 눌러주고, 타닌은 지방의 고소한 맛을 증가시키며 지방을 씻어내는 역할도 한다. 중국인들이 기름진 음식을 많이 먹는데도 마른 체형이 많은 이유가 차를 많이 마셔서라는 학설도 이 때문이다. 차 속의 타닌이 지방을 씻어내기 때문이다. 그리고 타닌이 생선과 만나면 금속성의 비린내를 유발한다. 또한 타닌은 철과 반응하므로 빈혈이 있는 사람이 레드와인을 너무 많이 마시면 혈액 속의 헤모글로빈에 영향을 줄 수도 있다.

또 같은 식재료라도 종류에 따라, 또는 부위나 육질에 따라 그 무게가 다르다. 와인에도 무게감이 있다. 이를 바디(Body)라고 하는데, 같은 액체인데도 입속에서 느껴지는 질감의 차이를 말한다. 즉 맹물과 오렌지 주스와 우유를 입속에 머금었을 때 느껴지는 질감은 각각 다르다. 가벼운 질감(Light body), 중간 질감(Medium Body), 무겁고 진한 질감(Full Body)으로 표현할 수 있다.

이런 무게감이 식재료에도 똑같이 적용된다. 즉 같은 생선이라도 동태나 대구, 참치와 연어는 그 안에 든 지방분 등의 성분에 차이가 난다. 그래서 가벼운 식재료와는 가벼운 와인, 무거운 식재료와는 무거운 풀 바디 와인을 매치시킨다.

예를 들어 같은 쇠고기라도 기름기가 별로 없는 산적이나 불고기감과 마블링이 잘되어 있는 특상등급의 꽃등심은 그 무게감이 다르다. 즉 기름기가 별로 없는 육류는 타닌 성분이 많지 않은 가벼운 레드와인과, 또 마블링이 잘된 육류는 이를 씻어내주며 고소하게 해주는 타닌이 많은 풀 바디의 레드와인과 매치시키는 것이다.

게다가 자연계는 오묘해서 색의 차이도 무게감의 차이와 비례한다. 식재료의 색이 진해지고 붉은색을 띨수록 무게감이 무거워지는 것이다. 이상한 것은 식재료의 색에 맞추어 비슷한 농도의 와인을 마셔보면 신기하게도 맞아떨어진다는 사실이다. 즉 붉은빛을 띠는 연어나 참치랑 타닌이 거의 없는 가벼운 레드와인을 차게 해서 마시면 생선과 레드와인이라는 공식의 경계가 허물어진다. 또한 기름기가 제거된 돼지 수육(색이 희다)에 좀 농도가 짙은 화이트와인을 마셔도 마찬가지로 같은 경험을 할 수가 있다.

그러나 잊지 말아야 할 것은 와인은 식품이므로 개개인의 기호가 다르다는 것이다. 또한 문화권마다 특별히 선호하거나 혐오하는 맛이나 향이 있다. 와인과 음식의 궁합은 서양인 기준으로 그들의 오랜 식습관에 의해 확립된 것이다. 과학적 근거는 확실하지만, 어떤 사람은 레드와인과 함께 생선을 먹을 때 나는 비릿함이 좋을 수도 있다. 평양감사도 자기가 좋아야 제맛이다.

파리지앵이 와인을 즐기는 방법

프랑스인들에게 있어 와인은 일상이자 음식이다. 와인바라는 것이 따로 없다. 와인이야 어딜 가도 있는데 굳이 와인바라는 것이 존재할 이유가 없는 것이다. 가끔 프랑스어로 '와인바'에 해당하는 바르아뱅(Bar à Vin)이라는 간판이 눈에 뜨이는데, 이름만 바(Bar)를 붙였을 뿐, 실제로 가보면 분위기나 테이블, 식사 메뉴, 셰프 등이 레스토랑과 똑같다.

요리 없이 와인만 마시는 것은 서민들이 퇴근 후 집에 들어가다 동네 모퉁이의 카페 카운터에 모여 담화를 나눌 때뿐이다. 시내 중심가에 숨어 있는 럭셔리한 트렌디바를 제외하고는, 바라는 간판을 달았어도 소박하기 이를데없다. 한국의 청담동 등에서 볼 수 있는 뉴욕 스타일의 세련된 인테리어를 기대하면 실망한다. 또한 실내 곳곳이 조화로 장식되어 있어도 절대 놀라지 말 것.

파리의 두 얼굴을 보려면 다음 두 곳을 방문해보자. 서민들의 왁자지껄한 수다와 시큼털털한 막포도주를 맛볼 수 있는 '바롱 부주(Baron Bouge)'와 이와는 정반대의 핫(Hot)한 파리를 상징하는 '부다 바(Buddha Bar)'가 그곳이다.

지역마다 길모퉁이에 있는 브라스리(Brasserie)가 서민들이 한잔하는 장소로는 단연 월등하지만 브라스리는 맥주나 커피를 주로 판매(잔술도 당연히 있긴 하다)하는 데 비해, 바르아뱅은 긴 와인 리스트에 메뉴는 레스토랑 수준이다. 전형적인 서민형 바르아뱅을 보고 싶다면 리용역(Gare de Lyon) 근처의 상설 시장통 안에 있는 바롱 부주를 권한다. 포부르 생앙투안 거리(Rue Faubourg Saint. Antoine)와 샤랑통 거리(Rue de Charenton)를 연결하는 알리그르 시장(Marché d'Aligre, 월요일 휴무)은 각종 육류, 채소, 치즈, 훈제고기 등을 파는 상설 시장이다. 시장도 구경할 겸 돌아보다가 바롱 부주에서 자리를 잡으면 파리 서민들의 삶을 피부로 느낄 수 있다. 각 지역의 와인이 담긴 오크통에서 수도꼭지로 와인을 따라 주는데, 맥주로 말하자면 생맥주라 할 수 있다. 캐러프(Carafe)나 잔으로 마실 수 있으며, 훈제 돼지고기(Charcuterie)나 계절 해산물 등으로 요기도 할 수 있다. 왁자지껄한 시장통의 분위기와 오크통으로 된 테이블, 타파스(Tapas) 같은 한 접시 요리 등은 남프랑스나 스페인의 투박한 시골 마을의 분위기를 느끼게 한다.

이와는 정반대로 시크한 파리지앵이 모이는 곳을 원한다면, 프랑스적인 바를 찾기보다는 파리 안에 있는 라틴이나 오리엔탈적인 이국적인 바에 가는 것이 볼거리가 많다. 어차피 와인은 어디에나 있으니 말이다. 예전

에도 그랬지만 여전히 뜨고 있는 바가 바로 '부다 바'이다. 콩코르드 광장의 크리용 호텔 근처, 이런 곳이 있으리라 생각지도 못한 장소가 숨어 있다. 레스토랑·라운지 바인 부다 바는 몽환적인 디스코텍에서 식사하는 듯한 콘셉트로 시작한 곳이다.

트레이드마크인 거대한 불상과 용 모양의 카운터, 어두컴컴한 불빛 아래 하나씩 드러나는 라운지와 레스토랑의 테이블들은 마치 파리 안의 다른 세계에서 꿈을 꾸는 듯한 착각을 준다. 아직도 부다 바는 여전히 파리의 트렌드이고, 뉴욕을 비롯해 많은 도시에 체인점도 오픈했다. 전직 DJ가 창업자였던 만큼 음악에도 일가견이 있어 자체의 라운지 뮤직 음반 시리즈도 냈다. 시크한 파리의 상징인 만큼 비용은 마음의 준비를 할 것.

부다 바가 부담스러우면, 여기만큼 럭셔리하지는 않지만 같은 조르주5그룹에서 운영하는 샹젤리제 근처의 '바운드(Bound)' 바도 매우 트렌디

한 곳이다. 뉴욕이나 일본 등에서도 볼 수 있는 이국적인 인테리어와 퓨전 요리, 와인, 음료 등을 즐길 수 있다. 파리의 어느 지역에 조르주5그룹의 레스토랑이 들어온다고 하면 주민들이 나서서 반대하는 곳도 있을 정도이다. 전통과 어울리지 않는다는 것이다. 그 전통과 싸우며 이런 최첨단 트렌드가 숨어 있어 재미있는 도시가 파리이다.

    파리는 독신자들이 정말 많다. 제각각 고향도 다르고 국적도 다양하다. 그러다 보니 외롭기 때문에 친구관계가 중요하다. 가족관계가 최우선시 되는 한국보다, 친구관계가 인생의 기본 축이 되는 경우도 많다. 따로 나와서 살더라도 가족의 보호하에 소속감이 확실한 한국보다 훨씬 독립적이기 때문이다. 그래서 클랑(Clan)이란 말을 많이 쓴다. 원래는 '씨족, 패거리'란 뜻인데, 일반 구어체에서는 친구들끼리의 집단의식, 즉 '끼리끼리' 란 의미이다. 쉽게 만들어지거나 받아들여지지는 않지만, 일단 클랑 안에 들어가면 한국의 친구들보다도 더 유대감이 깊다.

외로운 독신들의 도시인 만큼 끼리끼리 모여서 먹고 즐기는 문화도 발달해 있다. 하지만 여행자들의 눈에는 잘 보이지 않는다. 한국처럼 거리에 넘치는 술집에서의 회식이나 동창 모임 등은 별로 없다. 가족 아니면 친구들, 즉 클랑끼리 모이기 때문이다. 저녁 6시 이후면 도시 전체가 적막해지고, 모두들 자기네 담장 너머로 꼭꼭 숨어버린다.

프랑스의 보수적인 전업 주부들은 요리하기를 즐기지만, 일하는 파리의 독신들은 집에서 음식을 장만하기가 무척 어렵다. 그래서 레스토랑 문화가 발달해 있다. 하지만 레스토랑은 맘먹고 나가는 외출이고, 일상에서는 아늑하게 집에서 파티를 할 때가 더 많다. 보통 독신들은 음식과 요리를 나누어 장만해오는 포틀럭 파티를 즐긴다. 때로는 재료를 함께 장만해서 돌아가며 고향의 요리를 만들기도 한다. 프랑스 각지에서 온 친구들이 고향에서 가져와 꼬불쳐놓았던 와인을 한 병씩 들고 오면 전국의 와인이 다 모인다. 파리지앵은 이렇게 독신들끼리 서로 의지하며 살고 있다. 그래서인지 파리는 멜랑콜리하다.

젊은 시절, 여러 시범적 관계들이 난무하는 파리에 살며 느낀 것은, 많은 모순이 있지만 인류가 만든 가장 좋은 제도가 민주주의와 자본주의듯이, 피곤하지만 가장 외롭지 않은 제도 역시 결혼이라는 것이다.

바롱 부주(Baron Bouge) 주소 : 1 Rue Theophile Roussel, 75012 Paris | 지하철 : 8번선 Ledru Rollin
부다 바(Buddah Bar) 주소 : 8 Rue Boissy d'Anglais, 75008 Paris | 전화 : 01 53 05 90 00
바운드(Bound) 주소 : 49-51 Avenue George V 75008 Paris

어느 날, 하늘에서 별이 떨어지다

유학 시절 같은 기숙사에 있던 친구 클레르 안은 지금도 보르도 와인은 잘 즐기질 않는다. 고향이 샹파뉴의 렝스(Reims)였는데, 사회학을 전공하기 위해 캉 대학으로 온 친구였다. 석사 논문으로 끙끙대던 여름 방학, 클레르 안이 고향의 부모님 집에 가서 함께 공부하자는 제안을 하였다. 프랑스 학생들이 모두 집으로 돌아가버린 텅 빈 기숙사에 덩그러니 남아 있기 싫었는데 얼씨구나 하고 짐을 꾸렸다. 파리에서 1시간가량 달리다 보면 도착할 수 있는 곳, 샹파뉴와는 그렇게 처음 만났다.

탄산음료를 별로 좋아하지 않는 나는 샴페인보다도 장엄한 아름다움으로 나를 내려다보던 렝스 대성당과 먼저 만났다. 역대 프랑스 왕들의 대관식이 거행되던 곳……. 그 시절에는 클레르 안이 왜 샴페인이나 부르고뉴 와인만 마시는지 이해할 수 없었다. 내겐 다 같은 술이거늘! 훗날 생각해보니 어린 시절부터의 식습관이었던 게다.

샤르도네와 피노 누아의 맛에 길들여진 그 친구에게는 보르도가 입에 맞지 않았던 거다. 이들에게 와인은 식품이고 토속품이기 때문이다. 그러니 다른 지역에서 아무리 명품 와인이 난다 한들 별 관심이 없는 게 당연하다. 그 친구는 아마 샤토 라투르(Château Latour)를 딴다 해도 싫다고 할지 모르겠다. 홍어 썩은 거 절대 못 먹는 사람이, 잘 삭힌 최고 품질의 비싼 홍어가 있다고 해도 안 먹듯이 말이다.

샹파뉴는 파리 북동쪽, 위도 45도에 위치한 프랑스 최북단의 포도 재배 산지다. 가을에 국도로 달리다 보면 끝없이 펼쳐지는 황금빛 밀밭의 물결이 보인다. '어린 왕자'의 '황금빛 금발이 연상되는' 들판. 연평균 10.5도를 넘지 않아 포도를 재배하기 어려운 조건이지만, 서늘한 기후에 잘 적응하는 적포도 품종인 피노 누아, 피노 뫼니에, 그리고 청포도 품종인 샤르도네를 재배한다.

이 세 품종이 바로 그 유명한 축제의 술, 샴페인을 만드는 품종들이다. 샹파뉴(Champagne)를 영어로 발음하면 '샴페인'이다. 와인의 종류에서 샴페인이라고 하면 탄산이 들어 있는 와인을 일컫는다. 포도알 속의 당분이 효모에 의해 발효하여 알코올이 되는 과정에는 이산화탄소가 배출된다. 일반 와인은 이 이산화탄소, 즉 탄산가스를 밖으로 배출시키고 병에 담은 것이고, 스파클링 와인은 이 날아가는 기체를 와인과 함께 병에 담은 것이다. 말은 이렇게 간단하지만 날아가는 기체를 병에 담는 것이 어디 그리 쉽겠는가?

그러나 모든 탄산와인을 샴페인이라고 표기하면 상표법에 저촉된다.

일반 명사는 스파클링 와인(Sparkling Wine)이라고 해야 한다. 왜냐하면 샴파뉴는 일종의 브랜드명인데 워낙 유명하다 보니 비슷한 종류의 탄산와인을 모두 샴페인이라고 부르고 있는 것이다.

조미료를 모두 미원이라고 하는 것과 마찬가지다.

이 샴파뉴 지방에서 전통적으로 각각의 병마다 천연적으로 탄산가스가 생기도록 제조하는 방식을 '샴파뉴 방식(Methode Champanoise)'이라고 해서, 자랑스럽게 레이블에 표기한다. 왜냐하면 인건비와 시간이 많이 소요되므로 고급 샴페인을 만들 때만 쓰는 제조법이기 때문이다. 한국에는 발런타인데이나 크리스마스 때 공짜로 끼워주는 가짜 샴페인 때문에 샴페인의 이미지가 싸구려 술이 되었지만, 사실 샴페인은 귀족들만 마실 수 있었던 고급 와인이다.

샴페인 방식으로 각 병마다 다시 발효시키는 작업을 거칠 경우 가격이 비싸질 수밖에 없다. 그래서 보급형이 등장했는데, 큰 통 속에서 한꺼번에 설탕과 효모를 넣어 탄산가스를 만들어내는 방식이다. 이는 사람 손이 가는 공정을 대폭 줄여 가격이 많이 착해진다. 이를 고안한 오귀스트 샤르마(August Charmat)의 이름을 따서 '샤르마 방식'이라고 한다. 독일의 섹트(Sekt), 이탈리아의 프로세코(Prosecco), 프랑스의 다른 지방에서 대량으로 생산하는 스파클링 와인 등이 이런 방식으로 만들어진다.

기후 조건이 나쁘다 보니 300년 전에는 별 볼일 없던 드라이 화이트와인과 특징 없는 레드와인을 생산하던 샴파뉴에 어느날 하늘에서 '별'이

떨어졌다

　　동 페리뇽은 이 지방의 오빌레(Hautvillers) 수도원의 와인 창고를 관리하는 수도사였다. 그 당시에는 와인병을 보관하던 지하 창고에서 봄이 되면 병이 터져버리는 일이 많았다. 그래서 사람들은 귀신이 붙었다며 창고에 가기를 꺼려하곤 하였다. 그러던 어느 날 동 페리뇽은 대단한 결심을 하게 된다. 신앙의 힘으로, 터져버린 술병에 남은 와인을 맛본 것이다. 그날 샹파뉴, 아니 와인의 역사가 바뀌게 된다. "하늘에서 별이 떨어집니다!!!" 그가 외친 말이다. 탄산가스가 입속에서 톡톡 터지는 그 느낌은 별똥과도 같았을 것이다.

　　가을에 추수하여 와인을 발효하던 중 기온이 떨어지면 효모가 활동을 멈추고 동면을 한다. 그래서 와인에 발효되지 않은 당분이 조금 남게 된다. 발효에 대한 지식이나 기술이 없었던 그 시대 사람들은 와인이 완성된

줄 알고 그대로 병에 담았다. 추운 겨울 동안 잠자고 있던 효모가 봄이 되어 기온이 오르자 잠에서 깨어난다. 그리고 효모는 병 속에 남아 있던 당분을 먹으면서 탄산가스를 내놓는다. 그러다 가스의 압력을 이기지 못한 병들이 톡톡 터져버리는 것을 사람들은 귀신이 들었다고 믿었던 것이다.

　　동 페리뇽은 제조과정과 품종의 혼합을 연구하기 시작했고, 압력을 견딜 수 있는 두께의 병과 커다란 코르크, 그리고 철사로 뚜껑을 단단히 붙들어 매는 방법을 고안해냈다.

이것이 바로 위대한 술, 샴페인의 탄생이다. 그전에 루이 14세나 영국 등에서 이미 탄산이 든 와인을 마시고 있었다는 기록이 있었지만 동 페리뇽이 샴페인의 상품화에 기여한 점에 대해서 이의를 제기하는 역사가들은 없다.

18세기 화려한 궁정에서 상대방을 유혹하던 술이 바로 샴페인이었던지라, 화류계의 대모 퐁파두르 후작 부인은 다음과 같은 명언을 남겼다. "마신 후에도 여성을 여전히 아름답게 하는 술은 샴페인밖에 없다." 때문에 "샴페인을 주문하는 남자를 조심하라."는 속담이 있을 정도이다.

유럽에서는 작업용 와인의 대명사가 바로 샴페인이다. 상류사회에서 샴페인은 부킹에 성공한 후 서로 마음에 들었을 때 '은밀한 하룻밤'의 신호였다. 얼음에 박힌 샴페인 병과 그 위에 올려진 캐비어는 둘 다 입속에서 톡톡 터져 더욱 관능적이다. 하늘에서 떨어지는 별, 그래서 별똥이 될 정도의 열정적인 밤의 상징이다. 그래서인지 카사노바도 돈 후안도 007 제임스 본드도 샴페인 병을 껴안고 살았다.

재작년 여름 딸아이 이수와 조카 미수를 데리고 3주간 프랑스 여행을 떠났었다. 와인 여행을 떠난 거였지만, 제2의 고향 노르망디를 빼놓을 수는 없었다. 캉에 가면 항상 그렇듯이, 결혼해서 아직도 캉에 살고 있는 클레르 안의 집에서 며칠간 묵었다. 아들만 둘인 그 친구는 이수와 미수를 너무 예뻐해서, 말이 안 통하는데도 떠날 때 아이들이 눈물까지 흘렸다. 탄산음료를 싫어하던 나를 기억하는 그녀는 샴페인 예찬론자가 되어 돌아온 나를 보고 "너 임신했니?"라며 낄낄댔다.

카사노바의 샴페인

카사노바와 제임스 본드의 공통점?
잘생겼다. 여자를 좋아한다. 와인으로 여성을 유혹한다.

Story2 와인빛 파리를 산책하다

카사노바만큼 후세에 야박하게 평가된 인물도 없을 것이다. 우리는 흔히 카사노바를 여자나 울리고 다니는 희대의 바람둥이로만 기억한다. 실제로 일생 동안 많은 여성들과 사랑을 나누었고, 그중에는 추문도 있었고, 진정한 사랑도 있었다. 하지만 이처럼 여성편력으로 인해 한 개인이 지닌 다양한 능력이 평가절하되는 경우도 드문 것 같다. 그래서 현대에 와서 가장 많이 회자되면서 다시 조명되는 인물 중 한 명인 것 같다.

내가 보기에 카사노바는 주체할 수 없는 욕정이라기보다는 '참을 수 없는 탐미에의 열정'을 지닌 인물이다. 모든 아름다운 것, 맛있는 것, 멋있는 것에 대한 멈출 수 없는 집념 말이다. 카사노바의 와인에 대한 열정 또한 빼놓을 수 없다.

'다 마셔보고 싶은 것.' 여성을 향한 탐미 본능이 와인에도 적용되었던 것 아닐까? 미식가였던 그는 유럽 각지를 여행하며 많은 요리와 와인을 접한다. 물론 여기에 여성과의 스토리는 빠질 수 없는 조미료였고…….

이탈리아 베니스에서 배우의 아들로 태어난 카사노바는 귀족은 아니었지만, 파도바 대학에서 법률학 박사학위를 받을 정도로 학식이 풍부했다. 게다가 비즈니스 감각도 뛰어난 데다, 40편이 넘는 기록물을 남긴 뛰어난 문필가이기도 했다. 최초로 호메로스의 《일리아드(Iliad)》를 완전한 이탈리아어 8행의 옥타브(Octave) 운율로 번역하였고, 본인의 일생을 자세히 기록한 12권의 회고록은 당대 유럽 궁정 생활에 대한 귀중한 연구자료가 되고 있기도 하다.

30대 초반, 베니스에서 귀족 부인과 스캔들을 터뜨린 카사노바는 감옥에 수감된다. 간신히 야반탈출에 성공한 그는 프랑스로 망명을 하는데, 파리에서 운명적으로 만난 사람이 바로 루이 15세의 애첩 퐁파두르 후작 부인이다. 퐁파두르의 살롱에 자주 드나들던 카사노바는 그녀의 도움으로 루이 15세를 알현하게 되고, 화려한 언변으로 프랑스 사교계에 데뷔한다. 그는 전 유럽을 종횡무진 누비며 여행하였고, 각 나라의 요리나 와인 등을 퐁파두르 후작 부인에게 소개하기도 하였다.

뛰어난 비즈니스맨이었던 그는 당시 재정적으로 어려움을 겪던 루이 15세에게 복권제도를 도입하도록 하여 실력을 인정받는다. 귀족도 아닌 카사노바가 그 당시 폐쇄적이던 유럽 사교계의 최중심까지 들어가 대단한 인물들과 교제하고 지냈다는 것은 정말 놀라운 일이 아닐 수 없다. 이는 그가 단지 인물이 잘났거나 권모술수가 뛰어나서라기보다는 지성이 뒷받침되었기 때문에 가능한 일이었을 것이다.

또한 카사노바는 대단한 미식가여서 와인과 요리에 조예가 깊었다. 그가 40여 년간 120여 명에 달하는 여성을 자신의 포로로 만든 비결은 바로 와인과 요리였다. 맘에 드는 여성이 있으면 일단 자신의 집으로 초대하여 직접 만든 요리와 거기에 어울리는 와인을 대접했다고 한다.

그런데 초대 전에는 반드시 섬세한 선행 연구가 있었다. 바로 상대 여성의 머리와 눈동자, 피부색 등에 어울리는 조리법과 와인의 선택이었다. 아름다운 테이블 세팅이 된 방에서 흔들리는 촛불 아래, 자신의 감각에 가장 잘 어울리는 요리와 와인을 곁들인 만찬 앞에 넘어가지 않을 여성이 있을까? 여성의 마음은 그때나 지금이나 변함없으니, 카사노바가 다시 환생한다 해도 아마 결과는 동일할 것 같다.

카사노바가 환생한다면 사교계 대신 연예계에서 활동할 것이 분명하다. 아마 할리우드에서 스카우트해서 제임스 본드 역할을 맡게 되지 않을까 싶다. 실존 인물은 아니지만, 제임스 본드야말로 전 세계를 종횡무진 누비며 문화, 금융, 비즈니스계에서 전천후로 활약하는 인물이다. 또 외국어는 어찌 그리도 잘하는지, 가는 나라마다 어려움 없이 피부 색깔별로 본드 걸을 수집한다.

여기서 세련된 제임스 본드의 이미지를 만들어내는 것은 바로 와인과 요리라는 코드다. 젠틀하다는 것은 신사복만 말끔하게 입었다고 완성되는 것이 아니라, 몸에 자연스럽게 밴 식도락이야말로 도회적인 문화적 취향을 상징한다. 세련되게 먹고 마심으로써 제임스 본드는 숀 코넬리, 로저 무어, 피어스 부르스넌에 이르는 계보를 이어오며 '스파이'라는 다소 어둠침침하고 우울한 직업을 경쾌하게 이미지업시키고 있다.

물론 여기에 등장하는 와인들은 협찬사를 위한 철저히 계산된 PPL(Product Placement)이다. 제임스 본드는 명품 와인을 주로 마시는데, 언제나 빠지지 않고 등장하는 것이 바로 샴페인이다. 동 페리뇽과 볼랭저, 뵈브 글리코 퐁사르댕, 테뎅저……. 카사노바 역시 샴페인을 즐겨 마셨다. 왜냐하면 입속에서 톡톡 터지는 기포의 느낌은 관능적인데다가 탄산은 알코올의 흡수를 촉진시켜 여성을 유혹하는 술이기 때문이다.

프랑스 르네상스의 중심지, 왕들의 정원

　　파리에서 남쪽으로 250여 킬로미터를 달리면 프랑스에서 제일 긴 강인 루아르가 나온다. 중간 중간 모래섬과 삼각주가 보이고, 깊어졌다 강바닥이 보였다 하며 대서양으로 흐르는 아름다운 강이다. 프랑스인들은 이 강 유역의 투렌(Touraine)과 앙주(Anjou) 지역을 '왕들의 정원'이라고 한다. 중세시대, 국왕의 권력이 전 프랑스에 미치지 않던 시절 루아르 주변이 프랑스 국왕의 영지였기 때문이다. 당시는 국왕도 국토 한 부분의 영주였을 뿐이다. 그래서 이 지역에는 왕족들의 고성과 사냥터였던 드넓은 숲이 많이 남아 있다. 동화 속에서나 볼 것 같은 샹보르, 슈농소, 소뮈르, 아제드 리도, 그리고 앙제의 11세기 고성 등 멀리 보이는 경관이 숨 막히게 아름답다.

루아르는 국왕들의 영지가 있었던 지역이니만큼, 이곳의 프랑스어 발음을 가장 최고로 여긴다. 파리도 '파리식 사투리와 억양'이 있다. 그래서 방송매체 등에서 표준어로 택한 것이 바로 루아르 지역의 발음이다. 그러다 보니 중심 도시인 낭트(Nantes), 앙제(Angers), 투르(Tours) 등에는 전 세계에서 어학연수를 받기 위해 모여드는 학생들로 젊음이 넘쳐난다.

내가 프랑스에 처음 도착해서 살던 도시도 바로 이 지역의 대표 도시인 낭트였다. 대학원에 가기 전 어학연수를 했던 곳으로, 루아르 강이 대서양으로 흘러 들어가는 하구에 위치한 도시다.

도착한 바로 다음 날 아침의 그 막막함은 지금도 잊혀지질 않는다. 길가의 포플러들이 붉게 낙엽이 지고, 부슬부슬 가을비가 떨어지는 거리를 걸어 처음으로 대학 식당(R.U.)에서 밥을 먹었다. 누구나 그렇겠지만, 엄마가 해준 아침상을 당연히 받으며 살아온 나는 끼니를 해결해야 한다는 현실이 이처럼 엄청난 무게인 줄 처음 알았다.

시차도 적응 안 된 상태에서 대학 식당의 커다란 스테이크가 잘 넘어갈 리 없었다. '뭔 고기가 이렇게 넓적하고 고무같이 질기냐, 등심이라서 그런가?' 하며, 그래두 밥심으로 버텨야 한다는 생각에 겨자를 발라가며 스테이크 한 덩이를 꾸역꾸역 다 먹었다. 나중에 고기가 좀 질기지 않느냐구 옆의 프랑스 학생에게 물어보자 "응, 원래 그래. 그거 말고기야."라는 게 아닌가?! 순간 하늘이 노래지며 토 나오는 것을 참느라 힘들었던 기억이 난다. 어쩐지 색이 좀 진하고 질깃거리더라니.

프랑스 와인과 처음 마주한 것도 바로 루아르 지역이었다. 낭트에서의 몇 개월을 보낸 후 발음 좋다는 앙제에서 외롭게 몇 달을 살았는데, 이 지역의 특산품이 핑크색의 로제 와인이었다. 별로 고급 와인은 아니지만

한여름 숲 속에 자리 잡고, 아이스박스에 몇 병 담아가 샌드위치랑 마시면 무릉도원이 따로 없다. 피크닉이 뭐, 별거 아니다.

      한국에서 친하게 지내던 친구들이 여름에 어학연수를 위해 몰려온 투르에서의 몇 개월은 프랑스에서 보낸 몇 년 가운데 가장 마음 편하게 지낸 시절이었던 것 같다. 논문을 써야 한다는 중압감도 없었고, 대학원 학기가 시작하기 전 무조건 즐겁게 놀 궁리만 했었으니까! 어둠이 깔리는 루아르 강변에 발을 담그고 마시던 싸구려 와인의 맛은 그 이후 아무리 좋은 와인을 마셔도 다시 느낄 수가 없다. 요즘은 아무리 좋은 것을 먹어도 뒤돌아서면 잊어버리는데, 젊은 날 그 생생한 감각에 각인된 맛의 기억은 퇴색하지 않는 것이다.

프랑스 르네상스의 중심지였고, 레오나르도 다빈치가 생의 마지막 몇 년을 보내며 생을 마감한 곳도 이곳이다. 미켈란젤로나 라파엘로에 비해 정치적이지 못해 피렌체나 로마에서는 이들에게 밀리기 일쑤였던 다빈치를 프랑스 국왕 프랑수아 1세는 무척 아꼈다. 그래서 말년의 다빈치를 루아르로 초청하여, 앙보아즈 성 근처에 있던 자기 어린 시절의 저택인 클로 뤼세(Clos Lucé)를 내어주고 그림이면 그림, 발명이면 발명 무엇이든 하라고 후원해주었다. 다빈치는 포도원이 딸린 이 저택에서 몇 년을 살았고, 그의 무덤은 바로 옆의 샤토 앙보아즈에 안치되어 있다. 현재 클로 뤼세는 레오나르도 다빈치 박물관이다.

다빈치도 포도원을 소유했을 정도로 이 지역은 포도 농사로 유명하다. 프랑스 최고급 와인이 생산되는 지역은 아니지만, 여름철에 시원하게 마실 수 있는 로제 와인과 소비뇽 블랑으로 만드는 화이트와인은 가히 일품이다. 또한 보르도에서는 블랜딩에 쓰이는 카베르네 프랑의 한 품종으로 마시기 편한 중저가의 레드와인도 생산한다. 그래서 이 지역 와인을 피크닉 와인, 바비큐 와인이라고 한다.

사실 한국에서는 루아르의 질 좋은 레드와인을 만나기가 쉽지가 않은데(인지도가 낮으니 수입이 잘 안 된다), 실제로 포도원을 방문해 와인을 맛보면 신선하면서도 깊은 맛이 다른 지역에 뒤떨어지지 않는다. 카베르네 프랑뿐 아니라 보졸레에서나 만날 수 있는 가메로도 꽤 바디감 있는 와인을 만든다. 게다가 어떤 토양에서는 슈냉 블랑으로 몇 십 년씩 보관할 수 있는 고급 스위트 와인을 생산하기도 한다.

루아르 지방은 와인뿐 아니라 식초로도 유명하다.

와인으로부터 파생되는 이곳 식초는 프랑스 최고급이다. 잔 다르크가 태어난 도시 오를레앙(Orléan, 미국 뉴올리언스의 모델이 된 도시다)은 와인을 초산 발효시켜 만드는 와인식초와 이를 숙성한 발사믹으로 유명한 도시다. 게다가 각종 약초나 과일로 술을 담가 증류하는 유명한 리큐르를 많이 생산하는 지역이기도 하다. 이런 리큐르는 디저트와 함께 마시기도 하고, 각종 칵테일의 베이스가 되는데 세계 각국으로 수출된다.

2007년 여름 소뮈르(코코 샤넬의 고향이다!)의 유명한 과일주 증류회사인 콩비에(Combier)를 방문했었다. 끓여서 수증기가 되어 떨어지는 순수 알코올을 받아 만든 술을 '오드비(Eau de Vie)'라고 하는데, 옛날식의 황동으로 된 알람빅(Alamvic)에 카시스, 오렌지, 배, 허브 등 독버섯을 제외한 각종 식물을 술로 담가서 증류한다. 우리나라의 가양주와 비교하며 공부해보고 싶을 정도로, 파고 또 파면 정말 재미있는 것들이 많은 지역이다. 오히려 가양주를 재발굴하기 위해서는 와인보다 지방 곳곳의 리큐르를 탐색해봐야 될 것 같다.

중세적인 도시, 교황의 별장

프랑스 동부의 론 지역은 랑그도크만큼이나 로마적인 추억을 많이 간직한 곳이다. 아비뇽의 구불구불하고 좁은 길들, 오랑주(Orange)나 아를르(Arles)의 원형경기장 등 고대의 돌들이 그대로 남아 있다. 지중해의 햇빛을 받으며 들판에 나가 그림을 그리던 반 고흐의 자취들, 알퐁스 도데의 순결한 사랑 《별》, 또한 도데가 올린 연극 〈아를르의 여인〉을 위해 비제가 작곡한 배경음악들……. 모두 이 지역의 아련한 후광들이다.

투르에서 어학연수를 하던 시절에 만난 독일 친구 두 명과 함께 남프랑스로 여행을 갔었다. 투르에서 헌 차를 빌려 남서쪽 보르도로 내려가 랑그도크 지역의 투루즈와 카르카손, 몽펠리에를 거쳐 님므, 아비뇽까지 이르는 여정이었다. 너무 긴 여정이라 차를 아비뇽에서 돌려주고 기차를

타고 파리를 거쳐 돌아오기로 했다. 나보다 나이도 훨씬 어렸던(나도 그때는 스물네 살이었다!) 잉거와 앙드레아는 열아홉 살 정도였는데 어쩌면 중고 자동차 한 대 끌고 유럽 곳곳을 다녀보지 않은 곳이 없는지…….

그 당시에는 잘 몰랐는데, 나이가 들어가며 이해하는 것이 있다. 유럽 여성들이 알파걸(Alpha Girl)로 성장해가는 원동력은 바로 여행을 통해 자신의 내면을 열어가며 만들어지는 인생에 대한 깊이라는 생각이 드는 것이다. 어쨌든 그 이후 나의 유학 생활은 젊은 잉거와 앙드레아의 모습이 언제나 교과서처럼 지침이 되었었다.

종착지인 아비뇽에 도착한 나는 한 번도 상상해본 적이 없는 그 중세적인 도시의 모습에 놀라움을 금치 못했다. 차보다는 마차가 어울리는 도시, 딱 그 표현이 어울린다. 물론 시계 광장(Place de l' Horloge)의 노천카페나 유스호스텔 등은 여행 온 전 세계의 젊은이들로 넘쳐나지만, 골목 하나만 뒤로 들어가면 빛도 잘 들지 않는 좁은 골목 사이로 간신히 차 한 대만이 지나갈 만한 넓이의 길이 한없이 이어진다. 이곳에서 보는 스카이라인은 아마도 중세의 서민들이 삐꺽거리는 나무문을 열고 올려다보던 그 스카이라인과 동일했을 것이다.

14세기 초, 보르도의 주교이던 클레멘트 5세가 로마의 교황이 되었다. 그동안 이탈리아인들이 주로 잡고 있던 교황청을 프랑스가 접수한 것이다. 그러나 보르도 태생이던 이 교황은 낯선 로마교황청에서 살고 싶어 하지 않았다. 게다가 프랑스의 국력을 과시하고 싶었던 국왕과의 이해관계도 맞아떨어져, 교황청을 보르도와 로마의 중간 지점인 아비뇽으로 옮긴다. 이후 로마교황청과 대립했던 프랑스의 교황들은 한 세기 동안 아비뇽을 교황청으로 삼았다.

70년간 7명의 교황이 머물던 교황청은 아직도 그 위용을 자랑하며 웅장한 자태를 드러내고 있다. 물론 바티칸에 비할 수는 없지만 프랑스가 가톨릭의 심장부라는 힘을 과시하고 싶어 했던 오만이 느껴지는 것 같다. 첫 번째 교황인 클레멘트 5세는 아비뇽에 잠깐씩만 들를 뿐 이곳에서 기거하지는 않았다. 다음 교황인 요한 22세 때 비로소 교황의 거처가 이곳으로 완전히 옮겨지고 아비뇽은 진정한 교황청으로서의 기능을 하기 시작했다. 보르도 근처의 카오르(Cahors) 출신이던 요한 22세는 보르도로부터 은행가들과 포도 재배업자들을 대거 아비뇽으로 데려온다. 아비뇽 근처에 포도원을 만들어 질 좋은 와인을 생산하기 위해서였다. 건축을 좋아했던 요한 22세는 샤토뇌프(Châteauneuf) 등 여러 곳에 성을 짓고 이 지역의 포도원을 매입했다.

보르도나 부르고뉴에 비해 지명도는 떨어지지만, 나름대로의 독특한 특색과 품질을 지닌 것이 코트 뒤론의 와인들이다. 부르고뉴 남단, 알프스 끝자락에 있는 프랑스 제2의 도시 리용에서 아비뇽까지 기차를 타고 가다 보면 지형과 특색이 어느 한순간 확실히 바뀐다. 언덕에서 재배되던 포도들이 남쪽으로 내려가면 완만한 지형에서 재배된다.

그래서 코트 뒤론은 북쪽의 산악 지역과 남쪽의 해양 지역으로 구분된다. 북부는 기후가 대륙성이며 시라 품종이 많이 들어가 좀 더 바다감 있고 남성적인 데 비해, 남쪽은 다양한 해양 품종을 섞어 복합적이며 지중해 느낌이 난다.

알프스에서 발원해 이 지방을 관통하며 지중해로 흐르는 론 강 유역에 발달한 포도원들은 아주 특별한 블랜딩을 통해 와인을 만든다. 보르도가 몇 가지 품종을 섞는 데 비해 이곳은 10여 가지, 많으면 20가지도 넘는 포도의 종류를 섞어서 와인을 만든다. 그런 만큼 아주 복합적이고 풍성한 맛이 난다. 그래서 프랑스 어느 지역보다 양념이 많이 들어간, 한국 음식과도 궁합이 좋은 와인들이다.

미스트랄의 언덕 프로방스

세잔 : 생빅투아르 산, 엑상프로방스

길거리에서 이 조그만 책을 열어본 후,
겨우 그 처음 몇 줄을 읽다 말고는 다시 접어 가슴에 꼭 껴안은 채,
마침내 아무도 없는 곳에 가서 정신없이 읽기 위하여
나의 방에까지 한걸음에 달려가던
그날 저녁으로 나는 되돌아가고 싶다.
나는 아무런 회한도 없이, 부러워한다.
오늘 처음으로 이 '섬'을 열어보게 되는 낯모르는 젊은 사람을
뜨거운 마음으로 부러워한다.

- 알베르 카뮈, 장 그르니에의 《섬(Les iles)》 서문 중에서

프랑스의 모든 도시들과 지방들은 나름대로의 독특한 매력이 있고 얄미울 정도로 아름답다. 그러나 그 많은 지역들 중에서도 유독 인간의 본성을 보다 잘 어루만져주는 듯한 지방이 있다. 바로 프로방스(Provence)이다. 뭔가 현실 외적인 아름다움이 있는 곳, 이곳에 가면 인생의 잡다한 구속들에서 벗어나 자연으로 돌아가는 듯한 환상에 사로잡힐 것만 같다. 끝없이 펼쳐진 라벤더와 로즈메리 들판, 포도원과 올리브 나무들, 속살을 드러낸 지층들…… 그리고 작렬하는 태양이라니.

많은 불문학도들이 장 그르니에의 《섬》을 읽고 프로방스로 달려갔었다. 그곳에 가면 고양이 물루를 만날지도 모른다는 기대감, 아름다운 열정으로 뒤범벅된 카뮈의 서문, 그리고 그 모든 것을 원문처럼 전해준 김화영 선생님*의 감성에서 프로방스로 떠나지 않고는 못 배길 정도의 전율을 느꼈기 때문이다.

그때의 우리들은 그 무시무시한 북풍 미스트랄**마저 낭만적으로 상상했었다. 그런데 실제 미스트랄이 불 때면 그다지 로맨틱하지 않다. 세잔이나 고흐도 미스트랄의 강풍에 화구들이 날아가지 않도록 고정을 하고 그림을 그렸다고 하니…….

이 지방의 중심 도시인 엑상프로방스(Aix en Provence, 보통 '엑스'라고 한다)에는 곳곳에 세잔의 발자취가 묻어 있다. 태어나 대부분의 생을 보낸 곳으로, 그의 화집을 들고 그가 그린 풍경을 따라 다녀보는 것도 멋있을 것 같다(실제로 엑스 관광청에서 이런 투어를 운영한다). 서울에 남산이나 북한산이 있듯이, 엑상프로방스에는 생빅투아르(Saint?Victoire)라는 석회암으로 된 바위산이 상징처럼 서

---

* 김화영 : 프로방스 대학 불문학 박사, 현 고려대학교 교수. 대표작 : 문학 상상력의 연구-알베르 카뮈론, 소설의 꽃과 뿌리, 시간의 파도로 지은 성
** 미스트랄(Mistral) : 알프스에서 론강 계곡을 따라 불어 내려오는 차가운 북서풍. 강한 햇빛과 함께 때로는 시속 100 킬로미터의 강풍이 되기도 해서 프로방스의 특징적인 기후를 이룬다.

있는데, 세잔은 이 산 그림을 무려 80여 점이나 그렸다. 그러다 보니 어디에선가 봐서 그런지 산의 모습이 너무도 익숙하다.

독일 친구들과 여행하던 추억, 이곳에서 1년간 공부하던 막내 여동생을 보러 지겹게 다니던 추억이 새록새록 묻어난다. 어딜 가도 올리브와 포푸리 향이 나는 프로방스적인, 너무도 프로방스적인 도시다.

여기서 차로 30분 정도만 달리면 프랑스 제2의 도시 마르세유에 도착한다. 마치 우리나라의 부산 같다. 항구 도시다 보니 그리 아름다운 풍경만 있는 것은 아니고 흑인과 아랍인이 많이 살기로도 유명하다. 하지만 고대 그리스인들이 일구어낸 식민지 모습답게 지중해를 향해 열린 큰 항구는 바다 건너 천 년 전의 비잔틴 도시를 꿈꾸게 한다.

이 지방 토속요리인 부야베스(Bouillabaisse)는 사프란, 파프리카 등의 향료를 듬뿍 넣고 각종 생선과 왕새우, 게, 양파, 마늘, 감자, 토마토 등을 넣어 끓인 요리로, 국물은 따로 빵을 담가 먹고 생선과 채소는 접시에 건져내서 마요네즈에 마늘을 듬뿍 넣은 소스(Rouille)에 찍어 먹는다. 바다가 보이는 레스토랑에서 프로방스산 로제 와인 한 잔과 곁들이면 무릉도원이 따로 없다!

프로방스의 태양은 뜨겁다. 햇살 한줄기 한줄기가 내 피부를 꼭꼭 찌르는 것 같은데 습도가 낮아 땀은 나지 않는다. 영화제로 유명한 칸(Cannes)에서 차로 30분만 달리면 니스 해변에 도착한다. 지중해를 따라 야자수가 늘어선 길이 그 유명한 '창공의 해안(Côtes d'Azir)' 에서도 노른자위인 '프롬나드 데 장글레(Promenade des Anglais)' 이다.

한여름의 작렬하는 태양빛 아래 모노키니(Monokini)로 일광욕하는 여성들이 너무도 자연스러워 옷 입은 나 자신이 부끄러웠던 기억이 난다. 노르망디 해변에서도 훌훌 웃옷을 벗어버리는 프랑스 친구들을 보면서, 정작 가슴을 꽁꽁 싸맨 내가 더 눈에 뜨인다는 사실을 알게 되었다. 요는, 사방에 깔린 모노키니보다 비키니를 입은 동양 여자들이 더 야하게 느껴지는 것이다(동양 남자들의 눈에는 그 반대일 테지만!).

프롬나드 데 장글레를 따라 조금만 차로 달리면 바로 그 유명한 해안 도로 프렌치 리비에라(French Riviera)이다. 모나코의 왕비 그레이스 켈리가 딸 스테파니와 함께 달리다 이곳에서 사고로 사망했다. 스테파니는 멀쩡했는데 켈리만 즉사한 사고였기에 한참 후까지 말이 많았다. 다이애나도 그렇고, 정략 결혼한 미인들은 모두 운명이 좋지 않나 보다는 생각이 들었다.

프렌치 리비에라를 따라 달리면 그림 같은 부호들의 별장이 늘어서 있다. 저건 엘턴 존, 저건 알랭 들롱, 저건 샤론 스톤…… 꿈결 같은 해변의 별장들이 사유지인 바다를 향해 우뚝 서 있다. 개인 소유의 해변과 요트 선착장을 보면서, 요트는 하나도 안 부러운데(뱃멀미가 있기 때문에) 무인도 같은 해변에서 내 몸 중 평생 햇빛 볼 일 없는 불쌍한 구역에도 세상구경 시켜주며 수영을 해보고 싶다는 생각은 했었다.

친구 다니엘 피숑은 유명한 플로리스트로 니스에 살고 있다. 니스와 칸에서 활동하다 보니 그 지역 대부호들의 집이나 파티장을 장식하는 일을 많이 한다. 그래서 다니엘을 만나면 엘턴 존의 별장 이야기, 마돈나가 공연 차 왔을 때 꽃다발을 만들어준 이야기, 이브 생 로랑이 카트린 드뇌브에게 보내는 부케를 만들었던 이야기들을 홀린 듯이 듣는다. 나에게는 꿈나라 동화 같은 이야기인데, 그 친구는 우리가 TV에 나오는 연예인 이야기하듯 대수롭지 않게 말한다. 하긴, 자기네 나라 연예인이니 우리처럼 멀게 생각할 이유가 없는 것이다.

니스에서 머물던 어느 날 다니엘은 프렌치 리비에라를 달려 모나코에 갔다가 이탈리아로 가서 점심을 먹자고 제안을 했다. 점심을 이탈리아에서? 멋진 제안이었다. 나와 함께 간 플로리스트 친구 M까지 셋이서 길을 떠났다.

모나코를 지나 프렌치 리비에라를 30분쯤 달려가면 국경이 나온다. 아무런 상징물조차 없이 그냥 '이탈리아'라는 표지뿐이다. 국경에서 9킬로미터쯤 달리다 보면 리구리아(Liguria) 지방의 최북단 도시 뱅티미유(Vintimille, 이탈리아어로는 Ventimiglia)에 도착하는데, 정말이지 경계선도 없는데 이렇게 풍광이 바뀌는 것이 놀라울 정도이다.

동네 골목이나 사람들까지도 이탈리아스러운 곳. 럭셔리한 몬테 카를로스를 지나와서 그런지 어딘가 달동네스럽고 사람 냄새가 나는 작은 도시이다. 해안가의 레스토랑들에는 이탈리아인들과 프랑스인들이 거의 반반이고, 종업원들 모두가 프랑스어를 한다. 내친김에 한두 시간만 달리면 이탈리아의 유명한 와인 산지 피에몬테인데 아쉬웠다.

프랑스의 다른 지방에서는 주로 화이트와인이나 레드와인을 마시지만 프로방스의 라이프 스타일은 핑크빛 로제(Rose) 와인이다. 식사 때는 물론, 길가의 노천카페에서, 피크닉에서 습관처럼 로제 와인을 마신다. 샹파뉴 지방에 가면 칵테일도 그 귀한 샴페인으로 만드는데, 이곳은 온통 핑크 물결이다. 왜냐하면 프랑스의 다른 지역, 루아르나 론 지역에서도 로제 와인이 생산되지만 극히 일부분인 데 비해 이 지방은 생산되는 와인의 80퍼센트가 로제 와인이기 때문이다.

프로방스는 프랑스에서 가장 처음 포도원이 형성된 곳이다. 로마가 지배하기 훨씬 이전, 그리스의 식민지였던 페니키아 사람들이 마르세유 근처에 정착해 포도원을 일구었다. 여러 가지 해양 품종으로 레드와 화이트도 소량 생산되지만 좋은 품질이라기보다는 편안하게 마실 수 있는 와인들이다. 로제 와인은 적포도를 몇 시간에서 하루 정도 색만 살짝 우러나오도록 한 후 주스를 받아 껍질과 씨를 제거한 와인으로, 화이트와인처럼 차게 마신다. 단맛이 나는 것도 있지만 프랑스 로제 와인은 드라이한 것들이 많다.

현재 유럽연합에서는 전통적인 프랑스식 로제 와인 제조법보다 간편하게 미국 등에서 하듯이 화이트와인과 레드와인을 섞는 방식을 승인하려 하고 있어 프랑스가 반발하고 있다고 한다. 아마도 프랑스 로제 와인에도 샴페인처럼 '전통 방식으로 제조'라는 문구가 붙을 것 같다.

어린 시절 감명 깊었던 단편소설을 말하라면, 눈물을 훔치며 읽었던 《마지막 수업》이 생각난다. 남프랑스의 지중해변에서 태어난 알퐁스 도데가 알자스로렌 지방을 배경으로 쓴 단편소설이다.

나폴레옹 3세의 프랑스와 비스마르크의 프로이센 간의 보불전쟁에서 별 준비가 없었던 프랑스는 30일 만에 항복하고 만다. 이때 전쟁을 종료하며 비스마르크가 내세운 조건 중 알자스로렌 지방을 프러시아에 양도하라는 조항이 들어 있었다. 자신들이 살고 있는 지역이 하루아침에 독일의 영토로 넘어가게 되다니! 한일합방과 똑같은 경험을 한 지역이 바로 알자스로렌이다. 더 이상 학교에서 모국어인 프랑스어를 배울 수 없고 독일어만

사용해야 하는 어린이들이 국어 교사인 아멜 선생님과 프랑스어로 마지막 수업을 하는 애잔한 단편이었다.

　　이 지역은 이때뿐 아니라 그 이전 세기의 종교전쟁과 30년전쟁 때에도 독일과 프랑스의 문화를 넘나들던 곳이다. 그래서 이 지역의 방언은 프랑스어보다도 독일어에 가깝다. 1차 세계대전 후 프랑스는 다시 이 지역을 자국의 영토로 되찾았지만, 오랜 시간 뒤범벅된 문화가 그대로 남아 더욱 매력적이다. 건물도, 지역 이름도, 음식도, 와인도 모두 혼혈이다. 언어도 독일어와 프랑스어가 통용되며, 독일 요리들이 프랑스화되어 있다. 예를 들어 스트라스부르그는 분명 프랑스 도시지만 명칭은 독일 이름이고, 이 지방의 전통요리인 양배추 절임을 뜻하는 슈그루트는 독일의 샤워크래프트와 동일하다.

　　알프스에서 발원해서 알자스를 거쳐 독일로 흘러가는 라인 강변의 아름다운 도시 스트라스부르그에 내가 가장 사랑하는 라 프티트 프랑스(La Petite France, 작은 프랑스)가 있다. 꿈꾸듯이 구불거리는 작은 골목들, 마치 동화 속에 들어온 것 같은 예쁜 집들, 운하 위에 떠 있는 작은 배……. 젊은 시절 홀리듯이 이곳을 배회하던 나는 훗날 '라 프티트 프랑스'란 이름을 운명처럼 가슴에 달고 다닐 줄은 꿈에도 몰랐다.

　　한국에 돌아와 하던 공부는 허겁지겁 집어치우고(그땐 이런저런 변명도 많았는데, 지금 생각하니 역부족이었다) 갑자기 벌려놓은 웬 프랑스 레스토랑……. '작은 프랑스', 그 이름은 그냥 한순간에 단 한 번의 의문도 없이 지어졌다. 그렇게 16년이 지났으니 〈개그콘서트〉의 '달인' 코너에 출연해도 될 법하다. 지금은 모두 추억이 되었지만, 내 마음속의 '작은 프랑스'는 인생의 커다란 부분을 차지하고 있었던 것만은 틀림없다.

　알자스의 와인은 문화와 마찬가지로 독일적인 것과 프랑스적인 것이 합쳐져 있다. 재배하는 청포도 품종은 대부분 독일 것들이다. 리슬링, 게브르츠트라미너, 실바너 등. 레드는 부르고뉴 품종인 피노 누아를 기른다. 독일도 피노 누아를 재배하는데, 독일 이름은 스패트부르군터라고 한다. 21세기 들어와 이상기온으로 독일도 적포도 재배 면적이 늘고 있으며, 품질도 많이 좋아졌다.

　그런데 알자스가 독일 청포도 품종을 재배하긴 하지만, 와인을 제조하는 방식은 프랑스적이다. 즉 독일처럼 달콤한 맛이 아니라, 완전히 발효해서 드라이 타입으로 만든다. 그러고는 또다시 독일식의 목이 길쭉한 병에 담는다. 독일처럼 늦게 수확하거나 귀부 곰팡이가 낀 포도로 만드는 디저트 와인도 생산하고 있다.

소믈리에의 탄생

　요즈음 소믈리에(Sommelier)라는 단어도 어느새 우리 귀에 익숙해지고 있다. 소믈리에는 외식산업에서 와인에 관계되는 일련의 프로세스를 담당하는 책임자를 말한다. 소믈리에는 프랑스어인데 중세 궁정에서 생필품을 운반하는 역할을 하는 관리를 지칭하던 말이다. 이 단어는 프로방스 방언인 'Saumalier'에 어원을 두고 있다. 'Sauma'란 가축의 무리, 즉 가축의 무리를 모는 목동을 뜻한다. 라틴어 어원은 '짐'을 뜻하는 'Sagma'이다. 현대 프랑스어에서도 'Somme'는 짐을 나르는 짐승을 뜻한다. 결국 문자 그대로 해석하면 '생활에 꼭 필요한 것을 책임지고 나르는 사람'으로 보면 되겠다.

17, 18세기에는 궁중이나 귀족 소유의 성에 많은 인력들이 기거했다. 성의 살림을 도맡아하던 집사에서부터 요리사들, 시종들. 이 중 연회 테이블을 담당하며 와인과 요리를 서빙하던 사람들을 소믈리에라고 했다. 주인의 와인에 독을 타지 않았는지, 상하지 않았는지 미리 시음하는 것도 소믈리에의 일이었다.

바로크와 로코코풍으로 장식된 호화로운 궁전에서 왕족과 귀족들의 끊임없는 파티, 이들은 생산이라고는 전혀 하지 않고, 그저 '소비'만 하는 집단이었다. 이들의 사치를 위한 생산은 모두 평민의 몫이었다. 상류층이 흥청망청 즐기는 동안 평민들은 높은 세금과 전쟁으로 인해 빵과 감자를 끼니로 연명하며 배고픔에 허덕여야 했다. 그러던 어느 날 역사적인 대변혁이 일어난다. 1789년 '자유, 평등, 박애'를 부르짖는 혁명정부가 프랑스를 접수했다. 귀족들은 헐레벌떡 망명길에 올랐고, "빵이 없으면 과자를 먹으면 되잖아?"라던 마리 앙투아네트 왕비와 루이 16세는 콩코르드 광장에서 단두대의 이슬로 사라졌다. 그러나 사회에 결코 평등이란 있을 수 없다. 귀족 사회 몰락 후 새로운 상류집단으로 떠오르는 계층이 있었는데, 자본주의의 시작과 함께 부를 축적한 부르주아 계층이다.

모든 것은 동전의 양면처럼 희비가 있기 마련이다. 공산주의 사회에서 모든 사람이 행복해지지 않듯이, 민주주의 사회에서 모든 사람이 평등하지도 않다. 왕족과 귀족의 몰락은 궁에서 일하던 많은 사람들이 실업자가 된다는 것을 뜻했다. 이는 현대 자본주의 사회도 마찬가지다. 거대한 기업이 무너지면 그곳에서 일하던 직원들이 갈 길을 잃는 것과 똑같다.

궁에서 요리나 서빙을 하던 사람들은 유럽 각지로 흩어져 영국이나 독일 귀족들의 궁이나 파리 부르주아들의 저택에 고용되기도 하였다. 전통

적 가문의 뿌리가 없는 부르주아들은 돈은 있으되 문화가 없었다. 그래서 귀족들의 세련된 생활을 모방하고, 몰락한 귀족 가문과의 혼사로 사회적인 정당성을 얻고자 했다. 혁명의 힘으로 가장 혜택받은 집단이, 표적으로 여기던 귀족을 동경하다니 역사란 참으로 아이러니하지 않을 수 없다.

그러나 외국 귀족들이나 부르주아들이 궁에서 쏟아져나온 모든 실업자들에게 일자리를 창출해주기에는 턱없이 부족했다. 그래서 요리사들은 생계수단으로 파리 성 밖에서 자신이 만든 요리를 팔기 시작하였다. 이것이 바로 레스토랑의 시초이다. 그동안 귀족의 전유물이었던 위대한 요리가 길거리로 내려와 돈만 지불하면 서민들도 맛볼 수 있게 된 것이다. 물론 혁명 전에도 간단한 요리를 파는 선술집이나 여관이 있었지만 진정한 의미의 고급 레스토랑이 파리에 생긴 것은 1782년 요리사인 앙투안 보빌리에가 리슐리외 거리(Rue Richelieu)에 '라그랑 타베른 드 롱드르(La Grand Taverne de Londres)'를 열면서이다. 테이블 크로스가 덮인 작은 테이블에 손님이 앉으면 유니폼을 입은 웨이터가 앙투안이 만든 요리를 서빙했다. 이를 선두로 파리에는 많은 레스토랑들이 생기고 궁에서 일하던 요리사들과 소믈리에들이 이곳에서 새로운 터전을 잡았다.

부르주아들은 신대륙으로부터 자본이 유입됨에 따라 변해가는 사회구조 속에 새롭게 대두된 집단이었다. 평민 출신이지만 무역이나 상업으로 돈을 번 사업가, 의사, 변호사 등의 전문가들이 바로 이 집단에 속했다. 이들은 돈은 있었지만 귀족처럼 우아하게 몸에 밴 문화가 없었다. 수 세기 동안 자신의 저택에 개인 요리사를 두고 식사와 파티를 즐기던 귀족들은, 미국의 백인들이 흑인과는 절대 섞이지 않았듯이 부르주아들이 가는 곳에는 절대 드나들지 않았다. 그런데 귀족과 부르주아가 한 공간에서 식사도 하고 어울리게 되는 계기가 생겼다.

명망 높은 귀족 가문의 후손인 샤르트르 공작은 가세가 점점 기울어지자 궁여지책으로 물려받은 로열 궁을 리노베이션허서 상업적 공간으로 만들 계획을 세웠다. 지하를 파서 게임실, 선술집 등을 만들고 1층은 상가로 만들어 각종 트렌드 숍과 레스토랑에 세를 주었다. 그리고 2, 3층은 작은 아파트로 칸을 나누어 개조하여 몰락한 귀족들에게 세를 주었다. 파리 최초의 주상복합건물이 탄생한 것이다. 이는 곧 센세이션을 일으키며 부르주아 계급뿐 아니라 귀족들도 구경하러 오는 공간으로 변모하였다. 일종의 멀티플렉스가 탄생한 것이다.

이런 귀족 가문과 부르주아의 차이는 메독 지역의 그랑 크뤼 클라세에 속하는 명품 와인과 그 폐쇄적인 등급에 반발하는 신흥 포도원들 사이에서도 느낄 수 있다. 신성불가침의 귀족 와인 그룹은 그 이후에 생겨난 신생 포도원들의 와인 품질이 아무리 좋아도 절대로 끼워주지 않았다. 그래서 신생 포도원들이 자신들끼리 민간으로 새로운 등급을 만든 것이 크뤼 부르주아*라는 등급이었다. 그런데 민간 등급이다 보니 여러 가지 로비나 감독 문제가 발생해 현재 폐지 위기에 처해 있어 아쉽다. 그러나 2006년까지는

이 등급이 유용하므로 그중에는 아주 좋은 와인들도 많이 있어 찾아 마시는 즐거움이 있다.

　　　와인의 종주국인 프랑스는 17, 18세기부터 전통적으로 포도주 맛을 보는 감별사들이 있어 마치 우리나라의 다도처럼 일종의 의식을 행해왔다. 이 시대에는 와인을 시음할 때 유리 와인잔이 일반화되지 않았고, 도자기는 와인의 색을 반사하지 않기 때문에 적절한 용기가 되지 못했다. 그래서 반짝이는 은을 사용해서 어두운 촛불 아래서도 와인의 색을 반사하는 '타스드뱅(Tasse de Vin)'이라는 용기를 만들었다. 부르고뉴 지방에서 처음 만들었는데, 납작한 은잔에 체인을 달아 목에 걸 수 있게 한 것이다. 넓은 와인 창고를 돌며 하루에도 수십 통의 와인을 맛보아야 하는 감별사들에게는 아주 편리한 물건이었을 것이다. 20세기가 되어 튤립 모양의 유리잔이 일반화된 후 타스드뱅은 일종의 소믈리에 배지처럼 하나의 상징일 뿐이다. 일단 입에 대었을 때 은의 금속성 맛이 느껴지고, 밑이 낮아 와인을 흔들기에도

불편하기 때문이다.

　　현대의 소믈리에라는 직업은 왕족과 귀족의 성에서 서빙과 식재료 관리를 하던 직책과 양조장에서 와인의 맛을 감별하던 두 가지 역할이 하나의 이미지로 합쳐진 것이라 보면 된다. 고급 레스토랑과 와인바 등에서는 자체 소믈리에가 있어서 와인 구매에서부터 리스팅, 재고 관리, 손님에게 와인과 요리 조언, 서빙까지 와인에 관계된 모든 업무를 담당한다.

　　프랑스는 소믈리에 교육뿐만 아니라 국가 교육기관 및 재교육, 실습 등의 시스템이 잘 갖추어져 있다. 국가 자격증(Brevet)이 있고, 콩쿠르도 여러 개 있어서 파리에서 세계 소믈리에 대회도 개최한다. 여기에서 금메달을 딴 소믈리에는 부와 명예를 한꺼번에 거머쥐게 된다. 최고급 레스토랑에서 높은 연봉으로 서로 스카우트해가려는 것은 물론이고, 각 포도원마다 테스팅에 초대한다. 그의 셀렉션이나 점수로 와인의 운명이 좌지우지되니 말이다.

파리 속의 첨단 도시들

파리 서쪽, 전략적 기능 도시 라데팡스(La Défense)는 오랜 세월 겉껍질을 완벽히 보호하며 내부만 현대화해온 파리가 더 이상 감당할 수 없어서 구상한 기능도시다. 도시순환도로의 포르트 마이요(Porte Maillot) 바깥 지역을 12개의 구획으로 나누어 국영기업, 금융, 석유, 건설, 비즈니스센터들과 주거지역, 쇼핑센터 등을 전략적으로 연결해놓은 계획도시다.

파리가 고풍스런 석조건물로 이루어진 클래식한 건축 박물관이라면 라데팡스는 거대한 현대 건축 전시장 같다. "도시공학의 재료들은 햇빛, 공기, 나무, 철, 콘크리트들이다."라는 르 코르뷔지에의 건축 철학을 가장 잘 구현한 도시답게 첨단적이고 실험적인 건물들 사이로 자연을 끌어들이려고 부단히 노력한 흔적이 보인다. 또한 모든 단지가 데크(Deck)라고 하는 인공 지반 위에 놓여, 빌딩과 빌딩 사이가 동일 공간으로 연결되고, 자동차와 대중교통은 모두 지하로만 다닌다. 주차나 상품 하역은 도시 공용주차장에 집하한다. 즉 보행자는 건물이나 지상에서 차에 전혀 방해받지 않도록 설계되어 있다. 또한 외부에서 들어오고 나가는 간선도로는 고가로 건물 사이를 뱀처럼 감고 지나가 마치 어릴 때 상상하던 우주도시와 같은 느낌이 드는 곳이다.

　게다가 현대적 자재인 유리, 철근, 콘크리트로 세워진 이 도시를 하나의 고립된 신도시로 만든 것이 아니라, 파리라는 역사적 테두리 안에 녹여놓으려는 노력은 가히 혀를 찰 정도이다.

　루브르의 카루젤 개선문에서 샹젤리제를 지나 나폴레옹 개선문을 일직선으로 통해 가다 보면, 프랑스혁명 200주년 기념물로 덴마크 건축가 스프레켈센이 디자인한 그랑다르슈(Grande Arche, 신개선문)에 이른다. 장장 10킬로미터에 이르는 이 일직선의 연결은 프랑스라는 국가의 과거와 현재, 미래를 잇는 역사의 축을 상징한다. 루브르 카루젤에서 나폴레옹 개선문까지는 파리의 과거, 나폴레옹 개선문에서 그랑다르슈까지는 파리의 현재, 그리고 그 이후는 미래로 죽음까지 이어진다. 산 자와 죽은 자의 세계, 하늘과 땅이 함께 연결된다는 다분히 이집트적인 사고가 느껴지는 것은 나만의 느낌일까?

　또 하나의 첨단 지구는 스위스계 프랑스인인 베르나르 추미가 설계한 파리 북동쪽의 '라빌레트(La Villette, 작은 마을이란 뜻)'로 파리에서 가장 넓은 공원이다. 원래 이 지역은 도살장과 가축시장 등이 있던 낙후된 곳이었는데, 1970년대에 가축시장이 파리 교외로 옮겨가면서 파리의 애물단지가 되어버렸다. 그러던 것을 파리의 재개발 프로젝트에 넣어 한 단위의 복합단지로 재탄생시켰다. 과학관, 전시장, 영화관, 국립 음악·발레학교, 야외 공연장, 광장, 추상적인 공원 등의 복합 문화 공간이 이름 그대로 '작은 마을' 같이 들어서 있다.

추미의 해체주의적 설계관이 그대로 반영된 이 공원에서 가장 눈에 띄는 것은 '광기(Folies)'라고 이름 붙인 26개의 철제로 된 붉은 조형물이다. 서로 다른 모양의 이 조형물들은 용도도 의미도 없이 규칙적으로 배열되어 있고, 그 사이로 사람들이 산책도 하고 자전거도 탄다. 추상적인 정원들 사이를 산책하노라면 공원이라기보다는 현대 예술의 전시장 같은 기분이 든다. 난해한 현대 조형예술을 시민들의 생활 속으로 가져오려는 파리 시의 노력이 보이는 곳이다.

파리에 또 하나의 신도시가 조성되고 있다. 신도시라기보다는 센 강변 재개발이라 하는 게 낫겠다. 12구와 13구는 철길, 공장, 창고 등이 모여 있던 음산한 지역으로 우아한 파리와는 어울리지 않는 낙후 지역이었다. 그러던 13구에 '리브 고슈'라는 이름으로 라데팡스 이후 가장 큰 재개발 프로젝트가 진행되고 있다. 1998년 설립된 미테랑 도서관과 파리 7대학교, 고등학교와 같은 공공시설물과 주거시설, 비즈니스 공간 등을 전체 6개의 구역으로 나누어 세계적인 건축가가 하나씩 맡아 디자인하니 한 구역이 하나의 콘셉트를 가진 건축 전시장이 된다.

13구에서 '시몬 드 보부아르(Simone de Beauvoir)'라 명명된 보행자 전용다리로 센 강을 건너면 맞은편 12구의 재개발 지구인 '베르시 공원(Parc de Bercy)'에 다다른다. 베르시는 원래 수백 년간 프랑스 동남부 지역에서 와인이 하역되어 유통되던 중심지였다. 때문에 19세기 후반부터 2차 세계대전 전까지 포도주 창고로 쓰였던 건물과 포도주를 운반하던 철로가 남아 있다.

그래서 이곳의 길 이름과 전철역 이름도 보르도의 유명한 와인 산지의 이름을 따서 쿠르 생테밀리용(Cour Saint-Emilion, 생테밀리용 안뜰이란 뜻)이다. 2001년 이곳의 창고들을 개조하고 디자인을 가미해서 베르시 빌라주(Bercy Village)라는 타운이 완성되었다. 쇼핑센터, 레스토랑, 요리학교, 곽물관, 영화관, 작은 개인 수영장, 클럽메드 여행사 등 다양한 문화공간이 들어서 현재는 파리 유행의 메카로 자리 잡았다.

프랑스 남쪽 지중해변에 넓게 펼쳐진 와인 생산지가 바로 랑그도크 루시용이다. 오랜 기간 로마인들이 지배한 탓에 잘 보존된 로마 유적지들이 많이 남아 있다. 북쪽의 켈트적인 랑그 도일(Langue d'Oil)과는 언어 자체가 달랐던 라틴적인 지역으로 기독교 태동 이전의 전설들을 많이 간직한 곳이다. 남프랑스로 가면 성당의 건축 양식 자체가 북프랑스와는 판이하게 다르다. 북쪽에는 중세 고딕 양식의 성당이 많이 남아 있는 데 비해 남쪽은 로마네스크 양식이 지배적이다. 북쪽은 지붕도 검정색의 아르투아즈 지붕을 써서 도시가 회색인 데 비해 남쪽은 붉은 기와를 써서 풍광이 따뜻해진다.

학창 시절부터 인류의 역사나 고대의 미스터리 등에 관심이 많았던 나는 《성혈과 성배(Holy Blood Holy Graal)》라는 책에 한동안 정신을 빼앗겼던 적이 있었다. 《다빈치 코드》처럼 감추어진 가톨릭의 역사 이야기로, 로마 교황청으로부터 레드카드를 받은 서적이었다.

이 책의 시발점이 된 곳이 바로 남프랑스의 랑그도크루시용이다. 서기 4세기에 기독교가 로마의 국교로 선포된 이후 그 시대에 양립하던 또 다른 교파인 아리우스파의 본고장이었기 때문이다. 끝까지 자신들의 종교적 신념을 버리지 않아 프랑스에서 가장 이단적인 색채를 지녔던 지역이다. 종교재판의 칼날 아래 수많은 기사와 농민들이 이단이라는 명목으로 참수를

당했던 피의 역사를 지닌 곳이다.

그 배경이 되고 있는 몽세귀르(Monségur)와 렌드 드 샤토(Reine de Château) 부근에는 지금도 험난한 산꼭대기에 요새화된 성채의 폐허들이 신비 속에 유령처럼 남아 있다. 아름다운 성곽 도시 카르카손에서도 1시간 반 가량을 구불구불 험난한 산길 도로를 달려야 도착하는 렌드 드 샤토 성당 앞에서, 나는 어떻게 그 수많은 사람들이 종교적 신념으로 자신의 피를 바칠 수 있었을까……. 그리고 중세의 십자군들은 왜 그처럼 하나의 이념 아래 뭉쳐 떠났던 것일까를 숙연하게 생각하지 않을 수 없었다. 보여지는 것만이 역사는 아닌 것이다.

바로 이 지역이 현재 프랑스 와인 생산의 첨단 신도시라고 할 수 있다. 대대로 전통적인 손맛과 경험에 의해 와인을 제조해온 프랑스(프랑스뿐 아니라 유럽이 모두 그렇다)가 중저가 시장에서 현실적으로 미국이나 칠레, 호주 등 신대륙 와인들에 밀리는 것이 사실이다. 전통이라는 것이 향수를 자아내는 고급스러움을 담고 있지만 이는 하이엔드의 경우에 강조되는 장점이고, 중저가 시장은 가격 대비 품질이 고른 신대륙 와인이 강세일 수밖에 없다. 연간 일조량이 좋아 포도가 농익은 데다 대단위의 포도원, 기계화와 대량생산으로 인한 고른 품질, 섬세한 와인은 아니지만 중저가 와인의 필요충분

조건을 두루 갖추고 있기 때문이다.

자국의 와인 소비량이 줄어듦에 따라 수출에 신경을 쓸 수밖에 없는 프랑스가 과거 와인 문화를 신대륙에 전수하였던 것과 반대로 신대륙의 와인 재배와 양조 기법을 연구하기 시작하였다. 바로 그 대단위 연구단지로 지목된 것이 랑그도크루시용 지역이다. 지중해변에 위치하여 연간 일조량이 신대륙 못지않고, 드넓은 포도 재배 면적에 그동안 고급 와인보다는 중저가의 뱅드페이 와인을 생산해온 지역이라 실험실의 필요충분조건을 모두 갖추고 있다. 게다가 프랑스는 이 지역에 호주 등 신대륙의 대중화된 양조회사의 투자를 적극 유치하여 새로운 기술을 적용하고 있다.

그래서 이 지역의 와인은 골라 마시는 재미가 배가된다. 조상 대대로 오크통 몇 개로 와인을 담그고 있는 소규모 농가 옆에 자동설비로 와인을 대량생산하는 대규모 와이너리가 동시에 가동되고 있는 지역이기 때문이다. 랑그도크루시용은 와인의 원산지 통제 등 매우 국수적인 정책을 써온 프랑스의 일종의 '개방 특구 지역'이라 할 수 있겠다.

세 명의 이탈리아 왕비

카트린 드 메디시스, 마리 드 메디시스, 카를라 브루니. 이 세 여인의 공통점은?

1. 이탈리아 여자이다.
2. 프랑스의 퍼스트레이디가 되었다.
3. 이탈리아 와인의 명산지에서 출생했다.

카트린 드 메디시스는 이탈리아 토스카나 지방의 피렌체에서 태어났다. 피렌체 르네상스의 대부인 로젠조 대공과 교황 레오 10세의 직계로 프랑스 왕 앙리 2세의 왕비다. 앙리 2세의 재위 기간 동안에는 왕이 정부인

디안 드 푸아티에에게 빠져 외로운 나날을 보냈다. 1559년 앙리 2세가 죽은 후 카트린은 세 명의 어린 아들들이 차례로 왕위에 오르는 동안 정치 무대의 한가운데서 프랑스를 통치하지만, 아들들이 제명을 다하지 못하고 죽는 모습을 지켜보아야 했다. 후대 사람들은 아마도 독살당했을 것이라고 추측을 하고 있다. 온 힘을 다해 발루아 왕조를 지키고자 했지만 여성에게 왕위 계승권이 없는 프랑스의 왕좌는 결국 사위인 앙리 드 부르봉에게 돌아간다. 그래서 왕위를 계승받지 못한 딸 마르그리트 드 발루아는 '여왕 마고'라고 이름으로 기억된다.

카트린 드 메디시스는 사력을 다해 세 아들을 보호한 엄마였고, 그들의 왕좌를 지키도록 온 힘을 다했으나 종교전쟁의 와중에 많은 학살을 감행한 오명을 쓰기도 했다. 그러나 이탈리아 르네상스를 빛낸 메디치가의 후손답게 중세의 틀을 벗지 못하고 있던 프랑스 궁정에 이탈리아의 찬란한 르네상스를 들여온 주인공이며, 오늘날 프랑스 요리와 예술이 있게 한 산파의 역할을 하였다.

마리 드 메디시스 역시 피렌체 메디치가의 공녀로, 코지모 드 메디치의 손녀다. 카트린 드 메디치의 딸인 마르그리트 드 발루아와 이혼한 앙리 4세와 결혼하여 왕비가 된다. 금융 왕국인 메디치가의 딸답게 프랑스 역사상 가장 엄청난 지참금을 가져온 것으로 유명해서, 내세울 것 없는 외모에도 불구하고 앙리 4세가 결혼한 이유는 돈 때문이라는 설이 있을 정도이다.

왕이 죽은 후 왕가의 궁전이던 루브르를 떠나 고향 피렌체의 피티궁을 모방하여 뤽상부르 궁전을 건축하여 기거하였다. 일생을 왕의 처첩들에게 휘둘렸고, 어린 나이에 프랑스 국왕이 된 아들의 섭정을 맡아 프랑스를 말아먹을 뻔했던 여인이다. 별로 똑똑한 여자는 못되었지만, 루이 14세의 아버지인 루이 13세의 어머니로 프랑스의 화려한 근대사의 서막을 연 것만은 확실하다.

카를라 브루니가 엘리제 궁의 안주인이 된 소식을 듣고 나는 '아! 역시 프랑스답다.' 라는 생각을 하지 않을 수 없었다. 1980~1990년대에 런웨이에서 화려한 워킹과 아르마니와 베르사체의 광고모델로도 활약한 정상급 슈퍼모델……. 그러던 어느 날 잘나가던 모델 생활을 접고 은퇴하더니 프랑스 가요차트에서 4주 동안 1위를 차지하는 가수가 되어 불쑥 나타나 싱어송라이터로도 인정을 받았다. 그러던 그녀가 엘리제 궁의 침실을 꿰어 찬 것이다. 그것도 기혼자인 대통령의 전 부인을 몰아내고 말이다. 수많은 호사가들과의 남성편력은 또 어떻고! 누드 사진까지 돌아다닌다. 나도 보았을 정도다. 게다가 그녀는 이탈리아 피에몬테의 토리노에서 태어나 5세 때 프랑스에 귀화한 이민 1.5세대다.

한국적 사고방식으로는 죽었다 깨어나도 그녀의 '자유로운 영혼'을 이해할 수 없을 것이다. 성균관에서부터 시작해서 아마 '방종한 영혼'에 경악하며 온 나라가 뒤집어질 거다. 영부인이 된 후에도 세상의 온갖 소문이나 음해를 비웃 듯 〈엘리제 궁의 여가수〉라는 타이틀의 앨범과 책도 발표했고, 모델 출신답게 각종 명품으로 스타일을 뽐내며 스스로 움직이는 광고가 되고 있다. 또 한 명의 이탈리아 왕비가 탄생한 것이다!

이 세 명의 대단한 이탈리아 여인들이 태어난 곳이 바로 이탈리아에서 가장 유명한 와인 산지인 토스카나와 피에몬테. 메디치가의 본고장인 이탈리아 중부의 토스카나는 전통적으로 산지오베제라는 포도로 키안티(Chianti)와 브뤼넬로 디 몬탈치노(Brunello di Monacino) 등의 유명한 와인을 생산

하는 지역이다. 중세부터 피렌체, 피사 등 무역과 금융의 중심지로 국제 교류가 활발한 지역이었기 때문에 일찍이 와인에 대해서도 진취적인 실험정신을 발휘하였다. 현대의 창조적인 와인 생산자들은 슈퍼 투스칸(Super Tuscan)이라는 멋진 작품을 만들어내기도 하였다.

  반대로 카를라 브루니가 태어난 이탈리아 북쪽의 피에몬테 지역은 로마가 멸망한 이후 끊임없이 북쪽의 게르만족들에게 침입을 받던 지역이다. 카르타고로부터 한니발이 스페인과 프랑스를 지나 코끼리 부대를 이끌고 알프스를 넘어 발을 디딘 곳도 이곳이고, 한니발의 루트를 따라 나폴레옹이 도착한 곳도 이곳이다.

  그래서 외지의 침략을 많이 받은 피에몬테는 보수적이고 경계가

심하다. 오죽하면, 우리나라 할머니들이 옛날에 아이들이 울면 "뚝! 망태할아버지 온다!" 또는 "호랑이 온다."라고 겁주었던 것처럼, 이곳 할머니들은 "뚝! 한니발 온다!"라고 했을까? 이 지역은 그래서 오래된 손맛으로 와인을 담아내는 작은 소농가들이 많아 프랑스의 부르고뉴와 비교되곤 한다.

네비올로 포도로 만드는 바롤로(Barolo)와 바르바레스코(Barbaresco), 모스카토로 만드는 아스티 스푸만테(Asti Spumante), 바르베라(Babera) 등 이탈리아를 대변하는 많은 와인들의 고향이다.

전 세계에서 와인의 생산량과 소비량이 가장 많은 나라는 프랑스가 아니라 이탈리아다. 이탈리아는 로마의 문화를 그대로 계승받은 축복받은 땅으로 프랑스보다 먼저 모든 문화를 꽃피웠다. 기후도 양조용 포도가 어디서나 잘 자라는 천혜를 받아 나라 전체가 포도 산지이다. 그러나 형만 한 아우 없다고 조상만 한 후손이 못 되는지 19세기가 될 때까지 통일국가를 이루지 못하고 내란에 휩싸여 있었다. 게다가 독일, 프랑스, 아랍, 스페인 등 외국의 침략으로 유럽의 다른 나라들에 비해 근대국가의 기반을 닦는 과정이 뒤처졌다.

때문에 와인에 관한 정책도 일괄되지 못하고 가내수공업 수준으로 두서없이 생산해왔다. 그러다 정신을 차리니 프랑스는 벌써 저만큼 앞서가 명품 국가의 이미지를 만들어내고 있는 것이 아닌가! 부랴부랴 1960년대부터 와인 산업을 정비하여 프랑스의 AOC 제도를 도입하여 DOC라는 등급 시스템도 만들고, 품질 향상을 위한 대대적인 정책을 실시하여 예전의 명성을 찾고 있다.

이탈리아 고급 와인들의 특징은 프랑스처럼 명가의 포도원에 주는 개별 등급이 없고, 지역을 묶어 최고 등급을 주며, 오크 숙성 기간이 길다는 것이다. 프랑스 와인이 정제된 느낌이라면 이탈리아 와인은 아직 농부의 손맛이 느껴지는 와인이 많아 투박하지만 찾아 마시는 재미가 있다. 얼마 전에 마신 비욘디 산티의 브뤼넬로 디 몬탈치노 리세르바(Biondi Santi Brunello di Montacino Reserva)는 정말이지 내 생애 맛본 최고 와인 중 하나였다!

파리를 구한 독일인의 사랑

　　1870~1871년의 보불전쟁은 유럽의 구도를 바꾸어놓았다. 전쟁에서 승리한 독일은 그동안의 부실에서 벗어나 유럽 최고의 강국으로 떠올랐다. 비스마르크가 독일제국의 선포를 베르사유에서 한 것은 상징적이다. 프랑스 부르봉 왕조의 상징이던 베르사유에서 합스부르크가의 빌헬름 2세가 황제의 대관식을 거행하다니! 이로써 유럽의 패권은 독일에 넘어가고, 민족주의적인 1차, 2차 세계대전의 포석을 깔게 된다. 루이 14세에서 나폴레옹으로 이어지던 프랑스의 영광은 과거가 되어버린 것이다.

　　보불전쟁 이후 프랑스는 두 번의 세계대전을 치르며 독일과 알자스 로렌 지역을 서로 뺏고 뺏기면서 엎치락뒤치락 싸우는 역사를 되풀이한다.

전쟁이 일어날 때마다 프랑스인들이 금덩어리나 돈을 챙기기보다 지하실에 간직했던 좋은 와인을 감추느라 여념이 없었다. 얼마나 이들에게 와인이 절실한 것인지를 보여준다.

이 와중에도 파리는 항상 건재하였는데, 그야말로 운이 좋은 도시라 할 수 있다. 2차 세계대전에서 독일이 프랑스 북부의 아르덴 삼림 지역을 급습하자, 무방비 상태에 있던 프랑스는 수도 파리를 지켜야겠다는 일념하에 독일군에 항복한다. 그 때문에 히틀러가 2차 세계대전에서 승승장구하던 시절에도 파리는 무사할 수 있었다. 프랑스 정부는 튀니지로 망명하고, 수도 파리는 독일군이 점령한다. 이 시절의 비쉬 괴뢰 정권과 레지스탕스에 관한 이야기는 영화에서도 많이 보았을 것이다.

먼저 영화 이야기 한 토막. 영화 〈파리는 불타고 있는가〉는 2차 세계대전 막바지인 1944년 여름의 파리를 무대로 한다. 노르망디 상륙작전 뒤 물러나는 독일군과 파리 시민들의 항쟁을 다룬 영화다. 히틀러는 파리를 불 지르고 퇴각할 것을 명령하지만, 예술을 사랑하는 현지 독일군 사령관은 차마 그럴 수 없어 고민한다. 영화 제목은 히틀러가 전화로 파리를 방화하도록 내린 명령을 이행하고 있는지를 다그치는 대목에서 따왔다.

나치가 연합군에 점점 밀리기 시작하자 히틀러는 로테르담과 세바스토폴 요새 함락에서 공을 세운 드미트리 폰 숄티즈 장군에게 파리의 방어를 맡긴다. 이때 파리는 또 한 번의 천운을 받는다. 히틀러는 폰 숄티즈에게 "도시를 끝까지 방어할 것, 퇴각 시에는 교량 및 주요건물, 주요시설을 남김없이 파괴할 것"이라는 명령을 내린다. 그러나 이미 파리 방어에 가망이 없다고 판단한 폰 숄티즈는 적극적인 방어를 포기한 후 파리를 파괴하지 말라고 명령한다.

그의 이름은 지금도 프랑스 역사책에 나온다. "파리의 문화유산을 구한 독일 장군, 드미트리 폰 숄티즈." 그의 행동에 대한 후세의 비평은 다양하다. 예술을 사랑해서 파리를 보호한 것이 아니라, 전쟁에 지쳐 승리를 의심하며 포기한 측면이 더 강하다, 자서전은 시간이 흐른 후에 자신을 미화한 것일 뿐이라는 등. 그러나 중요한 것은 '살아남아 건재하다.'는 사실이다.

독일은 맥주 대국이지만, 사실 질 좋은 화이트와인을 많이 생산하는 나라이기도 하다. 독일은 위도가 높아 날씨가 서늘하고 일조량이 적은지라 서늘한 기후에 잘 자라는 청포도를 주로 재배하는데 독일의 토양에서는 리슬링이 가장 명품 와인으로 태어난다. 일조량이 적다 보니 알코올 함량도 8~10퍼센트로 낮고 산도가 높아 산뜻한 과일향이 일품이다. 조금이라도 빛을 더 받기 위해 45도 각도의 벼랑 끝에 일구어낸 포도원들을 보고 있으면 독일인들의 우직함이 그대로 묻어나는 것 같다.

독일은 일찍이 일반적인 와인으로는 승산이 없다는 것을 깨달았다. 그래서 자국의 와인을 특화, 전문화하는 데 주력하였다. 독일은 전 세계에서 가장 유명한 스위트 와인 생산국이다. 고급 와인을 많이 생산하는 곳은 모젤(Mosel)과 라인가우(Rheingau) 지역이다. 모젤 강 유역의 와인은 매우 섬세하므로, 등급이 낮은 것들은 빨리 마시는 것이 좋다. 숙성시키지 않고 신선한 맛을 즐기는 와인들이므로 5년 이상 넘기면 맛이 떨어진다.

반면에 라인가우의 와인들은 정점에 도달하기 위해 좀 더 오랜 시간을 필요로 한다. 독일 남쪽 지역은 9월에 추수를 할 수 있으나, 보다 북쪽으로 가면 포도를 좀 더 농익히기 위해 10월 또는 11월에 추수한다. 추수 시기가 늦어지면 나무의 생육이 정지되어 수분이 공급되지 않으므로 아로마와

당도가 증가하게 된다. 독일의 한 농가에서 수확 시기를 놓쳐 우연히 알게 된 이 방법이 명품을 만들어낸 것이다. 그래서 독일의 고급 와인은 추수 시기에 포도의 농익은 정도가 와인의 품질을 결정한다. 그래서 포도가 농익은 단계별로 선택적 추수를 한다. 천천히 오래도록 익어가면서 과일의 산도와 생동감 있는 맛을 유지하게 된다. 곰팡이가 핀 포도로 담근 와인, 얼어붙은 포도로 담근 와인(아이스바인, Eiswein) 등 여러 단계를 통해 다양한 등급의 와인이 제조된다.

    질이 낮은 중저가 와인은 너무 당도가 안 나올 경우 설탕이나 과즙을 섞어 화이트와인을 만들기도 하지만, 고급 와인에는 법으로 금지되어 있다. 즉 자연 조건하의 햇빛에 의해 만들어진 포도 자체의 당분만으로 와인을 담가야 고급 와인인 것이다.

파리의 에스파뇰, 피카소

　프랑스에는 죽지 않는 남자 생제르맹 백작에 대한 기이한 이야기가 전해진다. 1700년대 초부터 1800년대 후반까지 유럽 여기저기에서 그를 만났다는 유명 인사들의 기록이 있다. 루이 15세, 베네치아 주재 프랑스 대사, 괴테, 프란시스 베이컨도 그의 추종자였고, 나폴레옹 3세가 남긴 이야기도 전해진다. 그는 동양에 대해 통달했고, 전 세계의 모든 언어를 구사했으며, 자신이 살아온 그리스나 로마의 역사적 사건들에 대한 경험 등을 이야기하였다고 한다. 게다가 밥을 먹지 않고 알약만 섭취했다니⋯⋯ 이 정도면 우주인 수준이다. 프리드리히 대왕이나 볼테르 같은 당대의 위인들조차 '죽지 않는 남자'라고 말한 생제르맹 백작은 어떤 사람이었을까?

주변의 친한 사람들이 모두 죽은 다음에도 계속 산다는 것이 복인지 불행인지는 모르겠다. 그러나 평범한 일생이 아닌 예술가로서 한 세기를 산다는 것은 대단한 영광이라는 생각이 든다. 스페인 출신으로 대부분의 생을 프랑스에서 보낸 파블로 피카소의 일생과 그의 작품들을 보다 보면, 마치 '죽지 않는 남자, 생제르맹 백작' 같다. 아흔 살 넘게까지 살았다는 사실이 중요한 것이 아니라, 마지막 순간까지 사랑하고, 작품을 그리며 언제나 '현재'를 살다 갔다는 데 그 놀라움이 있다. 흔히 인생의 후반부는 과거를 곱씹으며 덤으로 살아가는 사람들이 많은데 말이다.

1900년대 초반의 파리는 각종 문예 사조들의 소용돌이였다. 정치, 사회, 과학 등 모든 분야에서 20세기 100년 동안의 역사가 인류 몇 천 년간의 역사보다 더 변화무쌍했듯이 문화 예술도 예외는 아니다. 르네상스나 바로크만 해도 몇 백 년씩 지속된 예술의 흐름이다. 그러나 20세기가 되면서 모든 것이 몇 십 년 단위로 흐름이 빨라진다. 그 소용돌이의 중심에서 한 세기 동안의 변화를 모두 보고 예술 속에 담아왔던 남자. 그가 피카소다.

파리 18구의 몽마르트르는 자그마한 야산이다. 산으로 둘러싸인 서울에 사는 우리가 보면 동네 뒷산보다 못하지만, 분지에 자리 잡은 파리에서는 제일 높은 지대이다. 그래서 옛날에는 가장 집세가 싼 달동네라고나 할까. 그래서 이곳으로 파리 시내의 집세를 감당하기 어려웠던 가난한 예술가들이 하나둘 모여들었고, 이들 중 유명해진 작가들이 생기면서 미술의 중심지로 부각되었다. 그중 언덕 아래 에밀 구도가(La Place Émile-Goudeau) 13번지에 있는 '르 바토라부아르(Le Bateau-Lavoir, 선박 세탁소)'라는 이름의 허름한 건물은 역사적 장소로 지정되어 있을 정도로 많은 추억을 간직한 곳이다.

1800년대에는 선술집이었던 곳인데, 화가인 막심 모프라가 최초로 입주하면서 폴 고갱 등도 합류한다. 이때부터 작가들의 아틀리에 겸 숙소이자, 만남의 장소로 북적대기 시작했다. 1차 세계대전 이후에는 예술가들이 센 강 좌안 몽파르나스 지역의 라뤼슈(La Ruche)*로 이주하면서 활기를 잃었지만, 20세기 초반 미술계를 이끈 사람들이 모두 거쳐간 곳이다.

    1900년 초 스페인에서 온 피카소가 자리를 잡은 곳도 여기다. 이곳에서 그는 기욤 아폴리네르, 앙드레 살몽, 막스 자코브, 앙리 마티스, 케스 반 동겐, 모딜리아니 같은 화가, 시인들과 친분을 쌓았다. 이 건물의 원래 이름은 '사냥꾼의 집'이었는데, 피카소가 오면서 시인 막스 자코브가 센 강에서 운영되던 여러 척의 '선박 세탁소' 이름을 따서 바꾸었다고 한다. 그 당시 센 강가에는 큰 배를 여러 척 띄워놓고 대형 세탁공장을 운영하고 있었다(우리나라 뚝섬이나 여의도 선착장의 레스토랑과 흡사하다고 보면 된다). 우리에겐 전설 속의 아티스트들로 여겨지는 사람들이 이곳에서 아틀리에를 공유하며 음식과 상상력과 우정을 나누며 작품을 창작하였다니 들어가보지 못해도 감회가 새롭다.

    피카소는 여기서 그의 대표작 중 하나인 〈아비뇽의 아가씨들〉을 완성하였다. 프랑스의 도시 아비뇽이 아니라, 바르셀로나에 있는 아비뇽 거리의 매춘부들이란다. 이 그림으로 20세기는, 원근감과 명암법에 기초를 두었던 르네상스 미술과는 완전히 결별을 고한다. 사물의 앞뒤 옆면을 평면으로 한 공간에 나타낸 피카소의 그림은 그동안의 전통적인 그림들에 익숙했던 사람들에게는 기괴하게 보였다. 그의 그림에는 추상화의 시작을 알리는 '입체파'라는 이름이 붙었다.

---

* 라뤼슈 : 몽파르나스의 예술가 거주지로 르 바토라부아르와 함께 20세기 거장들의 추억을 간직한 건물이다. 너도밤나무와 보리수가 우거진 사이로 고즈넉한 햇살이 비치고, 마치 시간이 정지된 듯 담쟁이덩굴에 뒤덮인 이 건물은 다듬어지지 않은 정원만큼이나 자유로운 예술적 정취가 물씬 난다. 이곳에는 아직도 십여 명의 나이 든 예술가들이 거주하며 아틀리에 겸 숙소로 사용하고 있다. 그들은 잘생긴 이탈리아 청년 모딜리아니나 특이한 시선을 지녔던 피카소의 생전 모습을 생생하게 기억하고 있다.

바로 바르셀로나에서 차를 타고 조금만 나가면 유명한 포도 산지인 페네데스(Penedes) 지역이다. 이 지역은 스페인에서도 일찍이 국제적인 품종들을 들여와 질 좋은 와인을 생산하기 시작한 곳이다. 유행의 메카인 바르셀로나가 있는 지역이라 전체적으로 보수적인 스페인과는 달리 매우 역동적이다.

파리에서 영어가 통하지 않는다고 투덜거리는 사람들에게 스페인의 도시에 가보라고 말하고 싶다. 파리는 양반이다. 바르셀로나에 처음 도착해서, 영어도 불어도 통하지 않는 이 도시에서 어떻게 여행을 해야 할지 막막했던 기억은 잊혀지지 않는다.

프랑스의 샴페인이 비쌀 때 대체품으로 많이 찾는 스파클링 와인을 생산하는 곳도 페네데스이다. 스페인어로 샴페인을 카바(Cava)라고 한다. 전통적으로 만들기보다 주로 커다란 스테인리스통에서 대량으로 기포를

피카소, 〈아비뇽의 아가씨들〉

생성시키지만, 편안한 가격에 스파클링 와인을 맛보기에는 손색이 없다.

피카소는 스페인의 어느 지역보다 이국적인 향이 많이 배어 있는 안달루시아 출신이다. 카르멘의 도시인 세비야, 알람브라 궁전이 있는 그라나다, 투우의 도시 코르도바, 그리고 피카소의 고향인 말라가 등은 아랍의 탐미적인 색채와 함께 고대 카르타고의 추억을 많이 간직한 도시들이다. 이 지방 남단의 헤레스(Xérès)는 특이한 견과류의 향이 그윽한 전통주인 셰리(Xérès가 영어로 Sherry이다)로 유명하다. 와인을 오크통에서 산화시켜 만드는 강화 와인(Fortified Wine)의 일종으로, 식사 전에 식욕을 돋우는 식전주로 마신다. 바로 옆에 국경을 맞대고 있는 포르투갈에서는 포르토(Porto)라는 강화 와인이 생산된다.

스페인이나 포르투갈이 이런 종류의 와인을 만들게 된 이유는 과거 막강한 해양 국가였기 때문이다. 몇 달씩 계속되는 오랜 항해 동안 와인을 보존하려면 알코올 함량이 높아야 했다. 도수가 낮은 일반 와인은 쉽게 산화되어 변질되기 때문이다. 그래서 와인에 높은 도수의 브랜디를 부어 알코올 도수가 높아진 와인을 만들게 되었다.

스페인은 유럽에서 가장 넓은 포도원을 소유하고 있는 나라이다. 이베리아 반도를 거의 다 차지하고 있을 정도로 땅이 넓다 보니 기후도 다양하다. 그러나 지중해성 기후로 온도가 높아 화이트와인보다는 주로 레드와인을 생산한다. 19세기 프랑스의 보르도인들이 이민을 가 포도원을 일군 피레네 산맥 아래의 리오하(Rioja), 바르셀로나가 있는 북쪽의 페네데스, 마드리드가 있는 라만차(La Mancha), 리베라 델 두에로(Ribera del Duero) 등의 지역이 유명하다. 토속 품종 중 가장 명품으로 인정받는 템프라니요 외에 프랑스의 카베르네 소비뇽, 메를로, 샤르도네 등으로도 좋은 와인을 생산한다.

파리의 심판

1976년 5월 24일, 프랑스 와인의 자존심에 커다란 상처를 남긴 사건이 있었다. 파리의 마들렌에서 와인숍과 스쿨을 운영하던 영국인 스티븐 스푸리어가 파리의 인터콘티넨탈 호텔에서 프랑스 와인과 캘리포니아 와인의 블라인드 테스팅을 개최했다. 심사위원은 모두 프랑스인이었는데, 프랑스 와인 업계를 대표하는 최고의 생산자들, 비평가들, 파리 최고의 레스토랑 소믈리에들로 구성되었다. 와인들은 품종 외에는 아무것도 기입되지 않은 병에 담겨져 추첨을 통해 순서가 정해졌다.

너무나도 당연히 프랑스 와인이 승리할 것이라는 생각에 심사위원들은 느긋했다. 자신들이 최고라고 생각하며 자국의 와인들에 대한 자부심으로 가득 차서……. 매스컴들도 별 흥미를 보이지 않았다. 《타임》 기자만이 시큰둥하게 와서 앉아 있었을 뿐이었다. 그런데 결과는!

"화이트와인과 레드와인 모두 캘리포니아 와인이 1위를 한 것이다."

놀란 기자는 1976년 6월 7일자판 《타임》에 '파리의 심판(The Judgment of Paris)'이라는 타이틀로 대서특필했다. 시음 와인 중 하나였던 샤토 무통 로칠드(Château Mouton Rostchlid)의 필립 남작은 심사위원들 중 한 명에게 전화를 걸어 고래고래 소리를 질렀다고 한다.

"내 와인들을 가지고 무슨 짓들을 한 게요? 내가 그걸 1등급으로 올리는 데 40년이 걸렸단 말이오!!!"

이로써 프랑스 와인은 자존심에 큰 타격을 입었다. 그동안의 자만심에서 벗어나 신대륙 와인을 하나의 경쟁자로서 인정하게 된다. 이를 계기로 프랑스 남부의 랑그도크루시용은 역으로 신대륙 와인을 연구하는 거대한 연구소로 탈바꿈하고 있다. 유통이 빨라 현금화하기 쉬운 중저가 와인 시장을 신대륙 와인들에 빼앗기고 있다는 점을 의식한 것이다. 최고의

라파엘로의 〈파리스의 심판〉 중에서. 안타깝게도 라파엘로의 원작은 현재 존재하지 않는다. 이는 마르칸토니오 라이몬디가 원작을 판화로 만든 것이다.

마네의 〈풀밭 위의 식사〉. 라파엘로의 작품 구도를 그대로 옮겨왔다.

하이엔드 와인들도 불안하기는 마찬가지다. 프랑스식 전통주의가 현대적인 양조 기법에 서서히 손을 내밀고 있다. 그래서 어떤 와인 애호가들은 오히려 섭섭해한다. 프랑스만의 색깔이 사라지고 전 세계 와인이 퓨전될지도 모른다는 불안감에서이다.

'파리의 심판'이라는 제목은 낯설지가 않다. 트로이 전쟁의 빌미가 되었던 그리스신화, '파리스의 심판'을 패러디한 것이리라.

신화의 내용은 이렇다.

바다의 여신인 테티스의 결혼식 초대자 명단에 '불화'의 여신 에리스가 제외되었다. 화가 난 에리스는 연회장에 나타나 '가장 아름다운 여인에게'라고 적혀 있는 황금사과를 던지고 간다. 그 이름답게 불화를 사주한 것이다. 아니나 다를까 올림포스 최고의 여신인 헤라, 전쟁과 지성의 여신 아테나, 사랑과 미의 여신 아프로디테는 서로 자신이 가장 아름다운 여인이라며 황금사과를 놓고 싸우기 시작했다. 귀찮아진 제우스는 트로이의 왕자 파리스에게 심판을 떠넘겼다. 파리스는 어릴 때 버려져 자신이 왕자인 것도 모르고 목동의 신분으로 살고 있었다.

세 여신이 찾아와 자신을 선택해달라며 각자 대가를 제시한다. 그런데 순진한 파리스는 '미인'이라는 선물에 가장 끌렸다. 다른 모든 제의보다 "가장 아름다운 여인을 주겠다."고 약속한 아프로디테를 선택했으니 말이다. 그런데 아프로디테가 제시한 가장 아름다운 여인은 다름 아닌 스파르타의 왕 메넬라오스의 아내인 헬레네였다. 그리하여 트로이 전쟁이 시작된 것이다.

이탈리아 르네상스의 거장 라파엘로를 비롯해서 와트, 루벤스 등의 내로라하는 화가들이 그렸던 이 신화의 내용을 기자가 몰랐을 리 없다. 게다

루벤스, 〈파리스의 심판〉

가 인상주의의 선구자 마네가 자신의 작품 〈풀밭 위의 식사〉에 라파엘로의 〈파리스의 심판〉의 구도를 그대로 옮겨와서 더욱 유명해진 신화이니 말이다. 뿐만 아니라 마네가 인상주의적인 기법으로 이 그림을 그려 전시할 당시, 전통주의적인 정확성으로 역사화를 그리던 메소니에와 대립하게 된다. 이를 비교하며 후세의 학자들은 '파리의 심판'이라는 타이틀을 사용하는데, 이는 와인에 있어 전통을 표방하는 프랑스 와인과 새로운 기술과 혁신을 표방하는 캘리포니아 와인, 더 나아가 구대륙과 신대륙의 대립으로 생각할 수 있다.

  파리의 심판은 프랑스 와인뿐 아니라 캘리포니아 와인의 역사에도 큰 획을 그은 사건이었다. 전통주의자에게는 혁신의 자성을, 진보파에게는 희망을 안겨준…….

피갈에 가면 오퍼스 원이 생각난다

몽마르트르 지역은 그 예술적인 면모만큼이나 막장 인생들이 모여 들던 곳이다. 남산타워 올라가듯이 헉헉대고 언덕을 올라가면 파리에서 가장 신성한 공간, 사크레 쾨르(Sacré Coeur, 성심) 성당에 다다른다. 여기서 내려다보이는 곳에 바로 그 유명한 환락의 거리 피갈(Pigall)이 있다. 지금도 물랭 루주(Moulin Rouge)에서는 여전히 쇼를 공연하고, 포르노 상영관, 핍쇼(Peep Show), 술집들이 즐비하다. 예전에는 밍크코트 밑에 거의 전라의 몸을 한 거리의 여인들도 볼 수 있었는데, 2003년 내무장관이었던 사르코지가 법으로 거리의 호객행위를 금지하면서 이제는 눈에 잘 뜨이지 않는다. 그래서 프랑스 창녀협회가 얼마 전 피갈 광장에서 이에 항의하는 집회까지 했다.

19세기 말 피갈의 사교계는 막 꽃피고 있던 산업 자본주의의 열기에 돈과 욕망이 이글거리는 정글이었다. 돈을 찾아 날아드는 불나비들, 파리의 밤은 카바레를 중심으로 짙은 담배연기와 와인의 향기 속에 깊어갔다. 프렌치 캉캉, 고급 창녀들, 짙은 압생트와 와인에 중독되어가는 예술가들……

세기말적인 허무가 담긴 툴루즈 로트레크의 그림처럼 이 시대의 파리를 표현한 것이 아마도 영화 〈물랭루주〉일 것이다. 2001년 니콜 키드만과 이완 맥그리거가 주연해 74회 아카데미 미술상과 의상상을 받은 그 유명한 뮤지컬 영화. 니콜 키드먼의 여신 같은 모습과 고급 창녀의 이미지가 오버랩되며, 양키적인 색채를 입힌 파리의 모습이 컬트적인 느낌으로 화면을 압도했던 작품이었다. 그래서 미국 와인 중 프랑스적 색채를 지닌 고급의 희귀한 와인들을 '컬트 와인'이라고 하는 것일까?

공존할 수 없는 두 공간이 천국과 지옥처럼 위아래로 마주하고 있는 것이 아이러니하다(하지만 나는 어떤 것이 천국이고 어떤 것이 지옥인지는 모르겠다). 그래서 피갈에 가면 오퍼스 원(Opus One)이 생각난다. 진한 향수와도 같은 이 프랑스적인 미국 와인이 니콜 키드먼이 연기했던 그 조합만큼이나 순수하면서도 관능적인 느낌을 주어서일까? 여기에 무라카미 류의 《와인 한 잔의 진실》에서 받은 오퍼스 원의 이미지까지 겹쳐진다.

> "미국 최대의 업적은 할리우드 영화나 비트족의
> 시, 재즈, 팝 뮤직이 아냐. 오퍼스 원이야. 오퍼스 원은 진정한
> 의미에서 구대륙과 신대륙의 조화의 상징이지……"
> – 무라카미 류 《와인 한잔의 진실》 중에서

　그렇다. 오퍼스 원은 프랑스적인 배경에 미국이 색을 입힌 상징적인 존재다. 프랑스 보르도의 특등급 포도원인 샤토 무통 로칠드와 미국의 로버트 몬다비가 협력해서 만들어낸, 미국 땅에서 생산되는 가장 프랑스적인 와인. 1979년에 첫 번째 빈티지를 생산한 이래 전 세계 와인 애호가들의 갈채를 받았다.

　미국은 서구 문명의 발달사에서 로마 이후 전 세계의 패권자로 떠오른 강대국이다. 그러나 로마인들이 충실하게 오랜 시간을 두고 그리스 문화를 모방하고 소화한 데 비해 미국은 어느 날 종이로 만들어진 거대한 자본을 들고 양 대전을 거치면서 세계의 두목으로 군림하게 된다. 축적된 문화적 힘이나 정치적인 역사보다 금융이라는 허상의 가치를 주고 산 문화인 것이다.

　　　　　　　　거품으로 부풀다 보니 뿌리가 없다는 데 항상 콤플렉스를 느끼는 미국은 유럽을 끌어들여 자국의 문화적 기반을 다지려는 경향이 있다. 명품화하려면 뭔가 유럽적이어야 하는 것이다. 미국의 상류층은 여전히 유럽식으로 먹고, 유럽식으로 입으며, 유럽식으로 산다. 유럽에서 당연히 여기는 매너가 일반 미국인들 사이에선 우리만큼이나 생소하고 새로 배워야 하는 것들이다. 여기에는 와인도 포함되어 있다.

　　미국의 내로라하는 작가들도 예외는 아니었다. 미국만으로는 부족한 감성에 뭔가 유럽적인 것이 들어가야 했다. 특히나 2차 세계대전 후 파리를 짝사랑하던 뉴욕이 자신 안에 작은 파리를 만들기 전까지 파리는 모든 예술가들이 거쳐가고 싶어 하는 도시였다. 자아를 찾는 여정을 떠나기 위해 기차를 기다리는 플랫폼처럼. 헤밍웨이, 헨리 밀러, T.S. 엘리엇, 맨레이 등은 파리를 작품 속에 녹여냈다. 이는 아마도 어떤 이데올로기도 흡수하고 받아들이는 파리의 관대함 때문일 것이다.

　　　　오랜 기간 민주주의를 준비해오며 이성적 발전을 해온 영국과 달리, 자국의 전제군주와 왕비를 기요틴에서 사형시키고 혁명으로 자유를 쟁취한 프랑스는 인간에 대한 시각이 매우 다르다. 뭔가 반사회적이면서, 인간성의 모든 것이 받아들여지는 자유로운 분위기는 파리가 많은 문화 예술 사조의 요람이 된 이유일 것이다. 헨리 밀러의 《북회귀선》이 뉴욕이나 런던이 무대가 되었다면 그렇게 모든 성적 억압이 해체된 데카당스(Décadence)한 분위기가 나왔을까?

미국이 자신의 작품에 프랑스적인 색채를 입히는 것은 와인에도 마찬가지다. 미국 와인의 메카 나파 밸리의 대부 로버트 몬다비는 프랑스의 바론 필립 드 로칠드 사와 함께 '오퍼스 원'을 탄생시킨다. 영국계 프랑스 유대인 가문인 로칠드가가 소유한 메독의 1등급 포도원인 샤토 무통 로칠드의 상속자였던 필립 남작은 정력적인 사업가였다. 와인 제조의 모든 공정을 샤토 안에서 하도록 혁신적 경영방식을 채택하고, 1855년 당시 무통 로칠드가 2등급으로 분류된 데(아마도 영국·유대계라는 이유 때문이었을 것이라는 게 정설이다) 불복하고 반평생을 이에 대항하는 데 총력을 기울인다.

결국 필립 남작은 당시 농림부장관이던 자크 시라크를 설득했고, 신성불가침의 영역으로 여기던 메독의 특등급 와인 서열이 수정되었다! 게다가 죽기 전까지, 자동차 경기광이어서 경주에서 그랑프리도 받았고 요트 경기를 즐겼다. 문학과 예술에도 남다른 안목을 가져, 1924년 장 카를뤼의 작품을 라벨에 담는 것을 필두로 1945년부터 유명한 동시대 작가들의 작품을 해마다 라벨에 담고 있다. 그리고 아버지에게 물려받은 테아트르 피갈(Théâtre Pigalle)이라는 영화관을 리모델링하여 경영하며 영화 제작도 하였다. 2차 세계대전 후 문을 닫았지만, 1929년 문을 열 때 장 콕토가 브로셔에 쓴 서문, 장 카를뤼가 그린 포스터들이 남아 있다.

언제나 안전한 일상에 테두리를 두르고 사는 부르주아적인 삶은 사실 확실한 것이 아닐지도 모른다. 세계의 경제가 소용돌이치는 현실을 보며 허상의 로마제국도 몇 천 년의 역사 속에는 단 몇 백 년이란 기록으로 남게 될지도 모른다는 생각…… 확실한 것은 아무것도 없는 것이다.

몽마르트르 지역의 추억 어린 곳들

물랭 드 라 갈레트(Moulin de La Galette) 레스토랑
이 지역에 과거 14개의 풍차(Moulin) 방앗간이 있었다. 지금은 2개만 남아 있다. 르누아르, 고흐, 툴루즈 로트레크의 그림 속에 등장하는 그 레스토랑.

주소 : 83 Rue Lepic, 75018 Paris | 전화 : 01 46 06 84 77 | 웹사이트 : www.lemoulindelagalette.fr

라 본 프랑케트(La Bonne Franquette) 레스토랑
몽마르트르 지역에 있는 오래된 레스토랑으로 건물은 몇 백 년이나 되었다. 세잔, 로트레크, 피사로, 르누아르, 모네, 고흐 등 이름만 들어도 가슴 뛰는 예술가들이 드나들던 곳이다.

주소 : 2 Rue des Saules와 18 Rue Saint Rustique 모퉁이 / 75018 Paris | 전화 : 01 42 52 02 42 | 팩스 : 01 42 52 14 | 웹사이트 : www.labonnefranquette.com

카페 드 2 물랭(Cafe de deux Molins)
프랑스에서 1,000만 명을 동원한 영화 〈아멜리〉에 나와 유명해진 곳. 실제 가보면 프랑스 어느 곳에나 있는 카페와 별로 다를 바가 없다. 아멜리의 커다란 포스터가 반겨주는 것 이외에는.

주소 : 15 Rue Lepic, 75018 Paris | 지하철 : Blanche

라펭아질(Au Lapin Agile) 카바레
'민첩한 토끼'라는 뜻의 카바레로 20세기 초 많은 예술가들의 만남의 장소였다. 툴루즈 로트레크가 그린 카바레의 주인 아리스티드 브리앙, 피카소의 그림으로도 유명하다. 아직도 보헤미안적인 낭만이 가득한 라이브 음악이 연주되는 카바레로 저녁이면 자리가 없다. 20유로 정도만 지불하면 음료와 함께, 여전히 몽마르트르의 낡은 분위기를 감상할 수 있다.

주소 : 22 Rue des Saules, 75018 Paris

물랭루주(Moulin Rouge) 카바레
줄리에드 그레코의 샹송이 추억처럼 뇌리에 스치는 장소. 툴루즈 로트레크가 화판을 들고 종종 걸음으로 나타날 것 같고, 빨간 드레스를 입은 니콜 키드먼이 노래를 부르며 나타날 것 같은 곳. 이제는 프렌치 캉캉보다 리도와 같이 가슴을 드러낸 화려한 무희들의 쇼로 관광객들을 이끈다. 샴페인만 마신다면 90유로 정도, 식사를 하며 공연을 관람하면 150유로 이상.

주소 : Bd. de Clichy, 75018 Paris | 웹사이트 : www.moulinrouge.fr | 지하철 : Blanche

빛의 향연이 펼쳐지는 인상파의 고향, 노르망디

　대학원에서 6년이란 세월을 보낸 노르망디는 내게 있어 제2의 고향처럼 느껴진다. 그래서인지 지금도 프랑스에 가기만 하면 제일 먼저 포도나무 한 그루 없는 노르망디로 달려가게 된다.

　공부하기 싫은 밤이면 친구들과 함께 큰 자루를 들고는 과수원으로 사과 서리하러 가던 추억이 그리워서다. 조그맣고 못생긴 양조용 사과들은 맛이 없었지만, 노르망디의 해양 풍에 밀려 떨어진 사과들 중에 상하지 않은 것을 찾아내어 자루에 담는 일은 재미있었다. 기분 나는 밤이면 그 사과들과 칼바도스 한 병을 들고 해변가로 가기도 했다.

　프랑스 북부의 영국 해에 면하고 있는 노르망디는 이름 그대로 프랑스 아닌 프랑스이다. 중세에 노르만족 바이킹들이 세운 나라. 그리고 영국을 정복했던 나라……. 북구의 느낌을 지닌 이 고장은 하루에도 하늘이 수십 번 옷을 갈아입는다. 맑았나 하면 여우가 시집가듯 부슬비가 내리고, 비가 오나 보다 하면 안개가 끼고.

이런 변덕스런 날씨와 함께 벌어지는 빛의 향연은 그야말로 장관이다. 빛 알갱이들이 사물의 표면에 끝없이 부딪치는 모습이 보이는 것 같은 느낌은 착각일까? 그리고 그 빛의 색은 시간이 지나며 천천히 바뀐다. 하루에도 사물의 모습이 시간에 따라 변하는 고장, 그래서 보았던 풍경이 문득문득 낯설어지는 고장. 북위 49도, 한국과는 전혀 다른 비스듬한 빛의 각도가 사물의 본질을 왜곡시키는 것 같은 착각마저 들 때가 있다. 내가 사물을 보는 것인지, 빛이 나의 눈에 부딪쳐 튕겨나가는 것인지……. 물론 과학자들에겐 둘 다 같은 의미일 것이다.

노르망디를 여행하다 보면 왜 모네가 같은 연못의 수련을 모두 다른 색으로 표현했는지 이해할 수 있다. 하늘, 구름, 빛, 젖소 떼, 언덕……. 이 고장에서는 같은 자리에서 보는 풍경이 시간마다 다르다. 이런 노르망디에서 인상주의가 태어나지 않는 것이 이상할 정도라는 생각이 들었다. 나 역시 화폭에 언덕의 양 떼들과 구름 사이로 쏟아지는 빛의 유희를 담아보고 싶은 충동을 느끼곤 했기 때문이다. 인상파는 너무 잘 구축된 딱딱한 고전 미술에 대한 혁명이고 반발이었다. 표면의 겉모습보다 사물이 가지고 있는 영원한 본질과 이상적인 아름다움을 화폭에 담고자 하는 열정. 마네로부터 시작해 모네, 부댕, 종키르 등 모두 노르망디가 낳은 인상파 화가들이다.

마네는 이렇게 쓰고 있다. "나는 내가 보는 것을 그린다. 타인들이 보고 싶어 하는 것을 그리는 것이 아니고……." 인상주의는 미술에 있어

'개인주의'를 알리는 서곡이었다.

　　　차를 몰고 조금만 달리면, 프랑스 치즈의 대명사 카망베르의 고장답게 군데군데 목장이 이어진다. 나지막한 언덕에는 한가로이 젖소들과 양들이 풀을 뜯고 그림 같은 숲 사이로 노르망디 전통 농가가 보인다. 작은 마을 이름인 카망베르에 가면 조그마한 치즈 박물관이 있고, 노르망디의 각종 치즈와 사과주를 판매한다.

　　　인상주의 화가들이 즐겨 그렸던 아름다운 항구 옹플뢰르(Honfleur)나 도빌(Deauville)의 아름다운 해변에는 멀리 북해에서부터 불어오는 바람에 모래가 날린다. 그래서 이곳의 해변에서 수영을 할 수 있는 시간은 한여름뿐이다. 한여름이 되면 사람들은 미친 듯이 웃옷을 훌훌 벗어던지고 광합성하러 빛을 쫓아 뛰쳐나간다. 그래도 비타민 D가 모자라 바캉스 철이 되면 지중해로, 스페인으로 떠날 수밖에 없다.

　　　기온이 낮고 비가 많은 이 지역은 포도나무가 잘 자라지 못하는 땅이다. 대신 사과와 배를 재배한다. 그래서 이 지방 사람들은 와인보다 사과주를 더 많이 마신다. 노르망디와 인접해 있는 브르타뉴의 전통 요리인 크레이프(Crêpe)는 밀가루와 계란을 반죽하여 프라이팬에 밀전병처럼 얇게 부쳐 여러 가지 재료를 얹어먹는 요리다. 햄, 계란, 버섯, 고기 등을 얹은 짭짤한 크레이프를 살레(Salé)라고 하며, 초콜릿, 꿀, 크림, 설탕 등을 얹으면 쉬크레(Sucré)라고 한다. 살레는 밀가루 대신 메밀가루를 써서 약간 검은빛이 도는 갈레트(Galette)에 주로 얹는다.

　　　노르망디의 전통주인 시드르(Cidre)는 사과로 만든 술이다. 사과만으로 빚기도 하지만 배를 약간 섞는 경우도 있다. 사과는 포도보다 당도가 낮아 4~5도 정도의 낮은 알코올에 약한 기포가 있는 일종의 맥주 같은 술이

된다. 시드르는 크레이프와 마셔야 제격이다.

　이 시드르가 바로 우리가 마시는 음료수, 사이다의 어원이다. 일본 사람들이 마셔보고는 탄산가스가 있는 음료수를 사이다라고 부르기 시작한 것이다. 그래서 사이다란 말은 우리나라와 일본 사람 이외에는 아무도 이해하지 못한다. 영어가 아니란 거다. 미국이나 프랑스에서도 세븐업이나 스프라이트라고 해야 사이다를 갖다 준다. 사이다라고 하면 당연히 사과주가 나오니 조심해야 한다. 음료수인 줄 알고 원샷으로 벌컥벌컥 마시고 취한 유학생을 여럿 보았다.

　재작년에 노르망디의 노른자위인 페이도주(Pays d'Auge) 지방을 자동차로 며칠간 여행한 일이 있었다. 이때 만난 칼바도스(Calvados) 제조업체 쾨르드리용(Coeur de Lion)의 사장인 크리스티앙은 사과와 배를 재배하는 것이 포도보다 더 자본이 많이 든다며, 인고의 세월이라고 했다. 포도는 심어서 5년만 지나면 수확이 가능하지만(물론 고급 와인은 아니다!) 사과나 배는 심은 지 20년이 지나야 열매를 맺기 시작한단다. 자기가 올해 심은 사과나무는 아들 때에나 현금이 되어 돌아온다는 것이다.

    프랑스인들의 느림의 철학을 경험하는 순간이었다. 포도 농사도 사과나 배 농사도, 그리고 술을 담가 오랜 기간 숙성시켜 최상의 맛이 되길 인내하고 기다리는 시간들…… 이들의 시간이 우리가 느끼는 빨리빨리 시간의 흐름과 같을 리가 없다.

    이런 사과주를 증류시켜 만든 브랜디가 바로 그 유명한 레마르크의 소설 《개선문》에 나오는 칼바도스이다. 2차 세계대전의 전운이 감도는 파리에서 나폴레옹의 그림자가 어린 개선문은 오히려 음산한 전쟁의 상징처럼 보였다. 몽마르트르 언덕에 자리잡은 싸구려 호텔 '엥테르 나쇼날(Internationl)'은 유럽 각지에서 몰려던 망명자들로 북적대그 있었다. 그곳에서 외과 의사인 라비크는 하루하루를 덧없이 살아간다. 그가 시니컬한 절망 속에 매일 마시는 술이 바로 사과 브랜디 칼바도스였다. 칼바도스는 프랑스 북서부 노르망디 지역(노르망디 상륙작전으로 유명한 그 노르망디다!)의 한 행정구역명이다.

    주인공인 망명자 라비크가 사랑으로도 채워질 수 없는 뻥 뚫린 빈 가슴을 적시던 바로 그 술. 그래서 칼바도스에 도착한 나는 무척 낭만적인 상상을 했었다. 참을 수 없는 존재의 외로움으로 가득 찬, 공허한 아름다움이 깃든 술일 거라고……. 그런데 실제로 입에 넣으면 정말 쓰다. 독주를 못하는 내겐 소주나 위스키만큼 쓰고 독하다. 낭만을 느끼기 전에 혀에 닿는 현실적 감각에 먼저 지배당한 것이다. 젊고 저렴한 칼바도스는 알코올과 함께 사과의 향이 날카롭게 코를 찌르며, 오래 묵은 고급 칼바도스는 오크향과 함께 강렬한 견과류의 향을 내는 카리스마를 지닌다. 코냑이나 위스키와는 또 다른 매력을 지닌 멋진 브랜디다.

칼바도스는 다른 술들과 섞어서 아페리티프(Apéritif, 식전주)로 마시기도 한다. 노르망디 지방에서는 정찬 디너 중간에 트루 노르망(Trou Normand, Norman Hole)*이라는 전통이 있다. 실컷 먹고 놀다가 잠시 쉬며 차가운 얼음과자(셔벗이나 그라니테)**에 칼바도스를 부어 마시는 것이다. 코냑이나 칼바도스 같은 브랜디는 알코올 도수가 강하고 진한 향이 있어 소화 흡수를 돕는 식후주이기 때문이다. 그러고는 또다시 파티를 시작한다. 한국처럼 1차, 2차로 장소를 바꾸지는 않는 대신 그 자리에서 1부, 2부로 나누어 노는 것이다. 보통 한 해의 마지막 날에는 친구들과 이렇게 밤새워 춤추고 마시며 새해를 맞이한다. 그래서 칼바도스는 브랜디 고유의 식후주로서 더욱 그 가치를 발휘한다. 코냑처럼 진한 에스프레소와 함께 시가 한 대를 즐기며 칼바도스를 한잔하노라면 《개선문》 속의 라비크가 바로 튀어나올 것만 같다.

---

* 트루 노르망 : 트루는 프랑스어로 '구멍'이란 뜻. 트루 노르망은 축제의 중간에 뚫린 구멍, 즉 쉬는 시간을 뜻한다.

** 셔벗(Sorbet)과 그라니테(Granite) : 식사 중에 소화를 시키고 입가심을 하기 위해 생선요리와 고기요리 중간에 먹는 얼음과자로 좀 더 부드러운 것은 소르베, 거친 것은 그라니테라고 한다.

가볼 만한 곳

푸케 파리(Fouquet's Paris)

《개선문》의 무대가 되었던 레스토랑이다. 입구에는 방문했던 유명 인사들의 이름을 동판에 죽 새겨 놓았는데, 이름만 보아도 대단한 인물들이 즐비하다. 현재 프랑스 대통령인 사르코지가 즐겨 찾았던 곳으로, 그가 대통령에 당선된 2007년 5월 6일 밤 친한 친구들과 당선 파티를 한 곳도 이곳이었다. 사르코지의 전 부인이 이곳에 초대된 사람들의 명단을 작성했고, 《푸케의 밤(La Nuit de Fouquet's)》이라는 책까지 출간되었다. 명단에는 영화 〈레옹〉으로 유명한 장 르노, 과거 톱 가수 조니 할리데이, 루이비통 그룹의 CEO, 피가로 CEO와 편집부장 등이 포함되어 있다.

주소 : 99 Avenue des Champs-Elysees, 75008 Paris | 지하철 : George V

파리 크레이프 거리

크레이프는 노르망디의 전통주인 시드르와 함께 먹는 브르타뉴 음식이다. 브르타뉴나 노르망디 이외의 지역에서는 이를 전문으로 하는 레스토랑이 별로 없는데, 모든 것이 다 있는 파리에는 몽파르나스 지역에 크레이프 거리가 있다. 이 중 크레프리 조슬랭(Creperie Josselin)이 유명하다. 근처에 여러 곳이 있다.

크레프리 조슬랭(Creperie Josselin)
주소 : 67 Rue du Montparnasse, 75014 Paris | 지하철 : Edgar Quinet

나폴레옹은 코냑을 좋아했을까?

    나폴레옹은 군부 쿠데타로 정권을 탈취한 군인이었고, 조국 프랑스의 영광에 과대망상을 가진 사람이었다. 잠도 거의 자지 않을 정도로 부지런했다니, 현대병으로 말하자면 워커홀릭이라 하겠다. 때문에 문화적인 것이나 미식적인 면은 그다지 즐기는 사람이 아니었다.
    그러나 황제에 오른 뒤에는 프랑스의 많은 국왕들이 그러했듯이 나폴레옹도 제국의 권위를 화려한 연회를 통해 세상에 자랑하고 싶어 했다. 러시아까지 포함한 모든 유럽 귀족들이 프랑스 요리사들을 자국의 궁전으로 초청하고 프랑스 와인을 마시며 프랑스어로 말하던 시기에, 외교 사절들에게 있어 프랑스 궁전에서의 장엄한 연회에 초청되어 프랑스 요리와 와

인의 진수를 맛본다는 영광은 아마도 협상테이블에서 한 수 접고 들어가게 하는 전략이 아니었을까 싶다. 화려한 왕궁에서 맛있는 음식을 먹고, 아름다운 귀부인들과 무도회까지 즐기고 나면 외교 사절들은 무장 해제되기 마련이었을 것이다.

나폴레옹은 예상외로 알코올에 약한 사람이었지만 즐길 줄 아는 사람이었다. 부르고뉴산 '샹베르탱(Chambertin)' 와인을 가장 좋아했고, 식후

에는 코냑의 향을 즐겨 인맥 있는 제조업자들은 너도나도 황제에게 코냑을 바쳤다. 게다가 전장에 출정할 때는 기병대를 사열한 후 장검으로 샴페인의 목을 한 칼에 베어 미리 승리의 축배를 들곤 하였다. 유럽에서는 아직도 이 의식이 남아 각종 축제를 위한 이벤트로 사용되곤 한다. 모에에 샹동은 황제가 방문했다 해서 브뤼 임페리얼(Brut Imperial)이라는 이름을 붙였다.

우리나라에서 코냑 하면 자연히 나폴레옹을 떠올린다. '나폴레옹 코냑'이라는 한국 브랜디도 있었다. "나의 사전에 불가능은 없다."던 나폴레옹의 카리스마가 남성적인 코냑의 느낌과 맞아떨어지기 때문인지도 모른다. 전장에서도 코냑은 병사들의 남성적인 용기를 살려주는 도구였다.

1812년 나폴레옹이 러시아로 진격했을 때, 프랑스군이 견딜 수 있었던 것은 코냑의 힘이었다. 겨울에도 얼음이 얼지 않는 프랑스에서 자란 병사들에게 전쟁보다 더 무서웠던 것은 생전 겪어보지 못했던 시베리아의 추위였다. 코냑으로 몸을 덥히며 전진하는 그들에게는 코냑이 방한복이었다. 그러나 보급로가 막히며 코냑이 바닥나자, 결국 프랑스군은 추위를 이기지 못해 패배하였고 나폴레옹은 몰락의 길로 들어선다. 러시아의 보드카군에 밀린 것이다.

그러나 코냑에서의 나폴레옹은 브랜드명이 아니고 등급을 나타낸다. 코냑은 오래도록 오크통에 숙성해야 하는 술인데, 숙성 기간을 나타내기 위해 콩트(Compte)라는 단위를 쓴다. 1년간의 숙성 기간이 1콩트로, 매년 4월 1일을 기준으로 1콩트씩 추가된다. 6콩트 이상이 되어야 나폴레옹이라는 등급을 붙일 수 있다. 6콩트 이상인 경우 50~60년 숙성시킨 코냑을 사용하기도 하며, 오르다쥬(Hors d'Age, 나이를 알 수 없는)라고 명기한 코냑의 경우 그 이상 된 명주이다.

나폴레옹의 이름이 등급이 된 이유는 역사 속에 있다. 자식이 둘이나 딸리고 혼자가 된 요부 조세핀에게 반해 불같은 사랑으로 결혼했지만 둘 사이에는 후사가 생기지 않았다. 코르시카의 미천한 병사 출신인 자신을 왕족으로 정당화시키고 싶은 강박관념에 사로잡혀 있던 나폴레옹은 사랑하지만 어쩔 수 없이 조세핀과 이혼을 한다. 그런 뒤 정략적으로 러시아의 로마노프 왕가와 인연을 맺으려 백방으로 노력하지만 외면당하고(이때 결혼이 성사되었으면 역사가 바뀌었을지도 모른다) 오스트리아 합스부르크 왕녀인 마리 루이스와 재혼한다.

프랑스의 부르봉 왕가를 무너뜨린 혁명의 힘으로 황제에 오른 그가,

혁명군에 의해 단두대의 이슬로 사라진 마리 앙투아네트의 조카손녀와 결혼을 하다니 그의 가문 콤플렉스가 얼마나 심했는지 짐작할 수 있다. 우여곡절 끝에 기다리던 황태자를 얻은 해가 1811년이었는데, 이 해의 하늘에 혜성이 나타나고 포도 농사도 대풍년이었다고 한다. 하늘의 축복에 신이 난 브랜디 제조자들은 황태자의 탄생과 대풍년을 기념하기 위해 '나폴레옹'이라는 이름을 사용하기 시작하였다. 그러나 영원한 제국을 자손 대대 물려주리라 꿈꾸던 황제의 바람은 물거품처럼 사라지고 황태자는 나폴레옹 2세로 제위를 승계받았으나 제대로 황위에 앉아보지도 못하고 오스트리아의 외가에서 21세의 나이로 요절한다.

코냑은 보르도와 마찬가지로 지역 이름이자 도시 이름이기도 하다. 보드로 시내에서 북쪽으로 30분 정도만 달리면 코냑 시에 도착하는데, 진입로부터 짙은 코냑 향으로 기분 좋게 찌들어 있다고 표현해야 할까? 유혹하는 낯 익은 상표들……. 헤네시, 카뮈, 레미 마르탱, 쿠르보아지에, 마르텔…….

이 지역도 보르도와 마찬가지로 1세기경 로마인들이 최초로 포도원을 일구었다. 그러나 보르도 지역과 얼마 떨어지지 않았는데도, 토양이 보르도와 전혀 달라 보르도에서 재배하는 품종들은 잘 자라지 않는다. 주로 위니 블랑(Ugni Blanc, 코냑 지방에서는 '생테밀리용'이라고 한다)이란 품종을 재배하는데, 유기산이 많고 당도가 낮아 와인으로 만들었을 때 신맛이 나며 알코올 농도는 7~9퍼센트밖에 되지 않는다. 그러다 보니 영국이나 네덜란드로 수출이 호황일 때도, 타 지방에 비해 인기가 없어 언제나 남아도는 와인이 골칫거리였다.

그러던 중 네덜란드 사람들로부터 우연히 증류 기술을 전수받아 와인을 증류하기 시작한다. 그런데 결과는…… 하늘의 측복이었다. 질 낮던 와인이 수증기로 변하자 산 성분이 제거되고 매혹적인 향을 내며 전혀 다른 술이 된 것이다! 그리하여 미운 오리 새끼는 '생명의 물(Aqua Vitae) 코냑'으로 재탄생되었다. 게다가 술통 단위로 세금을 매기던 시절에 부피가 줄어드니 세금도 줄어들어 일석이조가 된 것이다. 이 소문은 바다 건너 영국에까지 퍼지고, 대륙의 술에 열광하던 영국인들은 너도나도 수입하러 달려온다. 이후 코냑은 브랜디의 대표로 자리 잡아 명품 대열에 올라서게 된다.

서양의 많은 과학이 연금술사들의 은혜를 입었듯이 증류법도 연금술사들의 작품이었다. 이들은 증류주를 아쿠아비타(Aqua Vitae, Eau de Vie), 즉 생명의 물이라 했다. 불로장생한다는 의미였다. 이런 술을 오드비(Eau de Vie)하고 한다. 과일을 발효시켜 술을 만든 후 이것을 증류하여 오크통에 숙성한 술이 브랜디고, 맥주를 증류한 것은 위스키다. 위스키는 영국인들이 만든 술로서 얼음을 넣어 언더락으로 마시기도 하지만, 브랜디는 그 원료가 와인인지라 와인과 같이 눈과 코와 입을 모두 사용하여 즐기는 술이다. 손으로 감싸 체온으로 덥혀가며 향을 느끼는 술이라 절대로 얼음을 넣으면 안 된다. 가격도 하이엔드로 가면 브랜디가 훨씬 비싸다.

브랜디 중 대표적인 것이 사과를 원료로 한 칼바도스, 와인을 원료로 한 코냑과 아르마냑(Armagnac)이다. 칼바도스니 코냑이니 아르마냑이니 하는 것은 모두 그 술을 만드는 지방 이름으로 와인처럼 상표등록이 되어 있어서 엄격하게 법률로 원산지를 통제받는다. 각 지역별로 브랜디를 만드는 포도의 종류, 증류 방식과 횟수, 숙성 기간 등을 국가에서 통제하며 품질을 관리한다. 와인은 포도를 수확한 해를 라벨에 표기하여 오크통 숙성기간, 병 속에 담겨 보내온 세월까지 모두 연령으로 치는 데 반해, 브랜디는 오크통에서 숙성된 연령만을 표기하고 일단 병입이 되면 이때부터는 연령으로 치지 않는다.

　　오래 숙성될수록 맛이 깊고 부드러우며, 오크통 표면에서 수분이 증발해 알코올 도수가 높아진다. 숙성 기간이나 성격이 다른 오드비들을 블랜딩하여 원하는 맛과 향을 낸 후에 최종적으로 병입하여 출시한다. 코냑의 맛과 향은 바로 블랜딩에 달려 있는데, 이 비법은 며느리도 모른다.

Special Page

파리여행전 반드시 알아야 할것들

★ 맛있는 파리
★ 화려한 파리

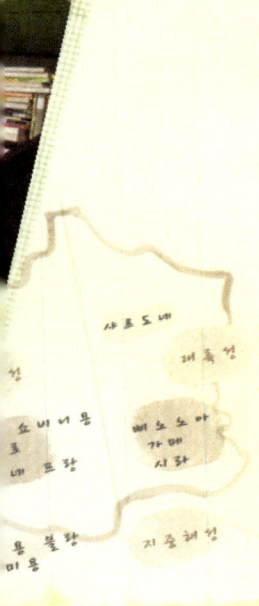

파리의 웬만한 레스토랑은 다 있다

맛있는 파리

파리는 식도락의 천국이다. 전통적인 곳부터 신개념의 퓨전 레스토랑까지 열거하자면 책 한 권이 될 것이다. 전 세계 요리를 맛볼 수 있는 것도 이곳이다. 하지만 이를 모두 다 나열할 수는 없고, 여행객들이 쉽게 갈 수 있는 범위의 파리 1구의 오페라, 샤틀레 등이 있는 지역과 16구의 고즈넉한 부르주아 지역, 그리고 센 강 좌안의 학생들 밀집 지역인 생미셸-몽파르나스 지역의 웬만한 가격의 레스토랑들 리스트이다.

파 리 1 구 레 스 토 랑

케케(Quai Quai) 가격 : 점심 17유로, 21유로 / 세트 메뉴 35유로 | 주소 : 74 Quai des Orfèvres, 75001 Paris | 전화 : 01 46 33 69 75 | 지하철 : Pont

오 뒤 데 롱바르(Au Duc des Lombards) 가격 : 8~14유로 | 주소 : 42 Rue des Lombards, 75001 Paris | 전화 : 01 42 33 22 88 | 지하철 : Châtelet-Les Halles

라 모뤼 아 레콜 리츠 에스코피에(La Morue à l'Ecole Ritz Escoffier) 리츠 호텔의 에스코피에 요리학교에서 운영하는 레스토랑. 가격 : 1인당 약 135유로 | 주소 : 15 Place Vendôme, 75001 Paris | 전화 : 01 43 16 30 50 | 지하철 : Opéra, Tuileries

이세(Issé) 파리에서 맛보는 일식은 어떨까? '신의 물방울' 주인과 이름이 같다. 가격 : 점심 15유로, 25유로 / 저녁 45유로, 70유로 | 주소 : 45 Rue de Richelieu, 75001 Paris | 전화 : 01 42 96 26 60 | 지하철 : Pyramides

바 아 망제, 르 르투르(Bar à Manger, Le Retour!) 가격 : 15~20유로 | 주소 : 13 Rue des Lavandières Sainte-Opportune, 75001 Paris | 전화 : 01 42 21 01 72 | 지하철 : Châtelet

젠(Zen) 일본식 이자카야. 가격 : 점심 10유로, 15유로 / 세트 메뉴 약 20유로 | 주소 : 8 Rue de l'Echelle, 75001 Paris | 전화 : 01 42 61 93 99 | 지하철 : Palais Royal

라틀리에 베르제(L'Atelier Berger) 가격 : 세트 메뉴 36유로 | 주소 : 49 Rue Berger, 75001 Paris | 전화 : 01 40 28 00 00 | 지하철 : Les Halles

오 구르망(Au Gourmand) 가격 : 점심 28유로, 32유로 / 세트 메뉴 36유로 | 주소 : 17 Rue Molière, 75001 Paris | 전화 : 01 42 96 22 19 | 지하철 : Palais Royal, Pyramides

Special Page 파리 여행 전 반드시 알아야 할 것들

레 핀느 겔(Les Fines Gueules) 가격 : 약 25유로 | 주소 : 43 Rue Croix des Petits Champs, 75001 Paris | 전화 : 01 42 61 35 41 | 지하철 : Bourse

파 리 1 5 구 레 스 토 랑

자디(Jadis) 가격 : 32유로(전채+메인+디저트) | 주소 : 208 Rue de la Croix Nivert, 75015 Paris | 전화 : 01 45 57 73 20 | 지하철 : Boucicaut, Convention

야나즈(Yanase) 주소 : 75 Rue Vasco de Gama, 75015 Paris | 전화 : 01 42 50 07 20 | 지하철 : Porte de Versailles

15-티에시 뷔를로(XV-Thierry Burlot) 가격 : 세트 메뉴 30~35유로 | 주소 : 8 Rue Nicolas Charlet, 75015 Paris | 전화 : 01 42 19 08 59 | 지하철 : Pasteur

오푸스 뱅(Opus Vins) 가격 : 점심 20유로(전채+메인+디저트) / 저녁 세트 메뉴 30유로 | 주소 : 72 Rue Vasco de Gama, 75015 Paris | 전화 : 01 42 50 14 91 | 지하철 : Lourmel

레 콩페르(Les Compères) 가격 : 점심 12유로! / 세트 메뉴 20~30유로 | 주소 : 32 Rue Dantzig, 75015 Paris | 전화 : 01 45 33 72 71 | 지하철 : Convention

아파리아(Afaria) 가격 : 점심 19유로, 27유로 / 세트 메뉴 30~35유로 | 주소 : 15 Rue Desnouettes, 75015 Paris | 전화 : 01 48 56 15 36 | 지하철 : Convention

바푀르 구르망드(Vapeur Gourmande) 찜요리 전문. 가격 : 점심 17~23유로 / 세트 메뉴 35~40유로 | 주소 : 49 Rue Balard, 75015 Paris | 전화 : 01 45 57 71 90 | 지하철 : Javel, Balard

르 그랑 팡(Le Grand Pan) 가격 : 2인 기준 38~50유로 | 주소 : 20 Rue Rosenwald, 75015 Paris | 전화 : 01 42 50 02 50 | 지하철 : Plaisance

파 리 1 6 구 레 스 토 랑

제브라 스카르(Zébra Square) 가격 : Deux formules à 29유로, 35유로 à la carte, comptez 50유로 | 주소 : 3 Place Clément Ader, 75016 Paris | 전화 : 01 44 14 91 91 | 지하철 : 고속 지하철이면 RER-C선 La Maison de la Radio

Etc 가격 : 68~70유로 | 주소 : 2 Rue la Pérouse, 75016 Paris | 전화 : 01 49 52 10 10 | 지하철 : Kléber, Boissière ou Iéna

카베스테브(Cavestève) 가격 : 점심 20~30유로 | 주소 : 15 Rue de Longchamps, 75016 Paris | 전화 : 01 47 04 01 45 | 지하철 : Iéna

스코사(Scossa) 가격 : 점심 30~40 유로 | 주소 : 8 Place Victor Hugo, 75016 Paris | 전화 : 01 53 64 24 00 | 지하철 : Victor Hugo

우정식당 주소 : 8 Bd. Delessert, 75016 Paris | 전화 : 01 45 20 72 82

파리에서 꼭 가봐야 할 유서 깊은 레스토랑

파리에는 역사적인 증인 같은 레스토랑들이 있다. 대표적인 곳이 오베르주 니콜라 플라멜, 라페루즈, 르 프로코프, 르 그랑 베푸르 등이다. 100년 정도 되었다는 건 명함도 못 내민다. 몇 백 년간 그 자리에서 고객들이 늙어가고, 이승을 떠나고, 그 아들딸들이 또 찾아와 늙어가는 것을 지켜본 곳이다. 그러다 보니 건물이나 내부 장식 자체가 역사·예술 교과서와 다를 것이 없어 대부분 문화재로 지정되어 있다.

오베르주 니콜라 플라멜(L'Auberge Nicolas Flamel) 14세기의 연금술사이던 니콜라 플라멜과 그의 부인이 지은 건물로, 이들은 납으로 금을 만드는 연금술을 터득했다고 전해진다. 몇 백 년 된 돌벽 옆(이것이 연금술의 돌인 화금석인지는 잘 모르겠다), 흔들리는 불빛 아래 흰 식탁보가 깔린 테이블 위에서 식사를 하고 나오면, 문밖에 마차가 다닐 것만 같다.

가격 : 30~70유로까지 다양한 메뉴 | 주소 : 51 Rue de Montmorency, 75003 Paris | 전화 : 01 42 71 77 78 | 팩스 : 01 42 77 12 78 | 지하철 : Rambuteau | 웹사이트 : www.auberge-nicolas-flamel.fr

라페루즈(Lapérouse) 센 강변에 위치한 가장 오래된 레스토랑 중 하나로 1766년에 오픈했다. 18세기의 대저택 안에 있어, 마치 귀족의 성에서 식사하는 느낌을 가질 수 있다.

가격 : 80~140유로 | 주소 : 51 Quai des Grands Augustins, 75006 Paris | 전화 : 01 56 79 24 31 | 팩스 : 01 43 26 99 39 | 지하철 : Saint-Michel | 웹사이트 : www.laperouse.fr

르 그랑 베푸르(Le Grand Véfour) 1784년 파리 팔레로열 궁에 오픈한 레스토랑으로 200년이 넘는 세월 동안 수많은 유명 인사들이 들른 곳이다. 팔레로열의 소유자였던 샤르트르 공작이 이 저택을 상업용으로 용도 변경해 오픈하였으며 루이 16세 시대와 신고전주의의 중후한 실내장식을 느낄 수 있다.

가격 : 디너는 세트 메뉴 250유로로 비싸다! | 주소 : 17 Rue de Beaujolais, 75001 Paris | 전화 : 01 42 96 56 27 | 웹사이트 : www.grand-vefour.com

르 프로코프(Le Procope) 파리에서 가장 오래된 카페로 1686년에 문을 열었다. 볼테르, 디드로, 당통, 로베스피에르, 마라, 벤자민 프랭클린, 보나파르트 나폴레옹, 빅토르 위고, 발자크, 벨를렌, 감베타 같은 역사적인 인물들이 18, 19세기에 어깨를 나란히 하고 드나들던 매혹적인 장소이다. 지금은 레스토랑으로 운영되며 프랑스 전통의 보졸레 와인(그것도 최고 좋은 쥘리에나르!)에 조린 코코뱅을 먹을 수 있는 곳이다. 수탉이 없어 암탉과 테이블와인으로 조리하는 한국식 코코뱅과 꼭 비교해보길.

가격 : 30~60유로 | 주소 : 13 Rue de l'Ancienne Comédie, 75006 Paris | 전화 : 01 40 46 79 00 | 지하철 : Odeon | 웹사이트 : www.procope.com

파리의 럭셔리 레스토랑

맛있는파리

이름만 들어도 가슴 떨리는 세계적으로 유명한 셰프들의 요리를 맛볼 수 있는 곳. 물론 가격은 아주 비싸며, 꼭 정장을 입어야 들어갈 수 있다. 사실, 이런 레스토랑들은 맛보다는 이미지를 파는 것이다. 마치 명품 핸드백이나 최고급 와인과도 같다. 하지만 어차피 자본주의 사회란 '돈'이란 개념처럼 실체가 아닌 숫자나 이미지로 이루어진 세계일 수도 있다.

아름다운 네오클래식 장식 아래 촛불을 켜고 귀족처럼 집사들의 근엄한 서빙을 받으며 식사를 하다니, 신흥 부르주아의 삶이 그대로 느껴지지 않겠는가? 돈은 많지만 귀족들의 고품격 생활이 몸에 배지 않아, 어설프게 모방하며 뽐내보지만 속으로는 불편하고 주눅이 들어 있다.

암튼 식사하는 사람의 수보다 많은 가르송(Garçon, 프랑스어로 웨이터)과 소믈리에들에 둘러싸여, 돈 많이 내고 주눅 들기에 이보다 좋은 장소는 없다(권력이 바로 돈임을 체험할 수 있다!). 사실 어떤 곳은 너무 상업화, 관광화되어 1년 전에 예약해도 가기 힘들다. 그렇게 힘들게 간 것에 비해 가격 대비 맛은 다소 실망스럽다. 그러나 경제적 여유가 된다면 한 번쯤 유럽의 상류사회를 경험해볼 수 있는 장소이다. 인생에 미지의 것에 대한 경험 외에 무엇이 더 있을까?

르 뫼리스(Le Meurice) 루브르 박물관 바로 맞은편 뫼리스 호텔 내의 레스토랑이다.
주소 : 228 Rue de Rivoli, 75001 Paris │ 전화 : 01 44 58 10 10 │ 웹사이트 : www.meuricehotel.fr

레 장바사되르(Les Ambassadeurs) 콩코르드 광장의 호텔 크리용(Hôtel Crillon) 레스토랑이다. 알랭 뒤카스 밑에서 15년간 일한 장프랑소아 피에주가 셰프를 맡고 있다.
주소 : 10 Place de la Concorde, 75008 Paris │ 전화 : 01 44 71 16 16

레스토랑 레스파동(Restaurant L'Espadon) 그 유명한 리츠 호텔 레스토랑이다. 다이애나 황태자비는 이 호텔에서 나가면서 파리 지하도에서 사망했다.
주소 : 15 Place Vendôme, 75001 Paris │ 전화 : 01 43 16 30 80 │ 웹사이트 : www.ritz.com

피에르 가니에르(Pierre Gagnaire) 파리와 똑같을지는 모르지만, 한국의 롯데 호텔에도 있다.
주소 : 6 Rue Balzac, 75008 Paris │ 전화 : 01 58 36 12 50 │ 웹사이트 : www.pierre-gagnaire.com

라 메종 블랑슈(La Maison Blanche) 주소 : 15 Avenue Montaigne, 75003 Paris │ 전화 : 01 47 23 55 99 │ 웹사이트 : www.masion-blanche.fr

르 생크(Le Cinq) 포시즌 그룹에서 운영하는 조르주 5세 호텔(Hotel George V) 안에 있는 레스토랑.
주소 : 31 Avenue George V, 75008 Paris | 전화 : 01 49 52 71 54

이외 전 세계에 알려진 특히, 외식산업의 트렌드 세터인 일본이나 뉴욕에 지점이 있거나 잘 알려진 최고급 관광 레스토랑들은 수없이 소개되었으므로 다음 홈페이지들을 방문해보길. 비싸다!

:: 조엘 로뷔숑(Joel Robuchon) : www.joel-robuchon.com
:: 알랭 뒤카스(Alain Ducasse) : www.alain-ducasse.com
:: 라 투르 다르장(La Tour d'Argent) : www.latourdargent.com
:: 타이유방(Taillevent) : www.taillevent.com
:: 뤼카스 카르통(Lucas Carton) : 상드랑(Senderens)으로 이름이 바뀌었다. www.lucascarton.com / www.senderens.fr
:: 라세르(Laserre) : www.restaurant-lasserre.com

절대 미각의 당신이
꼭 가봐야 할 파리의 레스토랑

레스카르고 몽토르괴이(L'Escargot Montorgueil) 달팽이 요리 전문점. 마르셀 프루스트, 살바도르 달리, 재클린 케네디 등이 드나들던 곳이다.
주소 : 38 Rue de Montorgueil, 75001 Paris | 가격 : 50~75유로 | 지하철 : Etienne Marcel, Les Halles | 웹사이트 : www.escargot-monto.fr

라 레갈라드(La Régalade) 파리의 내로라하는 유명한 셰프들도 가서 먹는 미슐랭 가이드 별 3개짜리의 편안한 비스트로로, 20~50유로 정도 예산.
주소 : 49 Avenue Jean Moulin 75014 Paris

노장세스트르 레 골로아(Nos Ancestres Les Gaulois) 시테 섬 옆의 생루이 섬(Ile Saint-Louis)에 있는 고대 골족 분위기를 낸 레스토랑이다.
주소 : 39 Rue Saint-Louis-en-l'Ile, 75004 Paris | 전화 : 01 46 33 66 07 / 01 46 33 66 12 | 팩스 : 01 43 25 28 64is | 웹사이트 : www.nosancetreslesgaulois.com

폴리도르(Polidor) 13세기에 건축된 오래된 건물 내에 있으며, 가정요리 전문 레스토랑이다.
주소 : 41 Rue Monsieur Le Prince, 75006 Paris | 웹사이트 : www.polidor.com

르 를레 드 랑트레코트(Le Relais de l'Entrecôte) 얼굴보다 큰 갈비살 스테이크만 전문으로 하는 레스토랑이다. 다음 세 곳에 있다.
① 101 Bd. du Montparnasse, 75006 Paris, | 전화 : 01 46 33 82 82
② 20 Rue Saint-Benoît, 75006 Paris | 전화 : 01 45 49 16 00
③ 15 Rue Marbeuf, 75008 Paris | 전화 : 01 49 52 07 17
웹사이트 : www.relaisentrecote.fr

쉐 자누(Chez Janou) 감각적인 마레 지역에 위치한 프로방스풍의 레스토랑으로, 남프랑스의 정취를 느낄 수 있다.
주소 : 2 Rue Verlomme, 75003 Paris | 전화 : 01 42 72 28 41 | 웹사이트 : www.chezjanou.com

공(Kong) 파리의 트렌드 세터들을 위한 레스토랑이다. 이곳의 캐치플레이드가 '클래식에 반대하는 모던' 이다. 뭔가 일본적이고 뉴욕적인 냄새, 〈섹스앤더시티〉에도 나왔다. 필립스탁의 감각이 묻어나는 곳이다. 센 강이 내려다보이는 퐁뇌프 다리 앞, 지금은 닫혀 있는 사마리텐(Samaritaine) 백화점 근처 겐조(Kenzo) 건물 5~6층 스카이라운지에 있다.
주소 : 1 Rue du Pont Neuf, 75001 Paris | 전화 : 01 40 39 09 00 | 팩스 : 01 40 39 09 10 | 웹사이트 : www.kong.fr

Hot Paris, 마레 지구

화려한 파리

마레(Marais)라는 말은 '늪, 습지' 등의 의미를 갖는 단어인데, 옛날에 장마 때 센 강이 범람하여 한강공원이나 잠수교같이 습지가 되곤 했기 때문에 붙은 이름이다. 센 강 우안의 파리 시청 뒤 리볼리 가에서 바스티유에 이르는 일대를 말하는데, 파리에서 가장 오래된 지역 중 하나이다.

현재에는 유대인들이 많이 모여 살며, 게이, 젊은 디자이너, 독창적인 예술가들이 뿜어내는 개성으로 매력적인 분위기를 형성하고 있다. 피카소 미술관, 카르나발레 박물관, 유럽 사진 박물관을 비롯하여 갤러리들, 창조적인 디자이너숍들, 앤티크숍 등으로 과거와 트렌드가 공존하는 특이한 지역으로 명성이 높다.

마리아주 프레르(Mariage Frères)

프랑스인들은 차보다 커피를 많이 마시고, 파리에는 티 살롱보다 카페가 더 많다. 하지만 알고 보면 파리지앵도 영국인들 못지않게 티타임을 즐긴다. 특히 유명한 티 살롱에는 아름다운 부인들로 넘친다.

Special Page 파리 여행 전 반드시 알아야 할 것들

마리아주 프레르는 프랑스 최초의 럭셔리 티 하우스로 150년 전에 설립되었다. 전 세계로 직원들을 파견하여 세계의 유명한 차들을 모두 입수하여 맛을 보고 새로 블랜딩하여, 자사 상품으로 흡수하여 540여 종의 차를 생산한다. 직접 운영하는 티 살롱의 직원들은 마치 와인의 소믈리에처럼 교육받은 인재들이며 절도 있는 서빙을 한다. 파리에 네 곳, 일본에 네 곳이 있는 이 티 살롱을 드나드는 스타들은 셀 수도 없을 정도다. 마돈나, 클라우디아 쉬퍼, 기네스 펠트로, 엘튼 존, 존 갈리아노, 소피 마르소, 이자벨 아자니, 지단 등. 퐁피두센터 근처 마레가의 티 살롱이 가장 최초로 생긴 것이다.

주소 : 30 Rue du Bourg Tibourg

라스 뒤 팔라펠(L'as du Falafel)

이스라엘 레스토랑으로 유대 요리인 팔라펠로 파리에서 가장 유명한 곳이다. 팔라펠은 아랍 및 이스라엘 전통음식으로 이집트콩을 불린 다음 갈아 반죽을 만들어서 공 모양으로 튀긴 것으로 접시에 토마토, 샐러드, 양배추, 쇠고기 등과 함께 얹어 마늘, 요구르트 등을 넣은 매운 소스를 뿌려서 먹는다. 피타브레드와 함께 나오는데, 밀전병처럼 생긴 빵 위에 팔라펠을 얹고 여기에 각종 야채 등을 넣어 돌돌 말면 중동식 샌드위치가 된다. 케밥과 비슷한 모양이 되지만 내용물이 다르다.

주소 : 34 Rue des Rosiers, 75004 Paris

카페 마티니(Café Martini)

스노우캣(Snowcat in Paris) 때문에 유명해진 곳으로 뜨거운 초콜릿(Chocolat Chaud)을 마셔보자. 마티니나 와인도 있으며, 간단한 요리와 끓여낸 와인(Vin Chaud)도 맛볼 수 있는 곳이다. 가끔 각종 공연을 한다.

주소 : 11 Rue du Pas de la Mule, 75004 Paris | 전화 : 01 42 77 05 04 | 지하철 : Bastille ou Chemin Vert | 웹사이트 : www.cafemartini.fr

라 벨 오르탕스(La Belle Hortense)

마레 지구의 가장 좋은 바 중 하나로 책과 와인이 함께 공존하는 아주 프랑스적인 공간이다. 문학, 정신분석, 역사, 문화 등 다양한 분야의 책들을 구비하고 있다.

주소 : 31 Rue Vieille du Temple, 75003 Paris

플라그(Plagg)

파리는 물론 스웨덴, 덴마크 등 북유럽에서 활동하는 젊은 디자이너들의 의상과 소품을 전시, 판매한다.

주소 : 41 Rue Charlot, 75003 Paris | 전화 : 01 42 78 37 60

아부 다비 바자르(Abou d'Abi Bazar)

이자벨 마랑 에투알(Isabelle Marant Etoile), 세븐(Seven), 산드로(Sandro), 이로(Iro), 마제(Maje), 마담 아 파리(Madame à Paris) 등 파리의 트렌디한 인기 브랜드 15개가 모두 모인 패션 멀티숍이다.

주소 : 10 Rue des Francs-Bourgeois, 75003 Paris | 전화 : 01 42 77 96 98

카르나발레 박물관(Musée Carnavalet)

마레 지구에서도 가장 아름다운 곳이 보주 광장인데, 이 광장의 북쪽에 있는 카르나발레는 파리의 역사를 한눈에 볼 수 있는 박물관이다. 17세기부터 19세기까지의 모든 자료들, 각 시대별 가구, 소품들, 상아로 만든 단두대와 파리의 모형들, 혁명 시의 물건들, 루이 14세의 유품 등이 전시되어 있다. 이 박물관은 주 전시관인 카르나발레와 르 펠르티에 드 생파르고(Le Pelletier de Saint-Fargeau)의 두 채의 저택으로 되어 있는데, 그중 카르나발레 저택은 16세기 고등법원장이었던 자크 드 리느리가 축조한 건물로 파리에 남아 있는 르네상스 양식 중 가장 아름다운 건물 중 하나로 꼽힌다. 보주 광장 6번지에는 빅토르 위고가 살던 집이 있으며, 멀지 않은 곳에 피카소 미술관이 있다.

피카소 미술관(Musée Picasso)

개관까지 말도 많았던 피카소 박물관은 17세기 몰리에르가 자신의 희곡에서 부르주아 저택으로 풍자하였던 살레(L' Hôtel Salé) 저택에 자리 잡고 있다. 3,000여 점의 개인 소장품을 전시하고 있는

데, 대부분이 1973년 피카소 사망 후 상속법에 의해 국가에 납부한 작품들이다. 피카소의 작품 외에도 피카소가 소장했던 세잔이나 마티스의 작품들도 있다.

입장료 : 15유로 | 개장시간 : 09:45~17:15 / 매주 화요일, 12월 25일, 1월 1일 휴무 / 수요일은 22:00까지

클레르(Claire's)

트렌디한 장신구, 화장품, 주얼리 등 손 취향적인 예쁜 물건들이 많은 체인점이다. 레알 안에 있으며, 파리 곳곳에 있다.

빈 티 지   숍 들

루브르 박물관에서 멀지 않는 리볼리가 북쪽으로 앤틱숍들부터 디자이너숍들과 예술가, 레스토랑 등이 몰려 있는 지역이 마레 지역인데, 이 중에서도 파리의 트렌드를 상징하며 개성 있는 독립 디자이너 부티크, 셀렉트숍, 아트 갤러리, 테라스 카페가 모여 있는 곳이 오마레(Haut Marais) 지역이다. 또한 오마레 지역에서 빈티지숍을 이야기하지 않을 수가 없다. 이는 젊은 디자이너들의 숍들과 좋은 대조가 되며 서로 보완 관계를 이룬다. 마레가로부터 올라가면서 비에이유 탕플가의 피카소 박물관 옆의 셰 유키코 파리(Chez Yukiko Paris)에서 세련된 레트로의 분위기를 느껴보자.

그런 다음 키당 드 르벨(Quidam de Revel)에 올라가보자. 이 집의 영업 방식이 특이하다. 예약을 해야 셀렉션을 볼 수가 있다나. 그러나 윈도우로 보이는 셀렉션은 정말 아름답다. 맞은편 포아투가(Rue Poitou)에는 1970~1980년대 가죽 재킷으로 만든 빈티지 가방과 가죽제품이 구비된 친절한 상점, 마티에르 아 레플렉시옹(Matières à Réflexion)이 있다.

스튜디오 W(Studio W)와 윌리엄(William)은 아주 캐주얼하고 편안한 상점이다. 졸리 가르드 로브(Jolie Garde Robe)와 마리(Marie)는 이와 반대로 유명 브랜드 빈티지 제품들을 구비하고 있다. 크뤼솔가(Rue Crussol)에 있는 빈티지 클로싱 패리스(Vintage Clothing Paris)는 선택의 폭이 넓은 레트로 제품들을 가지고 있다.

유키코(Yukiko)

주소 : 97 Rue Vieille du Temple | 전화 : 01 42 71 13 41

르 키당 드 르벨(Le Quidam de Revel) 예약제로 운영한다.

주소 : 26 Rue de Poitou, 75003 | 전화 : 01 42 71 37 07

마티에르 아 레플렉시옹 파리(Matières à Réflexion Paris)

주소 : 19 Rue de Poitou - Y5003 | 전화 : 01 42 72 16 31

스튜디오 두블르베(Studio W)

주소 : 6 Rue du Pont-aux-choux | 전화 : 01 44 78 05 02

졸리 가르드 로브(Jolie Garde Robe)

주소 : 15 Rue Commines | 전화 : 01 42 72 13 90

빈티지 클로싱 파리(Vintage Clothing Paris)

주소 : 10 Rue Crussol, 75011 | 전화 : 01 48 07 16 40

파리의 파사주

파리에서 빼놓을 수 없는 또 하나의 은밀한 매력이 바로 파사주들이다. 파사주는 오래된 건물 사이로 도로와 도로를 연결해주는 통로들을 의미하는데, 오래된 상점들과 아름다운 장식으로 마치 궁전의 한 부분을 지나는 것 같은 착각을 주기 때문이다. 이 통로들은 19세기에 만들었는데, 실제로는 골목이지만 천장과 조명 등으로 아름답게 장식되어 밖의 파리와는 단절된 듯한 내부 공간이다.

갤러리 베로도다(Galerie Véro-Dodat)

파리에서 가장 아름다운 길 중 하나. 1826년에 건축되어 1965년 처음으로 역사적인 건축물로 지정되었다. 돼지 가공품업자인 베로와 도라 두 사람의 이름을 따서 이름이 붙여진 이 길은 왕정 복고 시대의 실내장식이 그대로 남아 있으며, 산업혁명기의 유물인 가스등을 처음 설치한 지역이기도 하다. 앤티크숍들, 가죽 수공업 일 비종테(Il Bisonte), 예술서적 출판사인 FMR, 현악기숍, 그리고 네르발이 극장에 가기 전에 한잔하곤 했다던 '카페 드 레포트'가 있다.

갤러리 베르도(Galerie Verdeau)

파사주 주프로이(Passage Jouffroy)의 연장으로 드루오(Drouot) 호텔 옆 라그랑주 바틀리에르가(Rue la Grange Batelière) 6번지에서 시작해서 포부르 몽마르트르가(Rue Faubourg Montmartre) 31번지에서 끝난다. 디스크숍, 기타학원, 1842년에 설립된 인쇄소인 라르고(Largeau), 우산 제조사, 주형 수공업상 등이 있다.

파사주 주프로이(Passage Jouffroy)

몽마르트르 거리 10번지에서 시작해 증권거래소 근처 라그랑주가 9번지에서 끝난다. 여기에는 아주 특이한 숍들이 있다. 전 세계에서 수집된 각종 지팡이들이 전시되어 있는 레 세가(Les Ségas)나 자개로 장식된 바로크 가구, 장식품, 스탠드 들이 전시되어 있는 쇼윈도우는 감탄이 흘러나온다. 희귀한 고서들, 신간 서적들을 파는 서점들도 있다. 이 파사주에서 놓치면 안 되는 곳이 1882년에 문을 연 그레뱅 박물관(Musée Grévin)으로 전 세계 유명한 인물들의 밀랍 인형들이 전시되어 있다.

주소 : 10 Bd. Montmartre, 파리 9구 | 지하철 : Grand Boulevards | 웹사이트 : www.grevin.com

파사주 데 파노라마(Le Passage des Panoramas)

생마르크가 10번지에서 시작해 몽마르트르 거리 11번지에서 끝난다. 과거 파리 우표산업의 중심지였다. 19세기에 조각사 장 피에르 당탕이 동시대의 유명한 사회 인사들인 루이 필립, 베토벤, 파가니니, 리스트, 빅토르 위고 등의 석고나 청동 반신상을 전시한 것을 계기로, 그 당시 전 유럽의 궁정에서 청첩장 등을 새기러 오던 조각사 앙리 스테른의 숍이 들어왔고, 우표와 엽서상들과 이국적인 많은 레스토랑들이 들어섰다.

갤러리 비비엔느(Galerie Vivienne)

비비엔느 거리(Rue Vivienne)에서 시작해서 프티 샹(La Rue des Petits Champs) 거리에 이르는 이 갤러리는 장 폴 고티에, 세계적 조화 디자이너 에밀로 로바, 카펫 업체 카사 로페즈(Casa Lopez) 등의 숍이 들어오기 전까지는 오래도록 버려진 공간이었다. 증권거래소와 AFP 통신의 저널리스트들로 항상 북적대는 아프리오리 테(A priori thé)와 브라스리인 르 부갱빌(Le Bougainville)에서 간단한 점심을 하며 바쁜 파리를 느껴보고, 1828년에 생긴 서점 시루(Siroux)도 들러보자. 파리에서 가장 오래된 와인 전문점 뤼시앙 르그랑(Lucien Legrand Filles et Fils)이 이 거리 12번지에 있다. 와인뿐 아니라 각종 액세서리와 글라스, 랙, 서적, 지도, 사진, 엽서, 앞치마 등 와인에 관한 모든 물건이 있다. 코르크스크루의 종류가 이렇게 많은지 정말 놀랄 것이다.

갤러리 콜베르(Galerie Colbert)

1826년에 만들어진 이 길은 갤러리 비비엔느 바로 옆에 있는데, 19세기에는 가장 아름다운 갤러리로 꼽혔다. 1983년에 완전히 재건축되어, 파리에서 가장 아름다운 브라스리인 르 그랑 콜베르(Le Grand Colbert)가 있다.

잘 알려지지 않은 곳들

빌라 드 레르미타주 / 시테 르로이 (Villa de L'Ermitage/Cité Leroy)

파리 20구의 벨빌(Belleville) 공원이 있는 언덕 근처 카스카드가(Rue des Cascades)에서 시테 르로이(Cité Leroy) 쪽으로 펼쳐진 지역은 정말 파리같지 않은 경관이 펼쳐진다. 아기자기한 작은 집들과 정원, 잘 손질된 화분들, 담쟁이덩굴, 아주 낮은 울타리 등 마치 프랑스 시골의 작은 마을에 와 있는 듯한 착각이 드는 곳이다.

렝파스 프로쇼(L'impasse Frochot)

많은 예술가들의 추억을 간직한 그림 같은 지역으로 피갈 광장(Place Pigalle)에서 빅토르 마세가(Rue Victor Massé)로 구불구불 다다르는 길이다. 많은 보헤미안 아티스트들의 추억이 모여 있는 곳이다. 이 길 1번지에 파리에서 유명한 유령의 집이 있다. 네오고딕 스타일의 아름다운 저택인데, 이 집을 소유했던 사람들이 줄줄이 의문을 남기며 죽어나갔다. 가수인 실비 바르탕이 한때 소유했었는데, 그녀 역시 어느날 유령을 본 이후로 혼비백산해서 이사해버렸다.

파리 각 지역의 트렌디한 멀티숍

1 구
레지나 뤼방(Regina Rubens) 주소 : 207 Rue St Honoré, 75001 Paris
빅토아르(Victoire) 주소 : 4 Rue Duphot, 75001 Paris

2 구
아포스트로프(Apostrophe) 주소 : 1 Place des Victoires, 75002 Paris
빅토아르(Victoire) 주소 : 1 Place des Victoires, 75002 Paris

3 구
필랑뷜(Filanbule) 주소 : 12 Rue Mandar, 75003 Paris
마르고 밀렝(Margo milin) 주소 : 1 Rue Charles Francois Dupuis, 75003 Paris
퀴스티미제 파르 리자(Customisé par Liza) 주소 : 11 Rue du Pont-aux-choux, 75003 Paris
에스프리 비닐(Esprit Vinyle) 주소 : 57 Rue de Saintonge, 75003 Paris | 전화 : 01 42 71 55 95

4 구
팍퇴르 셀레스트(Facteur Celeste) 주소 : 38 Rue de Quincampoix, 75004 Paris
레지나 뤼방(Regina Rubens) 주소 : 15 Rue Pavée, 75004 Paris
알테르 문디 모드(Altermundi Mode) 주소 : 9 Rue de Rivoli, 75004 Paris
뉴마뉘 라벨 오브 러브(Numanu Label of Love) 주소 : 8 Rue de Turenne, 75004 Paris | 전화, 팩스 : 01 42 74 30 84 | 지하철 : Saint Paul, Bastille ou Chemin Vert

5 구
로리 파피용(Laurie Papillon) 주소 : 84 Rue Monge, 75005 Paris

6 구
레지나 뤼방(Regina Rubens) 주소 : 182 Bd. Saint Germain, 75006 Paris
비스 모르강(BiS Morgen) 주소 : 17 Rue des Quatre Vents, 75006 Paris
랄프 캉프(Ralph Kemp) 주소 : 81 Rue de Seine, 75006 Paris
빅토아르(Victoire) 주소 : 1 Rue Madame, 75006 Paris

8 구
레지나 뤼방(Regina Rubens) 주소 : 16 Avenue Montaigne, 75008 Paris
아포스트로프(Apostrophe) 주소 : 43 Rue Fbg St Honoré, 75008 Paris

9구

그린 디비지용(Green Division)　주소 : 5 Rue Henry Monnier, 75009 Paris
르 수리 뮐티콜로르(Le Sourire Multicolore)　주소 : 13 Rue de Maubeuge, 75009 Paris
준 에 짐(June et Jim)　주소 : 69 Rue de Rochechouart, 75009 Paris | 전화 : 01 40 23 08 05

10구

뒤플렉(Dupleks)　주소 : 83 Quai de Valmy, 75010 Paris | 전화 : 01 42 06 15 08
알테르문디 파리 보르페르(Altermundi Paris-Beaurepaire)　주소 : 25 Rue Beaurepaire, 75010 Paris

11구

알테르 문디(Alter Mundi)　주소 : 41 Rue du Chemin Vert, 75011 Paris
베타(VETA)　주소 : 19 Rue Oberkampf, 75011 Paris

14구

장 마르크 필립(Jean Marc Philippe)　주소 : 92 Rue d'Alésia, 75014 Paris

15구

트레데티크(Trait d'Éthique)　주소 : 7 Rue Mademoiselle, 75015 Paris | 전화 : 01 48 28 18 47

16구

빅토아르(Victoire)　주소 : 16 Rue Passy, 75016 Paris

17구

사나(Sanaa)　주소 : 26 Rue des Dames, 75017 Paris | 전화 : 01 78 03 32 32
키타플레르(Kit à Plaire)　주소 : 40 Rue des Dames, 75017 Paris

Special Page 파리 여행 전 반드시 알아야 할 것들

쇼핑 천국 파리

샹젤리제나 생토노레의 명품 로드숍만 순례할 것이 아니라면, 파리에서 쇼핑하는 방법은 대략 세 가지가 있다. 가장 한국적인 방법인 백화점, 쇼핑센터, 그다음은 가장 즐거운 작은 로드숍들이다.

백 화 점

라파이예트(Lafyette) / 프랭탕(Printmps)

오페라하우스 뒤 오스망 거리에 두 백화점이 나란히 붙어 있다. 1층부터 향수 냄새가 진동하는 이 고풍스런 백화점들은 꼭 쇼핑이 아니더라도 내부의 웅장한 홀을 감상하기에 좋다. 맨 위층에 올라가면 테라스가 있고, 파리 시내를 내려다볼 수도 있다. 두 백화점 콘셉트 중 라파이예트가 좀 더 럭셔리하다. 신세계와 롯데의 차이라고나 할까? 일요일은 휴무고, 목요일은 늦게까지 영업한다. 웹사이트 : www.galerieslafayette.com / www.printemps.com

봉마르셰(Bon Marché)

센 강 건너편에 있는 봉마르셰는 1848년 오픈한 파리 최초의 백화점이다. 구스타프 에펠이 설계한 건물로, 패션, 가정, 화장품, 식품 등 많은 물건들이 있다. 라파이예트나 프랭탕보다 관광객이 적고, 식료품점이 잘되어 있다. 현재 LVMH가 인수했다. 지하철 : Sevres Babylone

사마리텐(Samaritaine)

파리 1구의 센 강변의 백화점으로 파리에서 가장 크다. 마케팅 슬로건이 "사마리텐에는 모든 것이 있어요."다. 2001년 LVMH그룹이 인수한 이후로 현재 닫혀 있으며 2013년 주상복합의 새로운 콘셉트로 재오픈할 예정이다. 전철역 : Le Pont Neuf Louvre, Chatelet, Le Pont Neuf

베아슈베(Le BHV)

많은 일상용품들을 파는 백화점이다. 각종 공구, DIY 제품, 인테리어, 의류, 잡화, 원예용품, 그릇, 전자제품 등이 있다. 지하철 : 1번선 Hotel de Ville

쇼핑센터

포럼 데알(Le Forum des Halles)

옷가게뿐 아니라 잡화점, 수영장, 파리에서 가장 큰 서점인 프낙, 레스토랑, 영화관 등이 함께 있는 쇼핑센터. 우리도 이젠 잠실 코엑스 쇼핑몰 등에 익숙해 별로 놀라울 것도 없지만 그래도 너무 거대해서 안에서 길을 잃을 정도이다. 명품들보다는 젊은 층을 위한 중저가 의류 브랜드들이 많이 입점해 있다. 소매치기를 조심하고, 너무 늦은 밤엔 비행 소년 등이 많아 위험할 수도 있는 지역이다.

주소 : 101 Porte Berger , 75005 Paris | 전화 : 01 44 76 96 56 | 팩스 : 01 44 76 96 50
웹사이트 : www.forumdeshalles.com | 지하철 : Les Halles

르 카트르 탕 라데팡스(Le Quatre Temps La Défense)
파리 신개선문 옆에 조성된 대단위 쇼핑센터로 많은 상점들이 밀집해 있다. 특히 프랑스 대유통 할인마트인 오샹(Auchan)도 입점해 있어 치즈, 와인 등을 살펴보는 재미가 있다.
웹사이트 : www.les4temps.com

베르시 빌라주(Bercy Village)
새로 재개발된 지역으로 새로운 명소로 부상하고 있다. 레스토랑, 옷가게, 여행사, 감각적인 숍 등이 밀집되어 있다. 지하철 : 14번선 St-Emilion 지상 | 웹사이트 : www.bercyvillage.com

카루젤 뒤 루브르(Carrousel du Louvre)
루브르 박물관 지하상가. 지하철 : 1번, 7번선 Louvre에서 내려 Carousel du Louvre 출구 |
웹사이트 : www.carrouseldulouvre.com

크레테이(Creteil Soleil) 지하철 : 8번선 종점(Créteil Préfecture) | 웹사이트 : www.creteilsoleil.fr

아 울 렛

프랑스는 미국만큼은 아울렛이 발달한 나라가 아니다. 주로 거국적으로 1년에 두 번 하는 대규모의 세일로 로드숍에서 재고를 처리하기 때문이다. 그래도 몇 군데 큰 아울렛이 있으니 시간이 된다면 방문해볼 만하다. 상설 아울렛으로는 트루아 시에 있는 것이 가장 유명하고, 그 외 파리 외곽에 몇 군데 있다.

위진 상트르(Usine Center)
파리 북쪽 샤를 드골 공항 근처, 파리의 온갖 박람회, 페어 등이 열리는 E존 빌펭트에 있다. 고속전철인 RER B3을 타고 공항 전의 파르크 데젝스포지시옹 빌펭트(Parc des Exposition Villepintes)에서 내린 후 역 앞에서 640번 버스를 타고 상트르 코메르시알(Centre Commercial)에서 하차.
주소 : Zone Industrielle Paris Nord 2 134 Avenue de la Plaine de France, 95500 Gonesse |
웹사이트 : www.usinescenter.biz

라 발레 아울렛 쇼핑 빌라주(La Vallee Outlet Shopping Village)

최근 파리 동부의 디즈니랜드 근처에 문을 연 아울렛으로 명품 매장들이 단독 건물로 마을을 형성하고 있다. 약 33퍼센트 정도 할인되는데, 매장별로 할인 폭이 큰 물건들도 있다. 디즈니랜드행 고속전철 RER A4를 타고 발 되롭 세리 몽데브렝(Val d'Europe-Serris-Montévrain)역에서 하차.

웹사이트 : www.lavalleevillage.com

마르크 아브뉴(Marques Avenue)

파리 남쪽의 위성도시 생드니에 있는 아울렛으로 지하철 13번을 타고 메리 드 생두앙(Mairie de Saint-Ouen)에서 내려 버스 RATP 165번을 타고 생드니의 마르셀 폴(Marcel Paul)에서 하차.

주소 : 9 Quai du Chelier 93450 Ile St-Denis | 전화 : 01 42 43 70 20 | 웹사이트 : www.marquesavenue.com/

레 마가쟁 위진 드 트루아(Les Magasins d'Usine de Troyes)

파리에서 2시간가량 걸리는 샹파뉴의 중심 도시에 있는 아울렛이다. 모든 할인 매장들이 총집합해 있다. 트루아 시 외곽에 아울렛 두 곳이 떨어져 있기 때문에 양쪽을 다 가려면 상당히 시간이 걸린다. 프랑스나 이탈리아 제품뿐 아니라 미국 제품까지 30~50퍼센트 할인된 가격에 살 수 있다. 기차를 타도 되지만, 파리 시내 오페라와 바스티유 앞에서 매주 토요일 10시에 셔틀버스가 운행한다. 기차로 갈 경우 파리의 동역(Gare de l'Est)에서 탄다.

① 퐁 생트 마리(Pont Ste Marie) 아울렛 : 트루아역에서 버스 1번 퐁 생트 마리(Pont Ste Marie)행
② 생쥘리앙 레 빌라(Saint Julien les Villas) 아울렛 : 트루아역에서 버스 2번 타고 브레비앙드(Bréviandes)행

웹사이트 : www.troyesmagusine.com

파 리 시 내 의 아 울 렛 매 장 들

규모는 크지 않지만 몇몇 메이커들의 할인 매장들이 있는 곳.

스톡 알라이아(Stock Alaïa)

주소 : 18 Rue de la Verrerie, Paris 4e | 전화 : 01 42 72 19 19

봉포엥(Bonpoint)

주소 : 82 Rue de Grenelle, Paris 7e | 전화 : 01 45 48 05 45

Special Page   파리 여행 전 반드시 알아야 할 것들

라넥스 데 크레아퇴르(L'Annexe des Créateurs)

주소 : 19 Rue Godot-de-Mauroy, Paris 9e | 전화 : 01 42 65 46 40

에스알 스톡(SR Stock)

주소 : 64 Rue d'Alésia, Paris 14e | 전화 : 01 43 95 06 13

카사렐 스톡(Cacharel Stock)

주소 : 114 Rue d'Alésia, Paris 14e | 전화 : 01 45 42 55 04

스톡 슈비니용(Stock Chevignon)

주소 : 122 Rue d'Alésia, Paris 14e | 전화 : 01 45 43 40 25

빈티지숍들

화려한 파리

한국은 남이 쓰던 물건이나 오래되어 물려받은 것들을 좀 꺼리는 경향이 있다. 나도 특별히 가족에게 받은 것 외에는 빈티지 제품을 쓰지는 않지만, 구경하는 것은 무척 즐긴다. 대기업화되기 전의 정말 뛰어난 창의력과 장인정신으로 만든 오트 쿠튀르의 작품들을 감상할 수 있기 때문이다. 운 좋으면 빈티지가 아닌 앤티크에 가까운 가방이나 장신구 등을 구할 수도 있다.

파리 곳곳의 빈티지숍

미장트록(Misentroc)

트렌디한 레프트 뱅크의 제과점, 앤티크숍, 극장들 사이에 있는 미장트록은 클래식하게 우아한 패션부터 트렌디한 패션들까지 믹스앤매치가 가능한 숍이다. 글리스트닝의 블랙 양가죽 스커트가 77달러에서 100달러, 매끄러운 비비안 웨스트우드 드레스가 143달러, 베르사체 진이 50달러다. 자유롭고 가족적인 분위기다.

주소 : 63 Rue Notre Dame des Champs, 75006 Paris | 전화 : 01 46 33 03 67 | 웹사이트 : www. misentroc.fr

레시프로크(Réciproque)

클래식한 16구에 자리 잡은 이 빈티지숍은 파리 귀부인들의 리세일숍이다. 7개의 숍으로 나누어 코트, 신발, 부츠, 액세서리, 남성복, 여성복 등 다른 타입의 옷을 진열해놓고 있다. 헤르메스, 루이비통, 샤넬, 구찌, 티에리 뮈글러, 이세이 미야케, 존 갈리아노 등의 지나간 명품들을 구경하는 재미도 쏠쏠하다. 안경도 있다. 크리스티앙 라크로아 모직 재킷 380달러, 개버딘 샤넬 슈트 800달러 등.

주소 : 88-101 Rue de la Pompe, 75016 Paris | 전화 : 01 47 04 30 28 | 지하철 : Rue de la Pompe

데포 방트 뒤 디세티엠(Dépôt Vente du 17ème)

조용한 중산층들의 거리에 위치한 넓고 밝은 숍은 언제나 우아한 여성들로 바글댄다. 아르마니 블랙앤화이트 드위드 재킷이 220달러, 디오르 네이비 퀼팅 재킷 396달러, 소니아리켈 레인코트 300달러, 잘 알려지지 않은 디자이너들의 제품은 100달러 이하도 많다.

주소 : 109 Rue de Courcelles, 75017 Paris | 전화 : 01 40 53 80 82 | 지하철 : Pereire or Courcelles

게리졸(Guerrisol)

이 집은 정말 뒤지고 뒤져서 진주를 찾아내야 하는 집이다. 가격은 상대적으로 매우 싸서 1.50유로 짜리 머플러에서 가죽 점퍼가 30유로짜리도 있다. 리바이스501이 5유로, 밀리터리 점퍼 10유로. 운 좋으면 정말 오래된 럭셔리 브랜드 제품도 찾을 수 있다.

주소 : Bd. de Rochechouart | 지하철 : Anvers / Rochechouart

알테르나티브(Alternatives)

리볼리가 뒤쪽, 보헤미안 시크의 마레가에서 가까운 곳에 있다. 잘 알려지지 않은 디자이너들의 빈티지 제품들, 좋은 가격의 디자이너 제품들이 믹스되어 있다. 막스 제이콥스의 푸른색 재킷, 발렌시아가 드레스나 코트 143달러, 루이비통이나 프라다, 에르메스 제품도 있다.

주소 : 18 Rue du Roi de Sicile, 75004 Paris | 전화 : 01 42 78 31 50 | 지하철 : St Paul

라그(RAG)

파리 시내 한복판의 생토노레 거리를 걷다보면 보이는 빈티지숍. 디오르 백 150~300유로 정도.

주소 : s81 Rue St Honoré, 75001 Paris

컴온에이린(Come on Eileen)

바스티유 광장 근처, 디오르나 샤넬 등의 오래된 제품들을 만날 수 있다. 이 근처의 알리그르 시장(Marché Alligre)과 바롱 부주(Baron Bouge) 와인바를 묶어서 방문하기 좋은 곳이다.

주소 : 16-18 Rue des Taillandiers, 75011 Paris | 지하철 : bastille / Ledru-Rollin

파리의 시장들

진정한 파리지앵의 서민적인 삶을 보려면 파리 시내 곳곳에서 열리고 있는 재래시장에 가보기를 권한다. 주중에 날짜를 정해서 열리는 장터도 있고, 상설 시장도 있다. 파리 각 구마다 곳곳에서 크고 작은 장이 열려 식료품, 치즈, 육류, 햄 등 각종 생필품을 생산자나 상인들과 직거래한다. 여행객들은 식재료 장터보다는 상설로 열리는 벼룩시장이나 예술품 시장 등이 돌아보기에 좋다. 장은 보통 아침 일찍 열리므로 박물관 등이 열리기 전 시간을 이용해서 가는 것도 한 방법이다.

시장에 가면, 프랑스인들의 진정한 면모를 볼 수 있다. 우리가 '프랑스' 하면 연상하는 럭셔리가 아닌, 쿰쿰한 냄새가 나는 오래된 물건들을 아끼고 경제관념 투철한 파리의 다른 얼굴을. 이는 서민적인 순박함, 아니 촌스러움이다. 어찌 저런 물건을 아직까지 지니다가, 남한테 돈 받고 팔겠다고 가지고 나왔는지 절로 웃음이 나오는 경우도 있다.

때로는 희귀한 물건을 정말 껌 값에 살 수도 있다. 언젠가 벼룩시장에서 우연히 산 퐁파두르 후작 부인의 초상화(정말 그녀인지는 알 수 없지만 그녀라고 믿고 싶었다!)가 그려진 18세기의 도자기 장식용품은 정말 횡재였다. 따뜻한 삶의 생기를 느끼고 싶다면, 그리고 사람 사는 모습은 어디나 똑같다는 안도감을 느끼고 싶다면 한 번쯤 가볼 만한 곳이다.

고 서 시 장

세느 강변의 고서점들

센 강변의 좌안, 노트르담과 생미셸이 보이는 강변을 따라 고서점들이 늘어서 있다. 오래된 헌책들, 엽서, 앨범 등 선택의 폭이 다양하다. 벽에 붙일 그림이나 장식용품도 있다. 주소 : Quai de Montebello

셰익스피어 서점(Shakerspeare & Company)

노트르담 대성당에서 라틴가 쪽으로 다리를 건너 조금만 걸으면 보이는 이 헌책방은 아주 유명한 곳이다. 헤밍웨이가 파리에서의 무명 시절 드나들던 그 서점, 캐나다의 저널리스트인 제러미 머서의 〈시간이 멈춰선 파리의 고서점〉의 배경이 된 바로 그 서점이다. 이곳을 찾는 무명작가들에게 2시간가량 일하는 대가로 무료 숙박을 제공한다는 독특한 경영 기법으로 관광명소가 된 곳이다. 이름에서 느껴지듯 영문학 서적 전문점이다. 2차 세계대전이 끝난 직후인 1951년 조지 화이트만이라는 미국인이 자신이 수집한 영문학 서적으로 문을 열었다. 서점 자체가 작가 지망생들의 책 읽는 장소로 자유로운 분위기다. 마냥 따뜻한 이 서점의 고즈넉한 분위기를 꼭 한 번 느껴보길.

주소 : 37 Rue de la Bucherie, 75005 Paris | 지하철 : St. Michel | 버스 : 21, 27, 38, 96번 St. Michel-St. Germain 하차 |
웹사이트 : www.shakespeareco.org

조르주 브라상스 공원의 고서 시장(Le Parc Georges-Brassens)

프랑스의 국민 가수라 할 수 있는 조르주 브라상스에게 바쳐진 공원으로, 말시장과 도살장, 포도원이 있던 곳이었다. 1975년 재정비를 하여 공원 및 각종 전시장 등으로 개관하였다. 예전에 말들을 넣어두던 홀을 개조한 발타르관(Pavillons Baltard)에서 주말마다 고서 시장이 상설된다. 운 좋으면 포도나 와인에 관한 희귀한 고서들도 가끔 눈에 뜨인다. 포도원이 있던 곳이니만큼 아직도 몽마르트르와 더불어 상징적인 포도 추수를 하고 어린이들을 위한 여러 가지 자연학습 프로그램도 운영한다.

주소 : 2 Place Jacques-Marette(15e) | 지하철 : 13번 Porte de Vanves | 버스 : 89번 | 전차 : T3 Georges-Brassens

Art

마르셰 드 라 크레아시용(Le Marché de La Création)

바스티유 광장에서 가까운 리샤르 르노아(Bd. Richard Lenoir) 거리와 몽파르나스 묘지 근처의 에드가 키네(Bd Edgar Quinet) 거리에는 매주 토요일마다 모든 종류의 독립 예술가들의 작품 시장이 열린다. 예술가들과 대중들과의 직접적인 만남을 만들어주기 위한 장이다. 회화, 콜라주, 도자기, 사진, 텍스타일, 판화 등 모든 종류의 예술품들이 있고, 고객과 직거래한다.

주소 : Bd. Edgar-quinet, 75014 Paris | Boulevard Richard Lenoir, 75011 Paris

꽃 시 장

사실 꽃시장은 우리나라 양재동이나 경부선 고속버스 터미널이 더 볼거리가 많다. 규모가 큰 교외의 화훼 단지는 전문 플로리스트들만 가는 곳이라 여행객은 예약을 하고 65유로 정도를 지불해야 방문할 수 있다. 대신 파리 시내에 있는 작은 꽃시장에 가보면 한국과는 느낌이 달라 구경하는 재미가 있다. 우선 같은 꽃인데도 크기나 빛깔이 다르고, 디스플레이하는 방식도 차이가 있다. 한국은 꽃 단을 층층이 쌓아놓고 파는 데 비해, 유럽은 커다란 바스켓에 종류별로 담아놓고 팔아서인지 더 아름답고 화려해 보인다. 꽃씨나 원예용품, 구근들도 한국보다 훨씬 다양하다. 한국에서 볼 수 없는 꽃이나 식물 종류, 한국에서는 너무 비싸 덜덜 떨며 사던 수국이나 아마릴리스 등이 지천에 깔린 것도 즐겁다. 장식품이나 화기도 멋스러워 꽃에 관심 있는 사람들에겐 업그레이드의 기회가 된다. 파리 시내의 중요한 꽃시장은 다음 세 곳이다.

개장시간 : 월~일요일 08:30~16:00
① Place Louis-Lépine, Ile de la Cité | 지하철 : Cité
② Place de La Madeleine | 지하철 : Madeleine
③ Place de La Ternes | 지하철 : Ternes

렁지스(Rungis) 국제 농축산물 도매시장

232헥타르 부지에 프랑스 정부가 운영하는 청과, 수산, 축산, 낙농, 화훼시장으로 시설 규모 세계 최대 농축산물 도매시장이다. 유럽 전역에서 비행기, 트럭 등으로 어마어마한 물품이 들어온다. 야간에 개장해서 새벽 7시까지 운영된다. 이곳에서 일반인들은 물건을 구입할 수 없으며, 오직 관광코스로만 개방된다. 가보면 일단 그 규모에 입이 딱 벌어지고, 그다음 부러워진다. 낙농국가의 힘이 이런 것이구나 하는 느낌. 무엇이 농민과 유통, 소비자 모두를 보호하는 방법이며, 무엇이 진정한 선진국인지가 확실히 느껴진다.

일반인 방문시간 : 매달 두 번째 금요일 | 가격 : 1인당 65유로(선착순 20명 15유로 할인) | 출발 : Denfert rocherau역 / 새벽 5시 출발 8시까지 가이드와 함께 방문. 아침식사 제공 | 전화 : 08 92 70 01 19 | 이메일 : resa@visiterungis.com

벼 룩 시 장

생투안 벼룩시장(Les Puces de St. Ouen)

1885년에 생긴 이 벼룩시장은 현재 세계에서 가장 큰 앤티크 시장이다. 다른 벼룩시장들과 마찬가지로 19세기 말 파리 시내에서 넝마주이들과 짐꾼들이 도시순환도로로 이주하면서 생겨났다. 오늘날에는 다양한 문화와 사회계층이 뒤섞인 모자이크 같은 시장이 되었다. 앤티크만 있는 것이 아니라 가죽제품, 공예품, 고물, 헌옷 등이 뒤죽박죽으로 늘어선 거대한 지역이다. 아프리카 흑인이나 집시들이 카드점을 쳐주기도 한다.

개장시간 : 토, 일, 월 07:00~19:30 | 지하철 : Porte Clignancourt | 웹사이트 : www.les-puces-de-st-ouen.com / www.parispuces.com

방브 벼룩시장(Les Puces de Vanves)

주말에만 열리는 이곳은 특히 앤티크와 골동품, 가구, 주얼리, 고서 애호가들이 좋아할 만한 곳이다. 다른 벼룩시장들보다 훨씬 조용하다.

개장시간 : 토, 일 08:30~13:30 | 지하철역 : Porte de Vanves | 웹사이트 : www.pucesdeparis-portedevanves.com, www.pucesdevanves.typepad.com

몽뢰이 벼룩시장(Les Puces de Montreuil)

자전거, 고서, 헌옷, 가전제품 등 없는 것이 없는 중고시장으로 길바닥에 개인적으로 늘어놓고 물건을 파는 사람들이 많다.

개장시간 : 토, 일, 월 하루 종일 | 지하철역 : Porte de Montreuil

파리 찜하기
– 로드숍들이 많은 곳

파리는 백화점이나 쇼핑센터보다 로드숍이 발달한 도시이다. 로드숍 쇼핑은 신선한 공기를 마시며 가장 파리적인 쇼핑을 할 수 있는 방법이다. 특이하고 이국적인 물건들, 특히 명품 브랜드는 아니지만 디자인 감각이 뛰어난 소규모 디자이너숍 등에서 저렴하게 횡재할 수도 있다.

오페라 프랭탕 / 라파이에트 백화점 주변(Opéra)

오페라하우스 옆쪽이나 프랭탕과 라파이에트 뒷골목 등에 재미있는 작은 상점들이 많다. 또한 백화점 맞은편으로는 중저가 물건을 파는 쇼핑센터도 있다.

포부르 생토노레(Faubourg Saint Honore')와 아브뉘 몽테뉴(Avenu Montaigne)

올해의 패션 디자인의 콘셉트나 컬러, 트렌드, 디스플레이를 보기 위해 꼭 들러야 하는 거리. 프랑스의 모든 명품이 모여 있는 곳이다. 우리나라 청담동처럼 각 브랜드의 프래그 숍(Flag Shop, 매출이 문제가 아니라 명품 매장의 상징적인 명품숍)들이 있는 곳이기도 하다.

레알(Les Halles) 주변

레알 주변에는 구두 가게들이 많이 있으니 잘 둘러본다. 특히 나는 파리에서 구두 사는 것을 좋아하는데, 명품 구두들은 가죽이 너무 좋고 섬세해 양탄자 외에서는 신기가 어려운데 길거리의 중저가 구두숍 체인점인 Orcade, Minelli 등에 들어가 잘 고르기만 하면 질 좋은 스페인이나 마로크산 가죽으로 된 멋진 구두들을 100유로 이하에 살 수 있다. 아주 싸구려의 합성피혁들도 섞여 있으므로 구석구석 잘 살펴보아야 함. 가죽은 바닥에 'Cuir'라고 표시가 되어 있다.

리볼리가(La rue de Rivoli)

포럼 데알에서 얼마 안 되는 거리의 리볼리가는 생폴(Saint-Paul)에서 콩코르드 광장까지 거의 3킬로미터에 걸쳐 있는 긴 도로이다. 이 길을 쭉 따라가며 보는 루브르 궁전 벽이나 오래된 아케이드 등을 구경하는 재미도 있고, BHV, H&M, 자라 등 럭셔리는 아니지만 유행을 선도하는 패션 매장들도 만날 수 있다.

마레 지구

리볼리가 뒤쪽으로 파리에서 가장 오래된 거리들이 있는 곳으로 현재는 유대인, 게이들이 많이 모이는 거리지만, 또 한편으로는 보헤미안적인 냄새로 예술적 정취가 물씬 풍기는 곳이다. 트렌디한 젊은 디자이너숍, 빈티지숍, 앤티크숍 등 예쁜 상점들이 즐비하고, 갤러리 등이 밀집되어 있는 곳이다. 파리의 패션이나 예술의 트렌드를 읽으려면 이곳의 작은 숍들을 둘러보자.

렌느가(La rue Renne)

몽파르나스에서 생제르맹까지 펼쳐진 이 거리는 센 강 오른편과는 또 다른 느낌의 쇼핑거리이다. 길 양쪽으로 부티크들이 흩어져 있어 건너다니며 보아야 한다. 중간중간 카페나 주전부리할 것들도 많고, 이 길을 쭉 따라 생제르맹에 도착해도 여전히 숍들은 계속된다.

파리 18구 로슈슈아르가(Rochechouart), 지하철역 앙베르(Anvers)

모든 문화가 뒤섞여 있는 파리에서 가장 이국적인 지역이다. 나름대로 치안이 괜찮은 파리지만 낮에도 여자 혼자 다니기엔 괜히 불안한 곳이다. 어떤 현실적인 두려움이 있어서가 아니라, 파리가 아닌 아라비아나 아프리카에 온 기분이 들기 때문이다. 아랍이나 아프리카 남자들은 습관적으로 지나가는 모든 여자들에게 인사하며 말을 건넨다. 하지만 여럿이 함께 다니면 문제가 없고, 무시하면 된다. 해마다 1월 20일까지만 하는 세일 기간에는 정말 진귀한 물건을 아주 싼값에 살 수도 있다. 알려지지 않은 아티스트들의 아틀리에, 카페, 바, 친절하고 작은 음식점들도 밀집해 있는 보헤미안적인 삶을 느낄 수 있다.

파리 16구 파시가(Rue de Passy)

과거 연인들의 만남의 장소로 많이 이용하던 거리로, 브랜드숍부터 일반적인 중소 브랜드들이 많이 있는 시크한 상업지역이다. 고급 주거지역인 클래식한 16구에서 유일하게 극장이 있다. 쇼핑센터인 파시 플라자(Passy Plaza)에는 아가타, 갭, 자라 등의 중저가 패션, 액세서리 브랜드들이 입점해 있다. 패션, 바, 레스토랑, 천, 침구 등의 숍들도 많다. 학생들이나 젊은 사람들보다는 30~40대들이 많이 몰린다.

로드숍 찜하기

콜레트(Colette)

올해의 디자인 콘셉트나 트렌드를 보기 위해 모든 명품숍을 다 기웃거리기에 시간이 없다면 생 토노레의 편집매장인 콜레트에 들러볼 것. 샤넬부터 마크 제이콥스까지 최신 유행을 한눈에 볼 수 있는 고급 멀티숍이다. 지하의 음반가게도 놓치지 말 것.

주소 : 213 Rue Saint - Honore, 75001 Paris | 웹사이트 : www.colette.fr

팻 엔드 티카(Pat & Tika)

지루한 일상을 벗어나는 패션을 원한다면 이곳에 가보자. 이국적이면서 시크한 여성복과 판타지적인 액세서리들, 특히 여름을 위한 준비에 좋다. 우리가 흔히 가는 상점들의 정형화된 패션과는 거리가 멀며, 고객이 무엇을 원하는지 정확히 알고 있다. 이 상점은 전문 자수 기계가 있어서 의상이나 침구 등에 원하는 모노그램이나 특별한 문양, 로고들을 원하는 대로 수놓아주는 게 특징이다.

주소 : 79/81 Bd. de Grenelle, 75015 Paris, Évidemment | 이메일 : patetikaparis@hotmail.fr

라 사오(La CSAO)

세네갈과 서아프리카 물건들을 취급하는 곳으로 아프리카산 공예품, 천, 옷, 잡화, 침구, 예술가들이 디자인한 장식가구, 신발, 장난감까지 모든 것이 다 있다. 한국에서는 잘 볼 수 없는 특이한 소품들이 많다.

주소 : 1-3 Rue Elzévir, 75003 Paris | 전화 : 01 44 54 55 88

갈르리 우루밤바(Galerie Urubamba)

아메리카 인디언들 소굴이다. 앤티크부터 현대적인 것들까지 모든 공예품들이 모여 있는 곳.

주소 : 4 Rue de la Bûcherie, 75005 Paris | 전화 : 01 43 54 08 24

키키 보헴(KiKi Bohème)

인도산 가구와 오브제들이 모여 있다. 5유로짜리 장식품부터 비싼 가구들까지. 사지 않더라도 구경하는 것만으로도 즐겁다.

주소 : 58 Rue Henri Barbusse, Paris 5e | 지하철 : RER Port Royal | 웹사이트 : www.kikiboheme.com

르 르페르 드 바쿠스(Le Repaire de Bacchus)

와인숍으로, 특히 메독의 크뤼 부르주아 와인을 많이 취급하고 있다. 크뤼 부르주아는 훌륭한 와인 생산자이지만 고급 와인 등급인 그랑 크뤼 클라세에 들지 못한 포도원들이 자체적으로 만든 등급으로, 여러 가지 문제점도 있지만 숨어 있는 진주들을 찾아내는 재미가 있다. 가끔씩 아주 좋은 가격으로 세일도 한다. 파리 시내에 다섯 군데 숍이 있다.

① 66 Rue du Commerce, 75015 ② 110 Rue Saint Charles, 75015 ③ 75 Rue des Morillons, 75015 ④ 228 Rue de la Convention, 75015 ⑤ 85-87 Rue Lecourbe, 75015

라 카브 뷜(La Cave à Bulles)

'와우!'이다. 프랑스가 와인만 유명한 것이 아니다. 세계 맥주 소비량 5위 국가이다. 프랑스 동서남북 각 지역에는 손맛으로 맥주를 생산하는 작은 양조장이나 수도원들이 있는데, 이런 장인들의 맥주를 모두 모아놓고 파는 집이다. 벨기에산 소량 생산 맥주들도 있다. 8명 이상 그룹으로 시음을 예약하면 맥주계의 최강 소믈리에라 할 수 있는 시몽 티이유와 함께 맥주 시음도 할 수 있다. 치즈나 디저트 등도 제공되며 친절한 설명도 곁들여 준다.

주소 : 45 Rue Quincampoix, 75004 Paris | 전화 : 01 40 29 03 69 | 지하철 : Rambuteau, Les Halles, Hôtel de Ville | 웹사이트 : www.caveabulles.fr

에벵 2(Hevin 2)

파리 7구의 장폴 에벵(Jean-Paul Hevin) 숍 거의 맞은편에 있다. 새로운 라인인 '에벵 2'의 네 번째 숍이다. 이 새로운 라인은 맛과 품질은 유지하면서, 새롭고 모던하며, 좀 더 기능적인 새로운 콘셉트의 에벵 초콜릿을 선보인다. 좀 더 합리적인 가격의 작은 제품들을 취급하여 맛보기가 쉬워졌다.

주소 : 16 Avenue de la Motte-Picquet, 75007 Paris | 전화 : 01 45 51 99 49 | 지하철 : Ecole Militaire
다른 지역의 주소들은 이 사이트를 참고할 것. 웹사이트 : www.jphevin.com

사브르(Sabre)

이곳은 백화점 등에서 보았음직한 아름답게 장식된 테이블용품들을 팔고 있다. 커트러리, 냅킨, 테이블 크로스, 테이블용 장식품 등 현대적인 감각에 경쾌한 것부터 소박한 것까지 모든 기호를 위한 제품들을 선보인다. 가족이 운영하는 집으로 얼마 전 도자기 라인도 출시했다. 유행하는 다른 브랜드의 제품들도 있다.

주소 : 4 Rue des Quatre Vents, 75006 Paris | 전화 : 01 44 07 37 64 | 지하철 : Odéon | 웹사이트 : www.sabre.fr

카르츠(Quartz)

사브르에서 몇 발자국 가다 보면 식기, 잔, 꽃병, 장식용품 등 각종 유리 제품을 취급하는 이 예쁜 가게와 마주치게 된다. 테이블 세팅에 매료된 여성들은 감탄사가 절로 나오는 집이다.

주소 : 12 Rue des Quatre Vents, 75006 Paris | 전화 : 01 43 54 03 00 | 지하철 : Odéor |
웹사이트 : www.quartz-verreries.com

세코(Secco)

제대로 된 파리의 빵가게를 구경하고 싶다면 한번 들러봄 직한 곳이다. 원래 제빵업계의 슈퍼스타인 장 뤽 푸조랑이 운영하던 빵집이었다. 아버지 대부터 제빵사였고, 30년 이상 빵에 관한 연구만 해온 그가 운영할 당시 카트린 드뇌브부터 거리의 소시민들까지 모두 줄을 서야 살 수 있을 정도로 유명한 빵집이었다. 그러나 장 뤽 푸조랑이 너무 유명하게 되어 각 레스토랑이나 기업체에 납품을 많이 하고 사업적으로 성공하면서 이 가게는 스테판 세코에게 팔았다. 이제 푸조랑이 만드는 빵을 길에서는 먹을 수 없고 레스토랑이나 대량 주문시에만 맛볼 수 있게 되었지만 아직도 세코 빵집은 건재하며, 계속 손님은 끊이지 않는다.

주소 : Boulangerie-Pâtisserie Stépane Secco 20 Rue Jean Nicot, 75007 Paris | 전화 : 01 43 17 35 20 | 지하철 : La Tour Maubourg

푸케(Fouquet)

푸케는 1852년부터 수공으로 초콜릿과 잼 등을 만들어온 장인 가문이다. 모든 제품은 가내수공업으로 만들고 있다. 그뿐 아니라 집에서 직접 재배해서 만든 허브 식초나 알코올, 겨자 등도 있다. 유리병이나 메탈로 된 상자 등에 넣어 예쁘게 포장해 팔고 있어 선물로도 좋다. 100그램짜리 작은 봉지도 있다.

① 36 Rue Laffitte, 75009 Paris | 전화 : 01 47 70 85 00 | 지하철 : Le Peletier |
② 22 Rue François 1er, 75008 Paris | 영업시간 : 월~토요일 10:00~19:30 | 웹사이트 : www.fouquet.fr

레 봉봉(Les Bonbons)

파리에서 가장 많은 종류의 봉봉 사탕을 팔고 있는 집. 애들보다 어른들이 더 북적거린다. 사탕만큼이나 친절하고 따뜻하게 손님을 맞는다.

주소 : 6 Rue Bréa, 75006 Paris | 전화 : 01 43 26 21 15 |
지하철 : Vavin

르 카레 데 생플(Le Carre Des Simples)

오가닉으로 재배된 각종 허브티를 살 수 있는 집이다. 건강을 위한 허브티부터 여름에 시원하게 마시는 허브티까지 모든 종류가 있다. 이곳의 신선한 식물들의 천연 농축액은 요리사들에게 많은 영감을 주기로 유명하다. 과일즙이나 야채즙, 추출 오일 농축액 등도 있다. 모든 제품이 물에 잘 녹아서 칵테일이나 요리에 쓰기에 편리하다.

주소 : 22 Rue Tronchet, 75008 Paris | 전화 : 01 44 56 05 34 | 지하철 : Madeleine |
웹사이트 : www.lecarredessimples.com

Special Page 파리 여행 전 반드시 알아야 할 것들

르블랑 에 휘스(Huilerie Leblanc Et Fils)

지방도 아닌데, 파리에서 생산자의 집에서 직접 기름을 산다? 가능하다. 이 집은 4대째 부르고뉴에서 오일을 생산하고 있으며, 파리 라틴가에 상점을 열어 운영하고 있다. 상점 안은 무슨 요리용 보석 가게에 들어온 것 같은 느낌이 든다. 따뜻하게 맞아주는 점원들에게 이런저런 것을 물어보길 주저하지 말 것. 직송으로 판매하니 제품의 질에 비해 가격도 아주 좋다.

주소 : 6 Rue Jacob, 75006 Paris | 전화 : 01 46 34 61 55 | 지하철 : Saint Germain des Frés | 웹사이트 : www.huile-leblanc.com

피에르 에르메(Pierre Hermé)

파리에는 많은 제과점들이 있지만, 피에르 에르메는 특별하다. 프랑스만큼이나 일본에서도 잘 알려진 PH 브랜드는 도쿄에 제일 처음 가게를 오픈했을 정도이다. 각종 색을 입힌 마카롱을 유행시키고, 새로운 향과 조형성을 연구하고, 계절별 컬렉션을 준비하는 피에르 에르메는 케이크의 오트 쿠튀르라 할 수 있다. 이 집에서 가장 유명한 마카롱 '이스파한'을 꼭 맛볼 것. 마카롱 비스킷 사이에 장미꽃잎 크림, 랍스베리, 리치가 들어가 아주 미묘하게 섞이는 오묘한 맛. 무지 달다.

① 72 Rue Bonaparte 75006 Paris | 전화 : 01 43 54 47 77 | 지하철 : Saint-Sulpice ② 185 Rue de Vaugirard 75015 Paris | 웹사이트 : www.pierreherme.com

레퀴뢰이(Lecureuil)

'다람쥐'라는 의미의 이 제과점은 새로운 콘셉트로 문을 연 곳이다. 현대적인 것을 전통에 접목하기. 젊은 부부가 운영하고 있는데, 남편 랄프는 과거 포숑(Fauchon), 헤로드(Harrod's) 등의 셰프를 지낸 아주 재능이 풍부한 파티시에이며, 부인 로랑스는 고객들을 파티스리의 세계로 끌어들여 함께 열정을 나누는 친절녀이다. 이 집의 특성은 기존의 복잡한 데코레이션들을 단순화함으로써 진정한 맛을 재조명한 데 있다.

주소 : 96 Rue de Lévis, 75017 Paris | 전화 : 01 42 27 28 27 | 지하철 : Villiers, Malesherbes |
웹사이트 : www.lecureuil.fr

트레 데티그(Trait d'Éthique)

15구에 있는 이 숍은 아주 따뜻하고 인상적이다. 공정한 거래만을 모토로 삼는 곳으로 전 세계에서 계약된 디자이너들의 상품들을 취급하고 있다. 그릇, 촛대, 남녀 티셔츠와 판탈롱, 원피스, 데코레이션용품, 은제품 주얼리, 테이블용품 등이 있어 신혼살림이나 선물용품으로 아주 인기가 많다.

주소 : 7 Rue Mademoiselle | 전화 : 01 48 28 18 47

딥티크(Diptyque)

엘튼 존이 이 집에서 산 수백 개의 촛불로 집을 밝힌다는 것은 유럽에서는 유명한 이야기이다. 하이엔드 초 전문점으로 일반초, 향초, 허브초, 클래식한 것, 현대적인 것 등 모든 종류의 아름다운 양초로 가득하다. 가끔 이 집 앞에 리무진이 멈추어 있으면 자세히 살펴보기 바란다. 나오미 켐벨이나 도나텔라 베르사체, 칼 라거펠트 등도 이 집 고객이다. 전 프랑스 대통령 미테랑은 다른 고객들과 똑같이 줄을 서서 양초를 구입하기도 했다. 놀라운 것은, 1961년 생제르맹 거리의 가장 한산한 끝자락에 자리 잡은 이 집이 세 명의 예술대학 학생들이 설립했다는 것이다.

주소 : 34 Bd. Saint Germain, Paris 6 | 전화 : 01 43 26 77 44

Special Page 파리 여행 전 반드시 알아야 할 것들

라 윈느 서점(Librairie La Hune)

정신이 산란할 때 이곳에 가면 외부와 단절된 듯한 안도감을 느낀다. 종이냄새가 나는 평화로운 이곳은 몇 시간이고 책을 읽어도 지루하지 않은 곳이다.

주소 : 170 Bd. Saint Germain, Paris 6 | 전화 : 01 45 48 80 99

키타플레르(Kit à plaire)

17구의 유서 깊은 바티뇰(Batignolle) 거리 중심에 위치한 이 숍은 점점 서로 좇아가며 닮아가는 패션들에 대항하기라도 하듯이 트렌드를 타고 있다. 액세서리뿐 아니라 원단, 아주 특이하고도 다른 곳에서는 볼 수 없는 장식품 등을 취급한다. 하지만 모든 오브제들이 단순화되어 있어서 자신이 가지고 있는 물건들에 어울리기 쉬운 그런 제품들이다.

주소 : 40 Rue des Dames, 75017 Paris

업소용 주방용품점들

레알 주변의 전문 주방용품점들은 가정용이 아니라 업소용이라 아울렛처럼 크고 물건들이 산더미같이 쌓여 있어 구경하는 데 시간이 꽤 걸린다. 레스토랑의 주방에 걸어놓고 싶은 동으로 된 냄비와 프라이팬들, 스테이크용 나이프, 크레이프 기계 등 레스토랑이나 제과점에서 사용하는 모든 물품들이 있어 시간 가는 줄 모르고 뒤지고 다닌다.

모라(MORA) 주소 : 13 Rue Montmartre, 75001 Paris | 전화 : 01 45 08 19 24 | 지하철 : Les Halles | 웹사이트 : www.mora.fr

E. 데일르렝(E. Dehillerin) 주소 : 18 Rue Coquillère, 75001 Paris | 전화 : 01 42 36 53 13 | 지하철 : Les Halles | 웹사이트 : www.e-dehillerin.fr

A. 시몽(A. Simon) 주소 : 48+52 Rue Montmpartre, 75002 Paris | 전화 : 01 42 33 71 65 | 지하철 : Les Halles | 웹사이트 : www.simon-a.com

EPILOGUE

오래된 과거로부터 아무런 기억도 없을 때 (…)
향과 맛은 마치 영혼처럼 아직도 오래도록 남아 있다. (…)
미세한 향과 맛의 작은 방울 위로 기억의 거대한 건물이
수그러질 줄 모르고 솟아오른다.
― 마르셀 프루스트, 〈잃어버린 시간을 찾아서(A La Recherche du Temps Perdu)〉

아주 아주 오래 전…. 파리 공항에 처음 내렸을 때의 그 새벽 공기를 잊을 수가 없다. 그것은 희망과 실망이 뒤섞인 이상한 느낌이었다. 내 미래에 대한 희망이 있었지만, 뭔가 동경하던 대상이 현실이 되어 버린 듯한 실망감이라고나 할까…

그리고 그 날 파리 공항에 내렸던 나이만큼을 더 살았다. 그런데……. 내 안에 각인되어 남아 있는 '프랑스'는 마치 살아 있는 존재인 것처럼 내 몸의 한 부분을 이루고 있었나 보다.

어느 순간 숨어 있던 기억의 실타래가 한 올 풀리자 나는 이미 타임머신에 타고 있었다. 원고를 써 내려간 지난 몇 개월은 파리에서 실제 살고 있는 것 같은 느낌에 일종의 몸살을 앓았더랬다. 마치 사춘기의 통과의례인 사랑의 열병처럼 내 머릿속은 온통 파리 시내를 휘젓고 있었다. 동시에 그 시절에 가졌던 온갖 멜랑콜리한 감정들, 불안한 젊음, 그리움…… 이런 감성의 회오리가 나를 감쌌다. 이상한 경험

이었다. 다른 날과 똑같은 어느 날, 마르셀 프루스트는 마들렌느 한 조각과 홍차의 향으로부터 '잃어버린 시간'들을 기억의 수면 위로 끄집어내지 않았던가? 나도 그랬다. 무의식 속에 깊이 침잠해 있던 시간들이 알라딘의 요술램프로부터 뭉게뭉게 불려나오고 있었다. '실존' 했던 시간들은 무한 속으로 사라져버린 것이 아니라 무의식 속에 '알집'처럼 압축되어 있었던 것이다. 몇 십 년이 지났지만 아직도 새벽에 내렸던 파리 공항의 을씨년스러움, 안개등을 켜고 달리던 센 강변의 냄새가 실제처럼 서늘하게 느껴지다니…….

　　　　인간에게 가장 오래 남는 기억은 감각이다. 20대의 많은 시간을 보낸 프랑스는 싫건 좋건 내 안에 있고, 일종의 애증의 감각으로 남아 있다는 것을 알게 되었다. 아마, 행복하고 멋진 추억도 많지만 동양의 작은 나라에서 온 이방인이 백인들의 우월감 속에서 겪어야 했던 반감이 깊숙한 곳에 상처로 남아 있었기 때문이었을 거다. 유럽에서 공부한 사람들 대부분이 그렇겠지만 사회문제, 인종 차별, 실업 등 현실적인 면을 제외하고 순수하게 문화나 역사, 자연의 측면에서만 유럽을 바라볼 때면 마냥 한없는 부러움에 무기력증을 느끼는 경우가 많다.

　　　　그러면서 현대사에 뭐 하나 똑 부러지게 해놓지 못한 조국에 대해 애틋함과 원망이 뒤섞인 복잡한 감정이 솟아오른다. 그러면서도 멈출 수 없는 사랑이랄까? 세상을 향한 태도에 '조심스러움'이 유전자에 각인된 우리는 순수하게 자신을 열지 못하는 부분이 있다. 너무 '우리'라는 가족스러움에 갇혀 있어서일 것이다.

　　　　여기서 논할 일은 아니지만, 외국어를 전공한 내가 볼 때 이 부분이 열리는 순간 말문은 저절로 트이는 것 같다. 외국어를 하나 한다는 것은 인격을 하나 더 갖는 것이고 자기 몸속에 문화를 하나 더 심는 작업이다. 문화를 몸속에 심는 작업은 자신이 속했던 곳의 역사와 환경을 파고드는 것이다. 그런 면에서는 와인도 같다. 알아갈수록 자신을 열어 보인다는……. 파리가 프랑스를 대표하는가? 프랑스인들의 대답은 한결같이 "농(Non, 프랑스어로 '아니'라는 뜻)!"이다. 프랑스에는 두 개의 얼굴이 존재한다. 파리가 있고, 그리고 프랑스가 있다. 파리에 대해 우리가 갖는 럭셔리, 밝음, 예술, 패션…… 이런 온갖 화려함과 프랑스는 전혀 별개의 것이다. 오히려 대부분의 프랑스인들은 소박하고, 목가적이며, 일상은 지루하기 짝이 없다. 노르망디

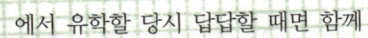

에서 유학할 당시 답답할 때면 함께 공부하던 프랑스 친구들과 바람을 쐬러 무작정 차를 타고 노르망디 숲으로 달리곤 했다. 땅거미가 지던 어느 가을 날, 처음으로 아무도 없는 노르망디의 끝없는 숲속에 들어선 나는 거의 공포의 전율을 느꼈다. 도시에서만 자라서 한 번도 내 발자국 소리를 이런 절대 정적 속에서 들어본 적이 없었기 때문이다. 항상 가족의 보호와 관심을 받으며, 사회의 집단적인 공동체 의식 속에서 살았던 내게 혼자만의 발자국 소리를 듣는다는 것은 정말 이상한 경험이었다. 그런데 이제는 그 낙엽 밟는 발자국 소리가 그립다. 그래서 요즘도 가을이 되면 가끔 우리 동네 국무총리 공관 뒷담의 작은 숲을 혼자 걸어 다닌다. 서울 시내에서 오래도록 치우지 않은 낙엽이 쌓여 있는 유일한 곳일 게다. 숲이라고 할 수도 없지만 이때가 내겐 혼자 사색할 수 있는 유일한 시간이다. 레미 드 구르몽 (Rémy de Gourmont)의 〈낙엽(Les feuilles mortes)〉의 의미를 이제서야 이해하며…….

그렇다. 파리에서 살았던 시절 이후로 세월이 많이 흘렀다. 소녀에서 여자가 되고, 엄마가 되고…… 그리고 언젠가는 노인이 되고 말 것이다. "젊음의 뒤안길을 굽이굽이 돌아 이제는 거울 앞에 선 누님처럼", 그렇게 나를 시간 속에서 돌아다보았다. 또다시 청춘의 열병을 앓으며 쓴 이 책이 여행하는 사람들에게 많은 도움이 되었으면 좋겠다. 꼭 공간적인 파리가 아니라도, 인문학이 죽어가는 현재에, 자신 속으로의 여행을 준비하는 영혼이 살아 있는 젊은이들, 그리고 와인이라는 아름다운 액체에 현혹된 탐미주의자들에게 도움이 되었으면 좋겠다.

책 쓴다, 논문 쓴다, 소홀한 점이 너무 많아 주부로서는 정말 미안한 딸 이수와 가족들께 감사하고, 와인 셀렉션을 도와준 친구들, 많은 편의를 봐주신 박사논문 지도교수 박두현 교수님, 그리고 프랑스에서 이런저런 질문에 답해주신 캉 대학의 은사님 알랭 굴레(Alain Goulet) 교수님께도 감사드린다.

삼청동에서